Otto Protzen
Dreissig Jahre auf dem Wasser

Aus den Logbüchern und Studien-Mappen von Otto Protzen

Otto Protzen

Dreissig Jahre auf dem Wasser

Aus den Logbüchern und Studien-Mappen von Otto Protzen

ISBN/EAN: 9783954273065
Erscheinungsjahr: 2013
Erscheinungsort: Bremen, Deutschland

© maritimepress in Europäischer Hochschulverlag GmbH & Co. KG, Fahrenheitstr. 1, 28359 Bremen. Alle Rechte beim Verlag und bei den jeweiligen Lizenzgebern.

www.maritimepress.de | office@maritimepress.de

Bei diesem Titel handelt es sich um den Nachdruck eines historischen, lange vergriffenen Buches. Da elektronische Druckvorlagen für diese Titel nicht existieren, musste auf alte Vorlagen zurückgegriffen werden. Hieraus zwangsläufig resultierende Qualitätsverluste bitten wir zu entschuldigen.

DREISSIG JAHRE AUF DEM WASSER

AUS DEN LOGBÜCHERN UND
DEN STUDIEN-MAPPEN VON

OTTO PROTZEN

MIT 85 FEDERZEICHNUNGEN
30 VOLLBILDERN UND ZWEI
KARTENSKIZZEN

Berlin 1911
Verlag Dr. Wedekind & Co. G. m. b. H.

Inhaltsverzeichnis.

ERSTER TEIL.

		Seite
I.	Reimke, der Anglerkönig	3
II.	Die erste Entdeckungsreise	9
III.	Eine Unglücksfahrt	23
IV.	Lern- und Wanderjahre	35
V.	An die Waterkant	46
VI.	Zur Ostsee	65
VII.	Ellida's Wickingsfahrt	100

ZWEITER TEIL.

VIII.	Die Sommerreise der „Luna"	139
IX.	„Hevella"	155
X.	Die Frühlingsfahrt der „Susanne"	167
XI.	Ueber die Nordsee	175
XII.	Um den Kaiserpreis!	192
XIII.	Kieler Briefe eines Anonymus	202
XIV.	Eine Reise im Hausboot	214
XV.	Ein feuchtfröhlicher Argonautenzug	226
XVI.	Aus dem Tagebuch eines Amerikafahrers	246
XVII.	Schlusswort	282

Verzeichnis der Vollbilder.

	Seite
Die Müggelberge	13
Mondnacht	18
Der Reiherhorst	21
Der Angler	21
Aufziehendes Gewitter	28
Haidegraben	36
Blick auf den Wannsee	38
An der Spree	45
Auf der Pfaueninsel	47
Stilles Wasser	61
Schloss Rheinsberg	63
Einfallende Enten	67
Meeresstille	70
Brandung	71
Strandidyll	83
Cladower Ufer	103
Der Eichenhof	106
An der Kieler Föhrde	111
Der Ukleysee	117
In den schwedischen Schären	151
Holsteinisches Fischerdorf	162
Auf Alsen	163
Old Dover Castle	185
Fischerhafen von Ostende	190
Pfaueninsel	219
Hamburger Hafen	222
Am Oeresund	235
Wickinger-Grab	235
Schlechtes Wetter im Kattegatt	238
Küste von Massachusetts	266

Erster Teil.

or unsrem Haus in Stralow floss breit und gemächlich die Spree dahin. Von unserem Schlafzimmer blickten wir jeden Morgen, mit dumpfem Druck auf dem Herzen, in Erwartung der Folgen nicht gemachter Schularbeiten, sehnsuchtsvoll auf das im Morgenlicht glitzernde Wasser. Mit neidvollem Ingrimm stellten wir fest, dass „Herr Reimcke schon an de Stiele festgemacht hatte".

Ja, ja, diese „Stiele" — sie waren für eine lange Zeit der Brennpunkt unseres Interesses ausserhalb unsrer kleinen Welt, welche vom Ufer der Spree, dem Pferdestall und der väterlichen Fabrik umgrenzt war. Wir waren uns zwar nicht ganz einig über die Schreibweise dieses interessanten Gegenstandes; mein Bruder behauptete, es müsse „Stühle" heissen. Da ich aber der Ansicht war, dass zehn Fuss über das Wasser herausragende Strompfähle nur in den äussersten Notfällen als Sitzgelegenheit benutzbar seien, so entschied ich mit der Ueberlegenheit des Aelteren und natürlich daher Gelehrteren, zuungunsten des Bequemlichkeitsgedankens. Mein Bruder, dem wir, beeinflusst durch die Lektüre der Wilhelm Busch'schen Dichterschöpfungen, den Kosenamen „Schnick" beigelegt hatten, (denn er war faul und dick wie jener berühmte Moppel), hatte wegen der ihm so sympathischen Ideenverbindung die Autorität unsres vielbewunderten und vielbeneideten Freundes Reimcke angerufen. Die Sache war jedoch auch bei dieser Instanz für ihn aussichtslos, da besagter Herr mit den höheren Sprachwissenschaften auf äusserst gespanntem Fusse stand und solchen kleinlichen Haarspaltereien jene erhabene Verachtung entgegensetzte, welche sich meistens vorfindet bei Leuten, welche höhere Ideale verfolgen.

Unser Freund, der allmorgentlich mit Sonnenaufgang an den Stielen festmachte, war nämlich seines Zeichens ein Tischler; aber nur im Winter. Und wenn die Störche wieder auf dem alten Nest in Stralow eintrafen, legte Vater Reimcke Hobel und Säge beiseite und zog hinaus in die Sommerfrische auf das Gefilde des „Dichters" Hanne.

Um etwaige Irrtümer jedoch gleich im Keime zu ersticken, will ich gleich hier erklären, dass Herr Hanne das schmückende Beiwort „Der Dichter" nicht etwa auf dem Gebiete des Reimeschmiedens erworben hatte, sondern durch die nicht schlechtere, ja sogar meist nützlichere Tätigkeit des Abdichtens und Ausbesserns von Spreekähnen und ähnlichen Gefässen.

Auf dessen Grundstück nun, welches dem unsrigen gegenüber am Ufer der Spree lag, befand sich die Villa unsres Reimcke. Dieses Prunkgebäude bestand aus der Kajüte einer ausgeschlachteten Zille (alias Spreekahn), welche wegen Altersschwäche aufs Trockene gezogen, und um den Kreislauf der Dinge als Brennholz zu vollenden, der vernichtenden Säge und Axt anheimgefallen war. Dieses ehemals schwimmende Schifferheim, vor dessen buntgemalter Pforte und gefängnismässig vergitterten Fensterchen sich eine kunstvoll aus Latten gezimmerte „Veranda" anschloss, war für die Dauer des Sommers das Dorado der zahlreichen Tischlerfamilie, in welchem in trauter Gemeinschaft gewohnt, gegessen, getrunken und geschlafen wurde.

Um die Verrichtung des Kartoffelnschälens und Kaffeekochens, deren Anblick ästhetisch angehauchte Gemüter zu beleidigen pflegt, möglichst zu verbergen, war aus einigen alten Brettern, Türen etc., die mit Dachpappe zu einem harmonischen Ganzen vereint waren, ein zweites Gemach, genannt die Küche, errichtet. Mit dem Universalraum war es durch eine fast mannshohe Oeffnung verbunden; und als Glanzpunkt dekorativen Geschmacks war diese Pforte zum heimatlichen Herde, durch eine Juteportiere künstlerisch verhüllt.

Geistesverwandte Seelen hatten sich rings herum ähnliche, teils noch schönere, teils bescheidenere Residenzen errichtet, und in respektvoller Entfernung von dieser, dem gemeinsamen Frohsinn geweihten Stätte, befand sich ein Gebäude im Schilderhausformat. Die Gründe für diese Absonderung waren überzeugend, wenn man es in Fällen dringender Not mal betrat.

So war diese ländliche Kolonie beschaffen, welche unsren modernen Villen-Architekten eine Fülle von Anregungen geboten hätte. Am Ufer war eine muntere Flotille der stolzesten Angelkähne vertaut, welche in allen Farben des Regenbogens erstrahlten, und jeder dieser Villenbesitzer hegte und pflegte sein Fahrzeug in edlem Wettstreit und schmückte es mit den erhabensten Namen.

Mit dem Einzug in sein Reich schüttelte Vater Reimke die Prosa dieses arbeitsreichen Daseins von sich und widmete sich tags und den grössten Teil der Nacht der friedlichen, nervenberuhigenden Wissenschaft des Angelsports.

Ueber diesen edlen Sport rümpft so mancher Banause spöttisch die Nase; er ahnt nicht, wie gesundheitsfördernd dieser Aufenthalt auf dem Wasser ist, der die körperlichen Kräfte zwar nicht anstrengt, aber zum Nachdenken anreizt. Er weiss nicht, welche Fülle von Kenntnissen und Erfahrungen im Anglermaterial aufgespeichert ist. Er kennt nicht das Hochgefühl, welches man empfindet, einen selbstgefangenen Fisch zu verspeisen, und sei es auch nur ein Uekley von zehn Zentimeter Länge. Er ist unempfindlich gegen den Nervenkitzel, wenn es beisst (natürlich an der Angelschnur), abgestumpft gegen den dramatisch bewegten Moment, wenn der arme überlistete Fisch mit kühnem Schwunge seinem Element entrissen wird. Er beachtet nicht, welche hygienischen Vorteile aus einem gesunden Aerger erspriessen, wenn die „dummen Biester" nicht anbeissen wollen, oder wenn ein ungeschlachter Spreekahn die Anmassung hat, in der Nähe des gleich einer Bildsäule auf sein Opfer unbeweglich lauernden Anglers mit planschendem Staaken vorbeizurauschen. Ja, manchmal geht die Rücksichtslosigkeit sogar so weit, dass so ein Unhold ebenfalls an den auserkorenen Stielen festzumachen wagt.

Auch unsres Anglerkönigs erster Blick galt stets den obenerwähnten Stielen. Diese Stelle hatte er sozusagen zu seinem geistigen und künstlerischen Eigentum gemacht durch rastloses „Anfuttern" mit Gerste, Hafer, verwestem Fleisch und Aniskuchen. Für diese Delikatessen schienen unsre heimatlichen Plötzen, Giestern, Bleie, Schleie, Barsche, Aale, Quappen, Hechte, eine besondere Vorliebe gefasst zu haben, so dass sie dankbar sich der Unbequemlichkeit unterzogen, vom scharfen Angelhaken ans Tageslicht und in die Käscher und Trebel des Wassernimrods gezogen zu werden.

Edle Beispiele spornen die für das wahrhaft Schöne empfänglichen Gemüter zur Nachahmung an. Daher dauerte es auch nicht lange, bis auch wir uns mit der vollen Begeisterung jugendlicher Gemüter diesem schönen Zeitvertreibe widmeten. Verschiedene Köchinnen hinter einander kündigten infolgedessen meiner Mutter, weil sie durch das tägliche Abschuppen und Ausnehmen unsrer Jagdbeute zur wilden Verzweiflung gebracht wurden.

Auch an den Ufern unsres Gartens schaukelte ein Wasserfahrzeug im wohlgeschützten Hafen; dieses war irgend einem Bootsverleiher für alt abgekauft und wies mehr gebrochene als heile Rippen auf. Auf die Planken waren mehrere „Riester" aufgesetzt; das Ganze seufzte unter der Last eines zentimeterstarken Farbenanstrichs und hörte auf den melodischen Namen „Anna", welcher in fast lebensgrossen Goldlettern den Spiegel verzierte. Das Elternpaar war jedoch von modernen Sportgedanken noch nicht angekränkelt und wies unsre neumodischen Gelüste auf dieses Fahrzeug mit Entsetzen zurück; die Mutter aus Furcht vor dem trügerischen, verführerischen Element, der Vater aus verächtlichem Abscheu. Schon ein Regentropfen erregte grimmigen Zorn und verwandelte die fröhlichste Picknick-Stimmung in tiefe Melancholie. Schon der Gedanke an Segeln oder Rudern erweckte in ihm das Gefühl der Seekrankheit, und fast hätte ihn diese Abneigung während seiner Dienstzeit zum schweren Verbrechen der Meuterei getrieben.

In heissem Gewehrfeuer schwärmt die Kolonne gegen den Feind aus. Sprungweise, jeden Terrainvorteil ausnutzend, rücken die Gardeschützen dem gut gedeckten und unaufhörlich feuernden Gegner auf den Leib. Ein kleiner Wassergraben durchquert die Wiese. Alles wirft sich hinein, das Schilf und die kleine Deckung des Randes eifrig zum erneuten Feuern benutzend. Nur mein Vater geht seelenruhig am Rande des Grabens entlang auf eine Brücke zu. „Einjähriger — Unglücksmensch! — Decken Sie sich, decken Sie sich augenblicklich! — Hinein in den Graben!" — donnerte der Hauptmann.

„Da ist ja Wasser drin!" antwortet lakonisch der Einjährige Protzen. Glücklicherweise wurde er weder vom Feinde noch vom Kriegsgericht totgeschossen. —

Aber kein Berg ist so hoch, kein Wasser so tief, dass es Herzen, die nach gemeinsamem Takte schlagen, auf die Dauer trennen könnte. Eines schönen Tages hatten wir das unaussprechliche Glück, unsrem leuchtenden Vorbild, dem Anglerkönig von Stralow und umliegenden Fischerdörfern, von Angesicht zu Angesicht in unsrem Garten gegenüberstehen zu dürfen. Jedoch die Ankunft unsres Vaters, der es wohl zeitweilig für nötig hielt, sich über die Beschäftigung seiner Nachkommenschaft in ihren Mussestunden auf dem Laufenden zu erhalten, unterbrach plötzlich zu allseitiger Ueberraschung den belehrenden Redestrom unsres verehrten Meisters. —

„Ich bin nämlich Herr Reimke" — beseitigte dieser, mit gesellschaftlicher Routine und eleganter Verbeugung sich vorstellend, die Stille der Verlegenheit und balancierte darauf mit anmutigem Kniebeugen und -strecken seinen Körper wieder in die Lotrechte.

Unser Erzeuger, der durch unsre täglichen begeisterten Tischgespräche schon einigermassen über die Bedeutung der vor ihm stehenden Persönlichkeit aufgeklärt war, freute sich natürlich sehr, „Herrn" Reimcke kennen zu lernen, und Schnick und ich erstrahlten in stolzer Glückseligkeit, dass sich unser Freund in so schneidiger Weise bei unsrem Familienoberhaupt eingeführt hatte. Das Ergebnis der Unterredung war die Erlaubnis, unser Boot unter Aufsicht des Anglerkönigs auf den Wogen der Spree — allerdings nur zwischen Stralow und Treptow — tummeln zu dürfen.

Natürlich verdichtete sich unsre Freundschaft seit diesem denkwürdigen Augenblick bis zur Unlöslichkeit, und in dem wohltuenden Gefühl, dass unsre Begeisterung jetzt höheren Orts verstanden und geteilt würde, waren die Taten und die Aussprüche des Anglerkönigs das unerschöpfliche Thema bei Tische.

Eine durch die internationalen Gesetze der Höflichkeit bedingte Folge der vorangegangenen Ereignisse war auch, dass wir ständige Besucher der Villenkolonie des Dichters Hanne wurden. Unser Bekanntenkreis erweiterte sich durch diesen anregenden Verkehr, und unser Wissensdrang auf dem Gebiete der Nautik und der Fischerei beeinflusste bald in besorgniserregender Weise das Interesse und die Aufnahmefähigkeit für die trocknen Wissenschaften des Gymnasiums. Staunend hörten wir die Beschreibung der fast unerforschten Länder an, welche sich ostwärts von Berlin in üppiger Schönheit längs der Ufer der Spree und der Dahme hinziehen sollten; und was die energischsten Vorhaltungen der Hauslehrer nie zu Wege gebracht hätten, wurde uns durch den Verkehr mit den Villenkolonisten zum Gegenstand brennendsten Interesses: Mit Heisshunger wurden die Atlanten und geographischen Karten unsres Heimatlandes studiert, und die unter Entbehrung von Kuchen und Zigaretten gemachten Ersparnisse wurden in Generalstabskarten der Umgegend angelegt. Bei jedem Rinnsal, bei jedem Fischerdörfchen verweilte unsre Phantasie mit dem sehnsüchtigen Wunsche, die Reize dieser fernen

Lande einst kennen zu lernen, um beim Anblick der Karte sagen zu können: „Dieses Land habe ich bis hierher erforscht!" —

In der Küche erlauschten wir die Kunst, aus Eiern, den so nützlichen Produkten des Huhnes, die erdenklichsten Gerichte herzustellen. Wir lernten umzugehen mit Pinsel und Farbtopf, mit Schrapern und Schrubbern, mit Tauwerk, Leinen und Nähzeug, mit Hammer und Zange, mit Säge und Hobel, und dies sind die Fähigkeiten, die oft sogar nützlicher sind als griechische Vokabeln. Vater Reimcke war womöglich noch stolzer als wir selbst, wenn er seine gelehrigen Schüler wie die Alten mit den Villenbesitzern der Dichterkolonie nach Seemannsart ihr Garn spinnen hörte, und noch als grosse ausgewachsene Menschen hatten wir manch' gemütlichen „Klöhn" mit ihm in seiner originellen Holzbude am grünen Strand der Spree.

Die erste Entdeckungsreise

Was ein Häkchen werden will, krümmt sich bei Zeiten.

Ich wage es zwar kaum, diese abgedroschene Sentenz an die Spitze meines wahrheitsgetreuen Berichtes über meine erste Entdeckungsreise zu setzen, in einer Zeit, wo man stets in Wort und Schrift, in Bildern und Tönen, in Gedanken und Taten, neu, verblüffend und originell sein soll. Ich will jedoch wieder von einer Zeit erzählen, die lange her ist — so ungefähr fünfundzwanzig bis dreissig Jahre und möchte zugleich betonen, dass ich in dieser Zeit meine Ideale nicht gewechselt, nur ausgedehnt und von den bescheidensten Anfängen zu immer verwegenerem Fluge gespornt habe. —

Die Hundstagsferien neigten sich schon bedenklich ihrem Ende zu; unser Tatendurst war nicht mehr zu bändigen! — Die Zensuren waren auch ausnahmsweise „mittelmässig" bis „ziemlich befriedigend" ausgefallen; man konnte also mal etwas wagen und wir beschlossen daher nach eingehendem Kriegsrat einen Sturm auf die wohlgepanzerten Festungen der elterlichen Herzen.

Aber schlau anfangen müssen wir die Sache, um nicht gleich bei Eröffnung der Operation energisch abgewiesen zu werden! —

Wir gruben Laufgräben gelegentlich des Mittagessens:

„Herr Reimcke ist diesen Sommer vier Wochen in Schmöckwitz gewesen," warf ich mit kühler Gleichgültigkeit hin.

Das war unverfänglich; denn fast jeder Satz aus unserm Munde begann mit diesem verehrten Eigennamen.

„Da ist es viel billiger als in Marienbad, wo Vater immer hingeht," — setzte Schnick mit leisem Vorwurf über die Geldverschwendung einer solchen Reise hinzu. Er verstand es von jeher meisterhaft, den „alten Herrn" bei seiner schwachen Seite zu fassen.

„In Schmöckwitz ist's auch viel interessanter, wie im Harz, wo die Mädels immer hinwollen," plänkelte ich weiter. Meine despektierliche Redeweise riss natürlich die Schwestern in die Debatte; ich konnte daher eine längere Lobeshymne auf die Naturschönheiten von Schmöckwitz und Umgebung anbringen.

„Nachtlogis kostet nur fünfzig Pfennige und zwei zusammen in einem Bett brauchen bloss fünfundsiebzig Pfennige zu geben. Kaffe mit Butter und Brot kostet fünfundzwanzig Pfennige und für die Mittagspräpelei braucht man bloss fünf Groschen zu berappen!" — „Dafür liefert's Mutter nicht."

Mit diesen Mitteilungen begnügten wir uns fürs erste. Auch ein Moltcke und Bismarck sicherten den Erfolg ihrer Kriege durch weise Mässigung. —

„Heut ist schönes Partiewetter," erklang es beim nächsten Mittagessen.

„Unsre Ferienarbeiten sind auch schon lange fertig!" —

„Wollt ihr mal sehen, wo Schmöckwitz liegt?" Und in eilfertiger Hast breiteten wir vor den erstaunten Anwesenden die bisher sorgsam geheim gehaltenen Landkartenschätze aus.

„Ja, seht mal, hier dicht hinter Berlin fängt schon der Wald an; („Urwald!" — warf Schnick ein, in Erinnerung an Lederstrumpfs Erzählungen); da liegt Köpenick, und hier ist der Zusammenfluss von Spree und Dahme. Hier weiter zweigt ein riesiger See ab nach Nordosten, in dem liegt Robinswall. Ob das nach Robinson Crusoë genannt ist? — Hier nach Norden zieht sich die Krampe bis an den Fuss des schroff in den See abstürzenden Müggelberges und drüben auf dem fernen Ufer ragen die mächtigen Gosener Berge herüber. Die sind beinahe ebenso hoch wie unser Fabrikschornstein! — Das wird wohl ein sehr fruchtbares Land sein, dieses Gosen?" — Andächtig drängten sich über den Karten unsre Köpfe zusammen, unsre Zeigefinger bohrten sich hartnäckig auf diese berühmten geographischen Punkte und unsre Augen funkelten in Begeisterung für unser Thema.

„Na, das wäre denn ja eine passende Verbannung für den Rest der Ferien für euch!" — liess sich mit ironischem Schmunzeln der belustigte Vater vernehmen, in der Erwartung, dass diese Drohung uns sofort etwaige phantastische Reisepläne aus dem Kopf und das Herz in die Kniekehlen jagen würde. Er hielt es für ausgeschlossen, dass ein Mensch überhaupt fähig sei, nur bis Köpenick zu rudern.

Ein indianisches Triumphgeheul war die Antwort.

Vater war auf den Leim gegangen; das war ein Fest- und Jubeltag! —

Unser wohlvorbereiteter Kostenanschlag für die uns bewilligten drei Tage ergab pro Nase und pro Tag zwei Mark fünfzig; diese Summe liessen wir uns der Sicherheit wegen sofort in bar zahlen, damit nicht die Stimmung umschlagen könnte. Nun wurde unser „Pollux" für diese Weltreise gebührend aufgezäumt und verproviantiert. Ein kleines Raasegel hatte uns schon lange unser langjähriges Nähfaktotum unter Aechzen und Stöhnen zurechtflicken müssen; Bohnenstangen, nächtlicherweile irgendwo ihrer eigentlichen Bestimmung entrissen, vertraten die Stelle als Mast und Raaen, und ein grosses Badelaken wurde zum „Kalitte fahren"*) eingerichtet. Der moderne Sportsmann sagt heute zu einem solchen Gegenstand „Spinnaker", was beinahe ebenso schön klingt.

Unter den angstvollen Ermahnungen der guten Mutter und dem ungläubigen Kopfschütteln des skeptischen Vaters stachen die beiden kühnen Helden in See. „Die kehren ja doch schon nach der ersten Stunde wieder um", suchte Vater die mütterlichen Abschiedstränen zu stillen. Einer solchen Zumutung setzten wir natürlich stillschweigende Verachtung entgegen und ruderten wacker drauf los, zum erstenmal uns selbst überlassen.

Die frühere „Anna", welche kaum noch über Wasser zu halten gewesen, war mit nicht unbedeutenden Schwierigkeiten an einen „Grünling" verkauft worden. Während der Verhandlungen hatten Schnick und ich als Sachverständige dabeigestanden und hatten auf die neugierige Frage, weshalb denn dass schöne frisch gestrichene und bei Hanne gedichtete Boot zu verkaufen sei, mehr ehrlich als klug geantwortet, es habe ein Leck und die Planken seien faul. Wir konnten es noch viele Jahre nicht verstehen, dass diese wahrheitsgetreue Antwort uns einige wohlgezielte Maulschellen und schmückende Beiwörter, wie „dumme Jungens" etc. vom Vater eintrug.

Es war nun ein Neubau gefolgt, dem wir als Quartaner und Quintaner schon etwas wissenschaftlich angehaucht, nach dem unzertrennlichen Dioskurenpaar den Namen „Pollux" gaben. „Castor" wählten wir wegen der Ideenverbindung mit Ricinusöl lieber nicht.

---

*) Kalitte, wendisch = Schmetterling.

Im Grunde war dieses neue Wunderwerk der Schiffbaukunst genau ebensolche Mietskutsche, wie die selige „Anna", mit geradem hohem Vordersteven, hochbordig, mit halbzölligen Eichenplanken und mit Rippen wie ein Vollschiff. Man konnte sich glatt die Arme in ihm ausreissen. Wir gingen daher immer nur kurze Wachen von zwanzig Minuten, um uns am Steuer für die darauffolgende Ruderfronarbeit wieder zu kräftigen. Schnick versuchte mehrfach zu mogeln um ein paar Sekunden; daraufhin wurde die Waterbury-Taschenuhr an sichtbarer Stelle im Boot aufgehängt und der Sekundenzeiger mit Peinlichkeit beobachtet. Im übrigen erhielt Schnick die Funktionen des Stewards zugeteilt, während ich die Zügel der Regierung ergriff und mich mit den Pflichten der höheren Nautik befasste. Da Schnick zu meinem neidvollen

Kummer eine viel schönere Ruderbluse sein eigen nannte, als ich, mit schönem weissen Kragenbesatz, mit goldenen Knöpfen und prachtvollen Ankern an den Ecken, ausserdem weil sein Mundwerk von je her besser ausgebildet war, als das meinige, so war er ein für allemal dafür ausersehen, den Verkehr mit der Aussenwelt zu vermitteln. Er hatte also die Unterhandlungen zu führen mit den Eingeborenen der Gegenden, die wir erforschend berührten. Seine koketten kurzen Höschen kamen allerdings bei dieser Tätigkeit, als es sich darum handelte, auf einem Bauernhof einige Liter Milch einzuhandeln, in die grösste Gefahr von ungastlichen Dorfhunden zerfetzt zu werden. Er rettete sie durch Geistesgegenwart und Geschicklichkeit, indem er einen Zaun ausriss und als Brustwehr gegen die reissenden Tiere vor sich aufpflanzte.

Die Müggelberge
Nach einer Kohlezeichnung

So erzählte er mir wenigstens nachher in blumenreicher Sprache. — — — Um seinem Aeusseren einen noch interessanteren Anstrich zu geben, befestigte er an seiner dreizehnjährigen Heldenbrust einen prachtvollen talmi- und nickelglänzenden Orden. Es war dies eine wohlverdiente Auszeichnung, die er auf dem Gebiete der Diplomatie errungen hatte, und zwar infolge seiner beispiellosen Ueberredungskunst beim Anwerben neuer Mitglieder für die „Deutsche Reichsfechtschule", die sich mit der nützlichen Beschäftigung befasste, Staniolpapier, Zigarrenspitzen und Stummel, alte Kleider und andere sonst dem Untergang geweihte Artikel für den Bau von Waisenhäusern noch nutzbar zu machen. Und so ein Orden wirkt, nicht nur bei den beglückten Inhabern, zu ferneren guten Taten anspornend, sondern auch bei den wenigen von der Sonne des Erfolges bestrahlten: er erzwingt bei grossen und kleinen Kindern Interesse, Staunen, besonders Ehrfurcht; und dieses alles hat man im Leben und bei Entdeckungsreisen nötig.

Mir fiel, wie gesagt, die nautische Oberleitung der Expedition zu, die Orientierung auf dem umfangreichen Kartenmaterial, die Absetzung des Kurses und erforderlichenfalls die Segelführung. Kompass, obwohl an Bord, trat nur einmal im Walde in Tätigkeit.

Während der Fortbewegung vermittelst des Segels war es Schnick erlaubt, sich eine Hängematte im Boot auszuspannen und zu schlafen; eine Beschäftigung, der er in staunenerregender Häufigkeit und Ausdauer nachhing, und die ihm manchen wohlgezielten Fusstritt einbrachte, wenn er frevelhaft diesem Laster auch während seines Steuertörns zu frönen versuchte. Doch, kehren wir zurück zur chronologischen Reihenfolge der Begebenheiten. —

Eine natürliche Folge unsrer Galeerensklaventätigkeit war ein brüllender Hunger und Durst; Gefühle, die wir zwar sehr bequem an einer der an der Spree in poesiestörender Weise leider schon damals recht dicht gesäeten Gastwirtschaften hätten befriedigen können. Die Existenz derartiger Lokale in einem Lande, welches wir doch erst entdecken wollten, wirkte aber nur ernüchternd auf unsere Einbildungskraft. Sie wurden daher einfach ignoriert und in einem verschwiegenen Winkel jenseits Köpenick, romantisch im Schilf versteckt und von Mücken umschwärmt, säbelten wir uns unsre Wurststullen zurecht und leerten die mitgenommenen Bierflaschen. — — —

Köpenick versank im Dunste der Zivilisation, und mit andächtigem Stolze sahen wir zur Linken das imposante Müggelgebirge aufsteigen.

Dass uns auch hier immer noch zeitweilig biedere Kahnschiffer begegneten, die schweisstriefend ihre Stein- und Holzzillen nach

Berlin staakten (Schleppdampfer gab's damals noch nicht) ärgerte uns offen gesagt; sie störten entschieden die Romantik der Forschungsreise; besonders wenn sie uns ihre dummen Berliner Witze zuriefen. Aber weiter, immer weiter! —

Die „Bammelecke" passierten wir und zerbrachen uns den Kopf über diese Bezeichnung. Wir hatten keinen Bammel! Um Mittag tauchte das berühmte Schmöckwitz vor uns auf.

„Du, sag' mal, Schnick, wollen wir denn wirklich hier drei Tage liegen bleiben?"

„Ne, das wird mächtig langweilig und dann kriege ich Heimweh" — antwortete mein Steward.

„Na weisst Du, die Alten merken's ja doch nicht, ob wir hier sind oder nicht; ich denke, wir brennen durch und fahren nach dem Scharmützelsee.

Ach, wie hatten wir Elternsorge und Sehnsucht verkannt! —

Während wir bösen Buben von Corinth, die Brust geschwellt voller Tatenlust, unter der Schmöckwitzer Ziehbrücke hindurch gen Süden nach Neu-Mühle zu „riemten", sass das betrübte Elternpaar daheim und blickte gedankenvoll auf die beiden leeren Plätze am Tische.

„Was wohl unsre Jungens jetzt angeben?" seufzte Mutter. Vater tat einen langen Schluck, räusperte sich, schneuzte sich und rückte schliesslich mit einem Vorschlag heraus.

„Wir wollen sie mal heute Nachmittag in Schmöckwitz besuchen."

Gesagt, getan. — Stoffers musste die Schimmel anspannen, und hinaus ging's nach Schmöckwitz.

Die Enttäuschung war gross; in keiner der zahlreichen Kneipen war das edle Brüderpaar aufzutreiben; also zurück nach Köpenick, um dort bei Bekannten nach den Ausreissern zu fahnden. Mutter sah uns bereits im Geiste als leckere Speise der Aale. „Jawohl, die beiden Jungens sind heute früh hier gewesen und haben sich zum Frühstück ein Fünfgroschenbrot geben lassen — sie nannten das Fourage requirieren —; sie murmelten was von Teupitz und Scharmützelsee." —

Was war zu tun? Die Schimmel trabten heimwärts, und in banger Erwartung verstrichen die nächsten drei Tage, nach denen Treffpunkt in Neu-Mühle verabredet war.

Da wir genau wussten, dass auch Stanley bei Erforschung des Kongo an seine Lieben daheim niemals Nachricht gegeben, nicht mal eine lumpige Ansichtskarte mit „herzlichem Gruss", hielten auch wir es für gänzlich unter unserer Würde, von dieser Errungenschaft der Neuzeit Gebrauch zu machen.

Mit fiebernder Hast und glücklich in dem ungewohnten Bewusstsein der Freiheit stürmten wir in die unbekannte Ferne. Von zahllosen Wurststullen lebend, arbeiteten wir uns im Schweisse unsres Angesichts wacker die Dahme aufwärts bei Neu-Mühle vorbei über Krüpel- und Krimmnicksee, eifrig die Generalstabskarten studierend, nach Cablow, Bindow, Gussow, Dolgenbrodt. Von der Jugend dieser Fischerdörfer wurden wir mit Geheul und Wurfgeschossen empfangen, zu unsrem Aerger bei näherem Hinhören immer noch in deutscher Sprache, wenn auch schon etwas plattdeutsch.

Unbeirrt durchquerten wir den Dolgensee, ruderten das hier schon recht schmale Fliess bei Prieros und schwenkten resolut in den Seitenarm nach Nord-Osten, der uns auf die breite Fläche des Woltziger Sees brachte.

Schon dunkelte es bedenklich, und die kühnen Seefahrer begannen still und müde zu werden. Es wurde nun Zeit, darüber nachzudenken, wo die brennenden Köpfe und schmerzenden Glieder zur Nachtruhe auszustrecken seien. Bald war kaum noch die Hand vor Augen zu sehen; als daher durch Büsche und Bäume ein Licht uns entgegenfunkelte, stiegen die Helden ermattet ans Land.

Mit der Bootslaterne und dem Peekhaken bewaffnet, stolperten wir durch Acker und Wiese, über Beete und Kohlköpfe auf jenes Licht zu.

Wütendes Hundegebell, Rufen und darauf eine uns entgegentaumelnde Laterne. Richtig hatten wir den Dorfkrug erwischt. Kummersdorf, so nannten die Eingeborenen treffend diesen Erdenfleck. — — —
Bescheidentlich fragten wir um Nachtquartier. "Na, denn kümmt man mit nach dem Heuboden."
"Ja, wir möchten aber lieber in einem Bett schlafen."
Darob grosses Erstaunen. "Hebbt je denn ook Geld?" —
Stolz bejahend, nahmen wir den Rest unsrer Spannkraft zusammen und klimperten mit unsrer Baarschaft, worauf uns im Gastzimmer neben dem Schankraum ein himmelhoher strohknisternder Schlummerthron zurecht gemacht wurde.

"Wir wollen aber gern jeder ein Bett für sich haben!" trumpften wir auf, in Erinnerung der schönen Schlafstube zu Hause.

"Dat gibt's hier nich!" — Wir wagten keinen Widerspruch, wagten auch nicht darauf zu bestehen, dass die Fenster offen blieben, welche vom behäbigen Krugwirt mit argwöhnischem Seitenblick fest verrammelt wurden. Kaum hörten wir noch, wie sich der Schlüssel kreischend von aussen im Türschloss herumdrehte, damit wir auch janicht entwischen könnten; dann schnarchten wir in schönen Akkorden den Schlaf der Gerechten. —

Sehr, sehr früh am Morgen gab's Mehlsuppe, worauf wir die einfach aber praktisch mit Kreide auf den Tisch gemalte Hotelrechnung über, ich glaube, fünfundachzig Pfennigen beglichen. Da der Komfort der Neuzeit noch nicht bis in diese urwüchsigen Gegenden gedrungen war, hatten wir keine Gelegenheit gehabt, etwaigen Reinigungsgelüsten zu fröhnen; die Benutzung der Hofpumpe neben dem Dunghaufen war uns doch etwas zu ungewohnt und auch "genierlich" gewesen.

Als wir daher den langen Kanal mit seinen zwei Schleusen und das niedliche Landstädtchen Storkow hinter uns hatten und ein spiegelklarer einsamer Waldsee uns zum Baden lockte, sprangen wir kurzerhand über Bord und zogen schwimmend unser Schifflein hinter uns her. — Jetzt ist dieser See mit vielen Villenkolonien umkränzt.

Nachdem wir so den äusseren Menschen in den nötigen repräsentablen Zustand versetzt, und im Schatten der Kiefern und Birken ein umfangreiches Stullenfrühstück vertilgt hatten, hielten wir unsren Einzug in das Dörfchen Wendisch-Rietz, dessen Schleuse die Eingangspforte zu dem Traum unsrer Sehnsucht war. Der Scharmützelsee lag vor unsren staunenden Augen!

Die guten Schleusenmeistersleute suchten uns Knirpse von dem tollkühnen Wagnis abzuhalten, diesen See nun zu befahren.

Wir aber liessen uns nicht bange machen und lustig tanzte unsre alte Galeere über die krystallklaren Wellen auf die fernen Rauen-Berge zu. Wir wussten, dass dort Kohlenbergwerke waren, welche der väterlichen Fabrik die tägliche Nahrung spendeten. Die mussten wir uns natürlich ansehen. Aber vorher kehrten wir im Bergwerkskrug ein, da wir den begreiflichen Wunsch hatten, auch mal wieder zu Mittag zu essen.

Hier war indessen guter Rat teuer. Die Grubenarbeiter hatten alles bis auf die letzte Kartoffel aufgegessen. Der Sohn des Hauses wurde also ins nächste Dorf geschickt zum Buttereinkauf, und wir begaben uns in den Hühnerstall um zu erwarten, ob etwa diese nützlichen Vögel so liebenswürdig sein würden, inzwischen einige Eier für uns zu legen.

Richtig, bald erschallte ein frölich aufgeregtes Gakkern aus einem Nest und triumphierend steckten wir ein noch ganz warmes Prachtexemplar in die Tasche.

„Da druckst wieder eine!" — konstatierten wir nach kurzer Zeit mit frohlockender Sammelgier.

Nach einer halben Stunde hatten wir dann auch ein kleines Gericht dieser wohlschmeckenden Erzeugnisse beisammen, vermittelst derer den Verschmachteten ein leckeres Mahl bereitet wurde.

Der butterspendende Jüngling fühlte den Drang in sich, auch noch in andrer Weise für uns sorgen zu müssen; er bot sich uns zum Führer bei Aufsuchung der weitberühmten „Markgrafensteine" an. Es sind dies ganz kolossale erratische Granitblöcke, welche eine Gletscherwanderung vor Jahrtausenden von Schweden her in unsre steinarme Streusandbüchse verpflanzt hat. In den Schulstunden für Heimatkunde hatten wir von ihnen gehört. Aus einem Teil eines dieser Felsen soll die grosse „Milchreisschüssel" vor dem Berliner Museum gefertigt sein; wir waren daher äusserst gespannt, den Fundort dieser Naturwunder von Angesicht zu sehen.

Zuerst ging die Expedition auch ganz glatt von statten. Unser Führer behauptete, jeden Baum im Walde zu kennen und legte ein Tempo vor, dem unsre Seebeine kaum gewachsen waren. Bald jedoch befand er sich neben und schliesslich hinter uns, so dass Generalstabskarte und Taschenkompass aushelfen mussten. Jetzt ist diese Waldeinsamkeit von schön angelegten Wegen durchzogen, Automobilverkehr verbindet die anmutigen Villenkolonien am Ufer des herrlichen Sees mit der Station Fürstenwalde und an Stelle des elenden Bergmannskruges und der Köhlerhütten sind

vornehme Hotels und Logierhäuser aus der Erde geschossen. —
Tempora mutantur. — —

Nachdem uns der tüchtige Fremdenführer also den ganzen
Nachmittag im Walde herumgehetzt hatte, fanden wir uns glücklich
wieder zum Seegestade zurück und schifften uns mit einem einer
Wendin zum Abendessen abgehandelten Topf Besinge (alias Blau-
beeren) ein, um uns für die Nacht irgendwo ein Obdach zu
suchen.

Sorglos glitten wir schmausend und schauend mit leichter
Abendbrise bei glitzerndem Vollmond über den See und landeten wieder bei unsren Schleusenmeisterfreunden.

Aber nun wohin mit uns? — Das kleine Schleusenhäuschen
war völlig durch die eigene Kinderschar ausgefüllt; man führte
uns daher zum Dorfkrug. Brummend erklärte der gastliche Krugwirt von der Ofenbank aus, dass er „nach neune" niemanden
mehr aufzunehmen habe. Also weiter. —

Unser Beschützer hatte am Orte einen Freund, den Müller,
dessen Ehehälfte sich die Mühe nicht verdriessen liess, uns heimat-
losen Burschen die gute Stube für die Nacht herzurichten mit
zwei köstlichen Feldbetten. Ja, sogar zu essen bekamen wir
auch noch; und zufrieden, als müsste alles so sein, entschlummerten wir.

Das Gesumme der Wassermühle erweckte uns schon zu fast
nachtschlafender Zeit. Für heute Nachmittag war das bewusste
Stelldichein mit den Eltern in Neu-Mühle verabredet; wir hatten
also eine lange Reise vor uns und hurtig schlüpften wir in die
Kleider. Es war aber nicht so leicht, aus dem Zimmer herauszukommen, da beim Oeffnen der Tür uns eine wütende Hunde-
meute zwischen die Beine fuhr.

Vor dem Fenster, fast greifbar, lag zwar unser stolzes Fahrzeug, das uns in ferne Länder und Meere tragen konnte; hier
sassen wir elendiglich gefangen und mussten noch über eine Stunde
in banger Erwartung ausharren, bis wir von den erbosten Wäch-
tern durch die Ankunft unsrer gütigen Wirte erlöst wurden.

Da es uns in unsrer Reisepraxis noch nicht vorgekommen war,
dass man auch anderswo als in Gasthöfen für Speise und Nachtquartier Bezahlung leistete, glaubten wir die lieben Leute nur zu
beleidigen, wenn wir nach der Höhe unsrer Zeche fragten. Wir
hielten daher eine erhebende Dankesrede für die so reichlich ge-
nossene Gastfreundschaft und empfahlen uns unter beiderseitigen
Verbeugungen, wobei uns allerdings die etwas verblüfften Gesichter der Gegenpartei auffielen.

Mondnacht
Nach einer Radierung

Unsre Mutter suchte zwar sich später durch einen köstlichen selbstgebackenen Napfkuchen im Interesse ihrer Sprösslinge zu revanchieren, und der hilfreiche Schleusenmeister erhielt einige Flaschen sorgenbrechenden Weines; als wir aber einige Jahre später, auf ähnlicher Forschungsreise begriffen, diesem gastfreien Hause einen Höflichkeitsbesuch abstatteten, wurden wir unter gänzlichem Totschweigen des Napfkuchens doch bedenklich kühl empfangen. Daraus zogen wir die goldene Lebenslehre: „Bar Geld lacht." —

Nachdem wir uns so fein und so billig aus der Affaire gezogen, gondelten wir den gekommenen Weg zurück auf Neu-Mühle zu. Die von Hause mitgenommenen Vorräte waren gänzlich erschöpft, und der Butternapf hatte die etwas primitive Verstauungsweise unter dem Fussboden im Bilgewasser auf die Dauer nicht ausgehalten und war, in tausend Scherben zerkleinert, mit dem Rest seines Inhalts über Bord geflogen. Schnick musste daher beim nächsten Dorfe zum Fouragieren an Land.

Angetan mit seiner Sonntagsbluse, auf welcher der Fechtmeisterorden im Sonnenschein glänzte, stiefelte er auf das nächste Gehöft zu, in der Rechten den Bootshaken zur Abwehr wadenlüsterner Hunde, in der Linken die Milchkanne schwingend.

Die Schule war gerade zu Ende und — klipp — klapp — klipp — klapp wandelte die gesamte flachshaarige, barhäuptige Dorfjugend, mit baumelndem Tafelschwamm am Ranzen, die Strasse entlang im Sonnenbrand. Plötzlich entdeckten die Jünger der Wissenschaft den in kühnem Satze den Chausseegraben nehmenden Fourageur.

Ein Schreckensschrei durchgellte die Luft, Pantinen flogen von den gestopften Strümpfen, die Schiefertafeln zerschellten am Boden, wer eine Mütze hatte, entledigte sich auch dieses hinderlichen Kleidungsstückes und in atemlosem Lauf mit dem Rufe: „De Franzosen kümmen!" stürmte die entsetzte Dorfjugend den rettenden Hütten zu.

Als Triumphator, wie weiland das tapfere Schneiderlein, hielt Schnick seinen Einzug in das eroberte Dorf, liess sich seine grosse Milchflasche füllen, trank noch einen Liter, der gerade übrig war, im Stehen aus und kehrte erhobenen Hauptes an Bord zurück.

Natürlich hatte er vergessen zu bezahlen, und die gute Bauersfrau hatte wohl über die Betrachtung der Eigenartigkeit ihres Kunden ebenfalls nicht daran gedacht, an die Schuld zu mahnen. Auf meine Belehrung, dass sogar anno 1870 alles dem Feinde bar bezahlt sei, kehrte er reumütig um und lud mit leutseligem Händedruck seine zwanzig Pfennige ab.

An essbaren Gegenständen mangelte es leider gänzlich; wir kamen daher in recht ausgehungertem Zustande in Hitze und Sonnenbrand bei der Schleuse in Neu-Mühle an; — eine halbe Stunde nach festgesetzter Zeit. —

Unsre Waterbury hatte den ungewohnt feuchten Aufenthalt auf dem Wasser etwas übel genommen und war nur durch eifriges Klopfen gegen die Planken in Gang zu erhalten; wir mussten diesen Mangel an Abhärtung unsres Chronometers mit einem fürchterlichen Donnerwetter von seiten des an Pünktlichkeit gewöhnten Herrn Papa büssen! —

Unsere Mutter hatte sich drei Tage lang die schrecklichsten Unglücksfälle ausgemalt und glaubte uns sicher nicht mehr unter den Lebenden; trotzdem hatte sie für alle Fälle pfundweise Schokolade, Würste, Butter, Eier und andre Köstlichkeiten mitgebracht.

Die kühnen Entdecker kamen sich ziemlich „begossen" vor; besonders nach abermaliger Abkanzelung, als wir mit dem Geständnis herausrückten, dass wir vergessen hätten in Schmöckwitz anzuhalten. Als indessen durch ein Wiener Schnitzel dem ausgehungerten Magen eine solide Grundlage gegeben war, wurden die verstummten Mäuler wieder lebendig und wir begannen in der Aufzählung unsrer Abenteuer zu schwelgen.

Langsam aber sicher glätteten sich die Zornesfalten auf der väterlichen Stirn; aufmerksame Beobachter konnten sogar schon manchmal ein wohlwollendes Schmunzeln feststellen, und schliesslich sahen wir mit Genugtuung, dass die blumenreiche Berichterstattung unsrer Erlebnisse einen unbestrittenen Heiterkeitserfolg erntete.

Mit Feldherrnblick erfassten wir diese günstige Gelegenheit: „Wir haben noch massenhaft Geld; es würde bequem noch für eine Tour nach Teupitz reichen!" —

Richtig, Zeus Kronion nickte bejahend, und nachdem wir uns aus Vaters Tasche noch mal gehörig satt gegessen, ging die Forschungsreise am nächsten Morgen wieder los gen Süden durch den weltabgeschiedenen Dubrowforst, dem Laufe der anmutigen Seenkette folgend, welche sich bis Teupitz hinzieht.

Im lauschigen Schmöldesee jenseits Prierosbrück trafen wir zufällig zwei uns bekannte schöne Segelyachten, so ziemlich die einzigen, welche in jenen Jahren bereits derartige Fahrten unternahmen. Ihre Besatzung gewährte uns in den bequem eingerichteten Kajüten für die Nacht Unterkunft.

Ein paar ausgelassene Tage verlebten wir mit den Söhnen der Besitzer. Tags über strolchten wir in den Wäldern umher,

Der Reiherhorst
Nach einer Lithographie

belauschten die im Dickicht versteckten Wildschweine, pirschten uns an die ruhig äsenden Rehe heran, bestaunten die Reiherhorste auf den weissschimmernden Eichenkronen, badeten und trieben Allotria im Wasser und schmorten und brieten die wunderbarsten Gerichte. Gesang und Musik erschallte durch die köstliche Mondnacht, bis wir, zu sechs in einer Kajüte eingepfercht, uns zum gesunden Schlummer auf den Polsterbänken und auf dem Fussboden zusammenrollten. Einer schnarchte den andren in den Schlaf.

Am nächsten Morgen wurde dem idyllischen Landstädtchen Teupitz mit seiner uralten Wasserburgruine ein eiliger Besuch abgestattet. Noch keine mammonheischende Kette spannte sich über den Mochheidegraben und die Irrenanstalt zerstörte noch nicht die poetische Stille des Talkessels. Hier und da ein einsamer Reiher, regungslos nach Beute spähend, ein Flug wilder Enten in Keilform durch die Luft surrend; ein Raubfisch schiesst in hohem Bogen aus der Oberfläche empor, dann glättet sich der Spiegel, über dem die Libellen tanzen und der die Berge, Wälder und Wiesen, die weinbelaubten Hütten und Mauern dieser kleinsten Stadt der Mark getreulich widerspiegeln. Buschreiche Inseln scheinen zu schwimmen im See; im breiten Schilfrande versteckt, wirkt lautlos der Angler und der fröhliche Klang der Sensen tönt von den Hügeln herüber. An die Trauben Kanaans erinnern die köstlichen Früchte, welche am Spalier und an den Mauern in der glühenden Sonne reifen und in Berlin als feinste Delikatesse die höchsten Preise erzielen; ein schöner Zuschuss für den Lebensunterhalt der 800 Einwohner. —

Hier wandten wir den Kiel heimwärts, — und totmüde, aber

mit dem Bewusstsein einer vollführten Heldentat, langten wir tags darauf am heimatlichen Herde an.

Der Bann war gebrochen, und fast in jeden Ferien unternahmen wir derartige Reisen in der Umgebung Berlins, und lernten unser Heimatland kennen und lieben und wurden gewohnt, uns überall und in allen Lebenslagen aus eigner Kraft durchzuschlagen.

Der Angler
Nach einer Radierung

Eine Unglücksfahrt.

enn mir heute beim Herumkramen in selten geöffneten Schubfächern meines Schreibtisches meine „Logbücher" in die Hände fallen, in denen ich meine wassersportlichen Heldentaten der Nachwelt aufbewahrt habe, so kann ich nicht lassen, sie immer noch einmal wieder durchzulesen. Noch heute stehen mir dann die einzelnen an sich so geringfügigen Episoden so greifbar vor Augen, als ob ich sie just eben erst erlebt hätte. Welche Lust ist es für mich, nachzublättern in diesen Jugenderinnerungen, die hier in drastisch-kindlicher Weise aufgezeichnet sind; ich kann mich des Gefühls der Wehmut nicht erwehren, wenn ich Vergleiche mit dem Einst und Jetzt anstelle.

Wie genügsam und dabei so fruchtbar ist die Phantasie der Jugend, wie empfänglich und begeisterungsfähig für die bescheidensten Freuden und Schönheiten, die sich ihr bieten. Beim Nacherleben einstiger Taten drückte mir die Erinnerungsfreude wieder die Feder in die Hand und ich schrieb nun diese Blätter nieder. Auch sie legte ich zu den übrigen, um sie nach einiger Zeit mal wieder hervorzuholen und durchzulesen.

Ja, was will ich denn nun eigentlich mit diesen Herzensergüssen? — Warum behalte ich nicht diese Erinnerungen eines jugendlichen Vagabunden bei mir im innersten Herzensschrein, um mich daran, im Grase liegend, und in die rauschenden Kiefernwipfel starrend, ganz privatim zu erlaben? — Wozu soviel des schönen Schreibpapiers, solche Ströme von Tinte vergeuden, um schliesslich das kränkende Urteil von Mit- und Nachwelt zu hören, dass all dies Geschreibsel zwar für den Schreiber höchst interessant, aber für die weniger Beteiligten doch herzlich langweilig sei? —

Und wenn nun gar mein leiblicher Sohn — ich bin im Laufe der Jahre älter und Gatte und Vater geworden — diese Zeilen zu Gesicht bekommt und dadurch aus unanfechtbarer Quelle erfährt, welch' loses Früchtchen sein gestrenger Erzeuger gewesen ist!

Entwaffnet würde ich dastehen, wenn er nach berühmtem Muster das Weite suchen und als Abenteurer durch Länder und Meere streifen würde. Unmöglich wäre es mir, mich fernerhin als leuchtendes Beispiel hinzustellen, als der Musterknabe, der seiner guten Mutter nie eine Träne der Sorge entlockt hätte; geknickt, schamrot stände ich vor meinem Sohne, wenn er mir mein Vorleben in Gestalt dieser Blätter mit ehrlicher Entrüstung unter die Nase hielte. Was ist da zu tun? — Soll ich im Interesse des schreiblustigen Gelegenheitsschriftstellers alle heiligen Familientraditionen rücksichtslos untergraben und ihm nötigenfalls zurufen: „Richte dich nach meinen Worten, aber nicht nach meinen Taten!"? — Oder soll ich in heroischem Entschluss diese Beweise meiner Missetaten durch den Flammentod vernichten? — Beides ist mir unmöglich. — Ha, ein Lichtstrahl: ich will versuchen, meine Jugendsünden so zu schildern, dass sie abschreckend und läuternd wirken.

Und ich schlage nach im Buche der Erinnerungen und suche nach einem Erlebnis, welches ich in diesem Sinne verwenden könnte. Und richtig, da fällt mir eine Geschichte ein, die ich aus vielen Gründen seiner Zeit mich wohl gehütet habe, dem Papier anzuvertrauen. Ich will sie also hier als abschreckendes Beispiel wahrheitsgetreu erzählen.

* * *

Es war zur seeligen, gnadenbringenden Osterzeit. Die Lehrer hatten gnädig die Osterzensuren nicht so schlimm ausfallen lassen, wie wir es verdient hätten; wir waren daher selig, diesmal schon ohne parlamentarische Kampfmittel vom Elternpaare sowohl die Erlaubnis für eine neue Bootsreise, als auch eine gut gefüllte Reisekasse und eine ungeheuer reichhaltige Proviantkiste in Gnaden bekommen zu haben.

Jetzt sollte es also nach Spandau, Potsdam, Werder, Brandenburg gehen, und fussend auf den Erfahrungen der ersten Entdeckungsreise, waren in bezug auf Ausrüstung und Quartiergelegenheit die umfassendsten Vorbereitungen getroffen.

Da wir von der kolossalen Ausdehnung der zu befahrenden Seen gehört hatten, wurde die Schwester, genannt Topsi, solange umschmeichelt, bis sie mit ihrem erst kürzlich als Geburtstagsgeschenk erhaltenen Opernglase herausrückte. Jedoch wurde uns dieses kostbare Prunkstück nur nach feierlichem Eidschwur, dasselbe tot oder lebendig wiederzubringen, unter schweren Zweifeln eingehändigt.

Funkelnagelneue Anzüge, Teller, Tassen, Messer, Gabeln, Töpfe, Näpfe, Kannen, ja sogar silberne Teelöffel, Schnellkocher, Tee und Zucker, Wurst, Bier, Wein und Schinken, kurz die denkbar luxuriöseste Ausrüstung wurde im geduldigen „Pollux" verstaut, und die Reise sollte zu dritt am nächsten Morgen losgehen. Denn wir hatten einen Freund bereits verstrickt mit den Lockungen des feuchten Elements, und dieser sollte zum erstenmal an einer unsrer Wickingsfahrten teilnehmen.

Da meldete sich Bruder Schnick mit einem dicken Finger. Dieser Finger hätte uns ein Fingerzeig der Vorsehung sein sollen; wir beiden andren jedoch bestanden auf unsrem Plan. Vater meinte, dass hier die innere Bosheit herauswolle, und liess den Arzt kommen, der diesen beim Rudern doch so unentbehrlichen Körperteil aufschnitt. —

Den dick umwickelten Finger als Warnungszeichen in die Lüfte streckend, stand Schnick am Ufer, als Pollux in See stach. —

Wenn man vor fünfundzwanzig Jahren in Berlin vom „Wasserfahren" sprach, rumpfte das sogenannte gute Publikum, welches Sonntagsnachmittags Unter den Linden und im Tiergarten lustwandelnd sich an den eleganten Evolutionen der Sonntagsreiter erlabte, höchst verächtlich die Nase über so ein unfeines Vergnügen. Die weniger mit Glücksgütern gesegneten Spiessbürger, die über den Oberbaum nach „Peters" oder zu Vater Tübbecke zum Kaffeekochen pilgerten, fühlten sich im innersten Herzen glücklich, wenn sie ihr so solides, vernünftiges Leben vergleichen konnten mit jenen „übergeschnappten Engländern", welche sich zu ihrem Vergnügen in einem gemieteten Kahn oder Boot die Hände blutig rieben und gelegentlich die schönsten Unglücksfälle verursachten. Für jung und alt war es ein beliebter Sport, über die Brückengeländer zu spucken, mit allen möglichen und unmöglichen Gegenständen die verrückten Gondler zu bewerfen und seinen mehr oder weniger treffenden Spott und Witz auszuschütten. Die Wenigen, welche sich den Luxus gestatteten, ein eigenes Boot zu besitzen, und sich durch Vertrautheit mit dem Wasser, zugleich auch durch sportgerechte Kleidung von jenen Wilden unterschieden, mussten sogar ausser dem Hohn und dem Verdacht, aus Dalldorf entsprungen zu sein, noch den Neid der Spiessbürger aushalten, der ja stets Mittel und Wege findet, dem Mitmenschen das harmloseste Vergnügen zu vergällen.

Aber was hilft's, wenn man die buchtenreichen Havelgewässer erreichen will, muss man eben als bittere Pille die Fahrt durch das Sündenbabel Berlin hinunterschlucken. Führt ja doch der Weg zu den meisten Genüssen durch Hindernisse und Trübsal.

Ueber die Fahrt durch Berlin schweige ich also lieber; noch heute überläuft mich zornesroter Ingrimm, wenn ich an die Grüsse denke, die uns Hilflosen von der unnahbaren Höhe der Brücken und Quaimauern zugerufen und besonders zugeworfen wurden. Verärgert und beschmutzt verliessen wir die Grossstadt, welche nicht das richtige Verständnis für unser Unternehmen zu haben schien, und strebten spreeabwärts nach Spandau zu.

Dort musste gerastet werden. Während Freund Julius irgend einem Spandauer Honoratioren einen Besuch abstattete, bewaffnete ich mich mit meinem Skizzenbuch, um die Gegend nach malerischen Reizen abzusuchen. Endlich fand ich einen Punkt, welcher mir würdig erschien, von meiner Künstlerhand für Mit- und Nachwelt verewigt zu werden: das schön verzierte Portal eines altertümlichen Gebäudes, eine Ziehbrücke, ein grosser dicker Wachtturm; dies alles sich im Wasser spiegelnd. Emsig strichelte ich drauf los. Ein Vaterlandsverteidiger erschien im Torbogen, mich erstaunt betrachtend.

„Schade, dass der kein mittelalterlicher Landsknecht ist", dachte ich, „aber ich kann ihn ja dazu umfrisieren."

Der mittelalterliche Landsknecht näherte sich mit eigentümlichem Grinsen und sah mir über die Schulter.

„Nu, des ham'n Se ja sehre scheene abgemalen", begann er in unverfälschtem Sächsisch.

Zwar war ich ärgerlich über die Störung im Eifer meiner künstlerischen Tätigkeit; aber ich sagte mir: mit der bewaffneten Macht muss man sich gut stellen.

„So, gefällt's Ihnen, Herr Wachtmeister?" — Es war zwar nur ein ganz Gemeiner.

„Jaawohl — aber davor gomm' Se man mal mit uff te Wache!"

Himmel und Hölle, das ist ja hier eine Festung! — Jetzt werde ich als Spion weggeschleppt, eingesteckt auf Lebenszeit, und unterdessen gondeln die Spandower Strassenjungen mit meinem Pollux umher und verschrauben Topsi's Operngucker! — Jetzt gilt's, nur die grösste Kaltblütigkeit kann dich retten, nur kein schlechtes Gewissen zeigen, Frechheit steh' mir bei!! —

Mit möglichster Seelenruhe weiterzeichnend, ohne aufzublicken, liess ich mich also vernehmen:

„So — was soll ich denn auf Ihrer Wache, soll ich Ihren Leutnant vielleicht abzeichnen?" — Dabei betrachtete ich wohlgefällig mit seitwärts geneigtem Kopfe und eingekniffenem Auge mein entstehendes Kunstwerk.

„Na, nu machen Se kee Gefitze un gomm' Se mit, Se wär'n schoon sähn!" — trumpfte der pflichtgetreue Bliemchentrinker auf.

Ich unschuldsvoll: „Herr Jotte doch, Männeken, ich bin ja gleich fertig; lassen Sie mich doch man noch ein paar Minuten in Ruhe!" —

Wutschnaubend entriss mir mein Peiniger das schöne Skizzenbuch: „Marsch!!" —

O weh, die Sache wird brenzlich. Als armer Sünder erschien ich vor dem Wachthabenden.

Dieser Mann war, wie ich aufatmend bald bemerkte, nicht ganz so ängstlich um die Sicherheit des Deutschen Reiches besorgt, wie der schneidige Held vom Strande der Pleisse, und nach kurzem Verhör und Verwarnung, und nachdem sich die ganze Zuhörerschaft an meiner Angst und Unschuldsbeteuerung geweidet hatte, wurde mir mein geliebtes Skizzenbuch und ich der Welt wiedergegeben. O Freiheit, du köstlichstes aller Güter!

Mein Mitshipman hatte schon angstvolle Minuten in ständigem Geplänkel mit der Strassenjugend verbracht, und mit fliegendem Atem erzählte ich ihm mein haarsträubendes Abenteuer. Wir trachteten möglichst schnell von diesem gefährlichen Orte fortzukommen.

In der Gegend um Spandau herum pflegt es häufiger zu regnen als anderswo, wie mir scheint.

Spandower Wind,
Berliner Kind,
Charlottenburger Pferd,
Sind nichts wert!

Auch heute stellte sich mit nasskaltem Südwest ein flotter Landregen ein, der uns die fürsorglich mitgenommenen Winterüberzieher hervorlangen liess.

Beim Gemünde setzte ich die Segel und versuchte, meinen an die Eigenheiten des guten „Pollux" noch nicht gewöhnten neuen Kuli einzuweihen, in die Geheimnisse seiner komplizierten Takelage. Freund Julius, der zwar noch heute seine Geige meisterhaft handhabt, konnte sonst in bezug auf Vielseitigkeit der Talente nicht im Entferntesten an den kaltgestellten Schnick heran.

Mit dem Mute der sorglosen Unerfahrenheit stürmten wir hinaus in das unbekannte Revier. Hier war Jakzo, der Wendenfürst, über den seeartigen Fluss geschwommen, mit Ross und Rüstung; und als Zeichen seiner Rettung und Bekehrung zum Christentum hing dort oben auf sichelförmiger Landzunge sein Schild, Horn und Schwert an der Eiche: „Schildhorn".

Trübe zogen die eilenden Wolken über die melancholischen Havelfluten und verfingen sich am steilen Ufer in den knorrigtrotzigen Kiefernstämmen. Die ganze Natur ist in einen schweren Nebelschleier gehüllt, die Berge erscheinen ferner und höher. Die Augen werden vom Sprühregen gefüllt, der scharfe Wind tut sein übriges und fröstelnd und missmutig kämpft man gegen an, die steifgefrorenen Glieder im Ueberzieher vergraben.

Nur ein grosses Fischerboot zieht den gleichen Kurs mit uns in unsrer Nähe; sonst sieht's einsam aus hier auf der Kladower Breite.

„Du, da hinten von Potsdam her kommt's aber schwarz herauf!" — „Ach, lass' man kommen; unser „Pollux" verträgt einen Stoss! Schlimmer wie's schon ist, wird's wohl nicht mehr werden, und bald geht's ja auch in den Wannsee unter Schutz vom Rehwäldchen."

„Jawohl, mein Freund, du bist hier nicht auf deiner gemütlichen Spree, wo man in einer halben Minute den stolzen Kahn auf's Land rennen lassen kann, wenn Not am Mann ist. Dir wollen wir mal Respekt beibringen!" grollten die Havelgeister und ein Blitz und knatternder Donner bekräftigten die Rede. — Und wie wir noch gerade damit beschäftigt sind, die Mütze fester in's Gesicht zu setzen und die Mantelfalten glatt zu ziehen, da kommt es auch schon herangebraust in breiter Linie, meterhoch schneeweiss aufsprühend mit Heulen und Prasseln, so dass einem Hören und Sehen vergeht.

„Schoten los!" brülle ich und versuche den „Pollux" in den Wind zu drehen. So ein langer Kerl ist aber nicht so schnell herumzubekommen; wie Pistolenschüsse knattern die Segel und der rasende Hagelschwerg drückt das kleine Fahrzeug sofort breitseits.

„Schmeiss' die Segel runter, Julius!" — stöhne ich, krampfhaft hochbord reitend und meine Steuerpinne immer und immer wieder mit dem Fuss nach lee drückend.

Zu spät, der Leebord taucht immer mehr unter Wasser, stetig gurgelt das Wasser ins Boot. Mein Julius mit kälteerstarrten Fingern in Todesangst an der komplizierten Takelage reissend, verliert das europäische Gleichgewicht, und rettungslos sinkt „Pollux" in die Tiefe.

„Das Opernglas!" durchzuckt es in wahnsinnigem Schreck mein Hirn. Ein kühner Griff lässt mich gerade noch den Leder-

Aufziehendes Gewitter
Nach einer Radierung

riemen erfassen und das kostbare Inventarstück um meinen Hals befestigen. Sodann reiche ich dem schnappenden Julius die Hand, um ihn auf das glücklicherweise mit dem Wasserspiegel gleich schwimmende Wrack zu retten. Dann kommt ein Taschentuch angeschwommen; kaltblütig wird es eingesteckt. — Psychologisch interessant ist, mit welcher Ruhe man in derartigen Augenblicken oft die unwichtigsten Handlungen vornimmt, ebenso wie man bei Feuersbrünsten ja gewöhnlich die wertlosesten Sachen zu retten pflegt.

Nicht zu weit von uns sahen wir das Fischerboot im peitschenden Hagel mit mehr Erfolg, als wir, die Segel bergen.

„Hilfe! — Hilfe!" —

Leicht gesagt! — die Braven hatten unsre Vorstellung gesehen; aber trotz übermenschlicher Anstrengung war es ihnen unmöglich, gegen den Sturm mit Rudern anzukommen. Wir feuerten sie zwar unermüdlich durch gelegentliches Hilfegeschrei zu weiteren Versuchen an, aber umsonst! — Die Fischer gingen also unter Land, wo einige Steinkähne vor Anker lagen.

Inzwischen klammerten wir uns verzweifelt an das langsam tiefer sinkende Fahrzeug an — Eichenholz schwimmt nicht gut —, so dass nur noch unsre Köpfe hervorsahen und mit beängstigender Schnelle verklammten die bewegungslos um den Bord gehakten Glieder. Jede höhere See begrub uns, so dass wir im Tal der Wellen mit Mühe nach Luft schnappen mussten. Das sieht böse aus; lange ist so eine Stellung bei 6° Wassertemperatur zu Ostern nicht gut auszuhalten. Ein Glück, dass Schnick nicht auch dabei war; denn drei hätte das schwerbepackte Boot nicht getragen.

„Ich kann nicht mehr!" ächzte Julius nach einer Weile, „ich lass' mich fallen!" — „Nur Mut, sie kommen ja schon wieder; bald sind sie ran," — suchte ich den bebrillten Julius zu trösten, der mit dieser Nasenzierde in solcher Situation natürlich erst recht nichts sehen konnte.

„Klettre nur ein bisschen nach dem Mast zu, dort schwimmt der „Pollux" etwas höher." —

Aber kein Retter kam, die Minuten wurden uns zu Stunden; immer weiter raste der Sturm. „Hilfe — Hilfe! — erklang es matter und matter.

„Ich kann wirklich nicht mehr!" schrie mein Mitshipman mit klappernden Zähnen.

„Wenn du loslässt, haue ich dir eine runter; wir haben doch versprochen, um fünf Uhr in Wannsee zu sein!" — das war die einzige Aufmunterung, die ich für den Verzweifelten hatte. Endlich — endlich, nach einer Stunde schrecklichen Harrens und Kämpfens ums liebe Leben — tauchte das Fischerboot, mit sechs

Mann besetzt, wieder auf und näherte sich langsam; tanzend und schaumstäubend bahnte es sich einen Weg zu uns.

„Nur noch ein paar Minuten, — Mensch, sei doch vernünftig!"
„Ich glaub's nicht mehr; seit einer Stunde sagst du, sie kommen." —
„Aber sieh' doch, gleich sind sie ja hier!" —
Erst, als sie fast längsseits waren, sah sie Julius.
„Den da zuerst!" lallte ich.

Julius wurde in den Kahn gezogen; das vorn erleichterte Boot sank hinten mit mir unter. Es wurde mir dunkel vor den Augen; ich liess los. —

Da fasste mich ein Bootshaken in den Paletot und in wenigen Sekunden lag ich, wie ein zappelnder Fisch, in fürchterlichem Schüttelfrost auf dem Boden des Kahns.

Als wir festen Boden unter den Füssen hatten, wurden wir von den grinsenden Rettern umringt. Ich griff in die rechte Hosentasche und kippte die Reisekasse in die sich entgegenstreckenden Hände.

„Gib doch nicht so unverschämt viel!" raunte Julius, der schon wieder Oberwasser hatte.

„Lass mich man machen; soviel sind wir beide zusammen wohl noch wert."

Langsam löste sich der Starrkrampf der Glieder, unsre schmunzelnden Retter bestiegen wieder ihren Kahn, um auch das Wrack zu bergen. Wir sahen uns nach einer Gelegenheit um, die eisige Kleidung abzustreifen und womöglich etwas Warmes zu ergattern. Geld hatten wir zwar nicht mehr.

Damals war die Havel noch einsam in jener Gegend ums Breite Horn herum. Wo jetzt in fast ständiger Reihe die langen Schleppzüge nach und von Berlin stromauf und stromab keuchen, staakte oder segelte schwerfällig nur manchmal ein Holz- oder Steinkahn am Ufer entlang. Von Sportfahrzeugen war so gut wie garnicht die Rede — höchstens Sonntags zogen ein paar Segelboote aus Wannsee durch die unberührten Gewässer oder ein Personendampfer fuhr von Spandau nach Potsdam. Wo jetzt schöne Landhäuser überall aus dem Grün der wohlgepflegten Gärten hervorragen, leuchtete der gelbe märkische Sand zwischen den sturmzerfetzten Kiefern.

Dort oben aber auf dem Hügel blickte ein Dach durch die Kiefernkronen; also dort hinauf. Das war nicht so leicht mit der Zentnerlast des kalten Umschlages um die schlotternden Glieder. Als wir endlich bei der Hütte angekommen, wuchs das Gras auf der Schwelle und durch das kahle Sparrenwerk des Strohdaches fielen die letzten Tropfen der Gewitterböe.

Hier war also nichts zu holen. Wir taumelten wieder hinunter und am Ufer entlang, bis uns ein sonderbar gebautes Haus entgegenleuchtete, auf dessen flachem Dache es sich der Besitzer trotz Sturm und Regen bequem gemacht hatte, vergnügt mit den Beinen baumelnd.

Als er uns beiden Vagabunden, mit Sand beschmutzt und mit wirrem Haar, barhäuptig in taumelndem Seemannsgang auf sein Besitztum zustreben sah, hatte er sofort den höchst vernünftigen Gedanken, die Hunde auf uns loszulassen, die uns denn auch einen heissen Empfang bereiteten. Trotzdem ich es männiglich durchaus nicht verübeln würde, wenn er sich derartiges Gesindel, wie wir, mit den äussersten Mitteln vom Leibe hält, waren wir doch keineswegs angenehm berührt durch diese Art des Willkommens.

Mit Aufbietung der letzten Lungenkraft suchten wir das Gekläff zu übertönen, indem wir dem Hüter seiner Schwelle mit möglichster Knappheit erklärten, wen er vor sich habe.

Sofort schlug die Verteidigungsstimmung in die herzlichste Gastfreundschaft um. Die verschmachteten Schiffbrüchigen wurden unter Verbeugungen vom Dache aus in die Empfangshalle hineinkomplimentiert.

Ein grosser, düsterer Raum, mit Steinfliesen unregelmässig belegt, umfing uns. In einer Ecke gähnte ein riesiger, russiger Kamin, mit prasselndem Holzfeuer, darum herum standen einige, meistens dreibeinige Stühle, sogar ein Tisch, bedeckt mit Zeitungspapier, einigen Speiseresten und verschiedenartig geformten Kaffeetassen, aber alle ohne Henkel und mit interessant gezackten Rändern. Von aussen die Kaffeetropfen in anmutigen eingetrockneten Deltamustern heruntergeleckt, ihren Reiseweg mit einem energischen Punkt beendend. In der andren Ecke der gastlichen Halle war ein malerischer Chaos von Angelgeräten, Bohnenstangen, Fischernetzen, Spaten und sonstigem Inventar aufgestapelt; das ist alles, was mir von diesem einsamen Landsitz in der Erinnerung geblieben ist.

Mitten im Raum hatten wir apathisch gestanden in stiller Erwartung, was das Schicksal uns weiter bescheren würde. Eine beträchtliche Wasserlacke entstand unter uns; die beiden Gewässer vereinigten sich durch die Schrägung des Fussbodens und suchten als lustig rieselndes Bächlein das Freie zu gewinnen. Da öffnete sich die Tür, die zur dunklen Dachstiege führte, und herein trat der Herr des Hauses mit schlurrenden bunten Pantoffeln, in Hemdsärmeln und mit gesträubten Silberlocken, und musterte uns durchdringend mit weit aufgerissenen grauen Augen. Der nur hinten angeknöpfte Kragen stand rechts und links wie ein Fangeisen hinter seinen Ohren und wippte bei jedem seiner gravitätischen Schauspielerschritte.

„Sie sind verunglückt, meine jungen Herren?" begann er mit orgelndem Tonfall, wie König Lear die hageren Hände in die Lüfte streckend, als ob er einen langen Monolog zum besten geben wollte. „O meine Herren, das tut mir bitter leid; mein Empfang war unter diesen Umständen nicht ganz angemessen, aber Sie wissen — in dieser Einsamkeit kann man nicht vorsichtig genug sein. Also verunglückt! — Sie sind nass wie es scheint! — Ja, ja, auch ich kann davon mitreden; als ich vor fünfzig Jahren drei Tage und drei Nächte um Weihnachten herum vor Helgoland auf geborstenem Mastbaum in den Wogen der Nordsee herumgeworfen wurde, da — war ich auch nass!" —

Wir waren die Gäste eines unglücklichen Irrsinnigen. —

In dieser Tonart gings eine Zeitlang weiter, mit den Armen fuchtelnd und mit erschröcklichem Augenrollen. Wir waren aber gar nicht in der richtigen Stimmung, uns die Abenteuer unsres Wohltäters erzählen zu lassen, bevor er nicht handgreifliche Beweise seiner Hilfsbereitschaft gegeben hatte und wagten ihn mit der Bitte zu unterbrechen, ob wir uns nicht an seinem Feuer etwas trocknen könnten.

„Ja, aber natürlich, meine Herren! — Als ich noch dort unten am Orinocco Affen jagte, überfiel mich manch liebes Mal einer jener unglaublichen Wolkenbrüche. Meterhoch watete ich in Wasser und Schlamm, die triefende Kleidung umspannte die Glieder, jede Bewegung ward zur Tortur. Ich sage Ihnen, meine Herren, ich lechzte (mit fürchterlichem Augenrollen) nach einem wärmenden Herdfeuer!" —

„Na, nu quatsch' doch nicht so viel, Vater, du siehst doch, dass die Leute bald umsinken!" — Mit diesen Worten trat eine stämmige mittelalterliche Magd auf die Bühne und drehte den ob der Störung höchst ärgerlichen alten Münchhausen an den Schultern herum. „So, nun such' mal ein paar Sachen zusammen, die die jungen Herren anziehen können. — Der Olle is nämlich n' bisschen nich ganz richtig hier", setzte sie vertraulich, mit erläuterndem Fingerzeichen nach der Stirn hinzu.

„Karoline, servieren Sie den Herren den Kaffee," ordnete der gekränkte Volksredner mit unnachahmlich vornehmer Handbewegung an und verschwand.

„Wird schon allens jemacht werden; hier, meine Herren, nu kippen Se man mal erst ordentlich einen!" —

Resolut hielt sie uns eine verdächtige Flasche an den Hals, die sie aus der Gesellschaft von Petroleumkannen, Putzwasser und andren Phiolen vom Bordbrett des Kamins heruntergenommen hatte.

Meine Spirituosenkenntnis reicht leider nicht aus, zu bestimmen, was es war; aber es brannte, brannte bis in die Fusssohlen, wie das höllische Feuer brennen muss; und das war für unsren Zustand die Hauptsache.

Sodann wurden wir die Stiege hinaufgelockt, um unsre nasse Hülle zu vertauschen gegen die Schätze, welche unser Freund inzwischen aus dem Vorrat seiner Truhen hervorgezaubert hatte. Währenddem mussten wir die Fortsetzung seiner grausigen Schilderungen geniessen, wobei wir natürlich verabsäumten, mangels jeglichen Handtuchs oder Lakens, uns vorher abzutrocknen. Die neuen Sachen wurden einfach auf den triefenden Körper gezogen; so waren wir fast ebenso nass wie vorher.

Ich für meine Person hatte ein leinenes Hemd erwischt (ich glaube, es war ein Damenhemd, denn der stark dekolletierte Schnitt war mir ungewohnt), sowie eine köstliche braunschillernde, unten ausgefranzte und weiter oben stark durchgelaufene Kutscherhose mit schönen blanken Stiefeletten — Knöpfen bis zum Knie. Dazu ein paar duftige wollene Socken, deren Fuss ausschliesslich aus malerisch in allen Farben schillernden Stopfen bestand. Ein paar Filzpariser vollendeten das ganze; diese hatten jedoch die unangenehme Eigenschaft, bei jedem Schritt, gleich hungrigen Fischmäulern, vorn aufzuklappen, so dass die Zehen zum Vorschein kamen.

Aehnlich, und nicht minder schön war Freund Julius kostümiert.

Wir begaben uns wieder in die unteren Gemächer zurück, wo uns die stramme Karline mit einer duftenden Schale Mokka erwartete.

Ob die Tassen inzwischen gewaschen waren, ist mir nicht mehr erinnerlich; ich weiss nur, dass wir durch den wärmenden Labetrank die Lebensgeister wieder in uns erwachen fühlten, und voll Schrecken sahen wir nach der im Wasser natürlich stehen gebliebenen Uhr. Um fünf Uhr wurden wir von den Eltern und Geschwistern inklusive Schnick in Wannsee erwartet und jetzt war's fast sieben! —

Während wir diese Odyssee auf rauher Meerflut und bei der Nymphe Calypso erlebten, trabten die Schimmel von Stralow durch Berlin. Der Kurfürstendamm existierte damals noch nicht als Prachtstrasse; der Weg ging daher über die Höhen bei Westend. Als sie dort angekommen, entlud sich auch über die Landreisenden die volle unwiderstehliche Gewalt des Hagelsturmes, so dass die kräftigen Tiere den schweren grossen Wagen kaum gegen den Winddruck vorwärts bringen konnten. „Wenn das unsre Jungens getroffen hat!" — war der ahnungsvolle Gedanke der Mutter. —

In aller Eile verabschiedeten wir uns mit den phantastischen Kostümen angetan, von unsren Wohltätern und liefen ans Ufer der Havel, wo wir — ein Jammerbild zu schauen — den armen „Pollux" noch halb voll Wasser vorfanden. Die aufopfernden Retter hatten bereits das Feld ihrer Tätigkeit verlassen; aus guten Gründen: denn von dem Inventar, das wir so verschmitzt und sicher verstaut hatten, war nichts mehr zu finden. Wo sind die Löffel, Messer, Gabeln, wo die Vorräte an Fressalien, wo der Portwein, Spiritus und sonstige Schnäpse, wo die Stiefel, Strümpfe, Hemden, wo die Sonntagskluft? Alles, alles verschwunden; natürlich in den Fluten der Havel. — — —

Mit einem einzigen Ruder — die andren waren fortgeschwommen, setzten wir uns über die Havel; in der Gegend des Lindwerders banden wir den „Pollux" in trostloser Verfassung an einen Weidenstumpf und trotteten in klaffenden Pantoffeln, im Hemd und barhäuptig auf dem Uferweg entlang nach Wannsee.

Längst war es dunkel geworden, die durchweichten Füsse schmerzten auf dem schlüpfrig-steinigen Pfade; aber trotz des schwerbeladenen Gewissens näherten wir uns im Laufschritt dem Orte, wo wir mehrere Herzen in banger Sorge seit Stunden für uns schlagen wussten.

Plötzlich kam uns wohlbekanntes Pferdegetrappel aus Wannsee entgegen. „Das sind Unsre! — ich kenne sie an den runden Laternen! Stoffers, halt, halt Stoffers!" —

„Verflixtes Gesindel, wollt ihr weg!" und sausend fuhr uns die Peitsche um die Ohren.

„Aber halt doch, halt; wir sind's ja!"

So fanden uns unsre Eltern. —

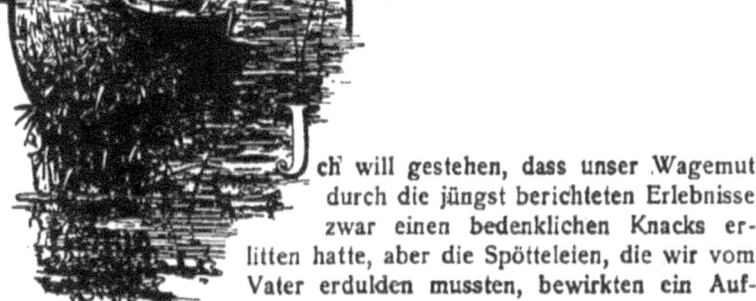

ch' will gestehen, dass unser Wagemut durch die jüngst berichteten Erlebnisse zwar einen bedenklichen Knacks erlitten hatte, aber die Spötteleien, die wir vom Vater erdulden mussten, bewirkten ein Aufleben des Oppositionsgeistes. Seine Meinung, dass wir nun wohl geheilt seien von der verrückten Gondelei, riss uns doch zu sehr an der Standesehre.

„Nu grade!" sagt man auf gut berlinisch.

Aber für grössere Unternehmungen war es leider vorläufig aussichtslos, die nötige Erlaubnis zu bekommen und schliesslich fehlte auch die Zeit; denn die Schule nahm leider in höheren Sphären keinerlei Rücksicht auf Privatpassionen.

Trotzdem mans gar nicht eilig gehabt, waren endlich Cäsar, Cicero und Xenophon überwundene Grössen, und man befand sich als Lehrling in einer möglichst wasserarmen Stadt auf dem Kontorschemel. Der andre Teil der bekannten Rhederfirma „Bär und Schnick" bezog als flotter Studio das Polytechnikum und huldigte in den verschiedensten Städten andren Göttern und Göttinnen, als denen des Wassers.

Da sass ich nun fern von Madrid und gedachte voll Sehnsucht unsres guten „Pollux", der jetzt nachfolgenden Generationen zum Versuchskaninchen überlassen war. Als aber die dreijährige Verbannung zu Ende war, zog ich wieder zum grünen Strand der Spree.

Wie oft erscheinen einem die köstlichsten Ideale nach einiger Ablagerung nicht mehr anbetungswürdig. So war es auch mit unsrem „Pollux"; er war nicht mehr zeitgemäss.

Mit grosser Selbstüberwindung wurde jeder halbwegs entbehrliche Mammon aufgespart, und bald hatten wir eine Summe beisammen, die wir in einem entzückenden kleinen Ruderboot mit Rollsitz und Auslegern anlegten.

An einem schönen Frühlingsmorgen war die Taufe. „Elfe" sollte unser schlankes Kind heissen und mit meiner Flamme am Steuer, welche auf einem prunkvollen Ziegenfell hingegossen, entzückend aussah, ruderte ich hinaus zu einem lauschigen Platze zwischen Grünau und der Bammelecke, begleitet von einigen andren Booten, in welcher andre Taufzeugen und Verwandte sassen. Die beiderseitigen Eltern fanden sich zu Wagen ein. — Diesmal kippte einer der Wagen um in den Morast, und musste mit Hebebäumen durch den Grünauer Schmied herausgezogen werden. Grossmütig enthielten wir uns jeglicher schadenfroher Sticheleien, um die Festfreude nicht zu stören. Meine Flamme sprach ein hochpoetisches Taufgedicht; als sie aber die übliche Flasche Sekt — es war ganz billiger für eine Mark fünfundsiebzig — am Vorsteven zerschellen wollte, inhibierte mein Vater entrüstet diesen Vandalismus und gestattete uns nach längeren Debatten eine Flasche Selterwasser zu diesem Zwecke.

So hatten wir denn ein bildhübsches, wenn auch nur mit Selterwasser getauftes, kleines Ruderboot; indessen die Wanderflügel waren doch gegen früher stark gestutzt; denn so ein zwanzigjähriger Jüngling hat Pflichten gegen sein Vaterland und die Weltordnung. Eine Eigentümlichkeit dieser letzteren ist es unter anderem, dass aus einem dreijährig unfreiwilligen Handlungslehrling bei normaler Veranlagung ein ebensolcher Kommis mit unbeschränkter Dauer wird.

Dieser ebenso verlockende wie unentbehrliche Stand hat unter anderem oft die Annehmlichkeit, dass er sogar die Feiertagsvormittage für sich in Anspruch nimmt, trotz der humansten Gesetze über die Sonntagsruhe. Auch dieses wirkte störend auf die Entfaltung des Wandertriebes.

Zur rechten Zeit, noch kurz vor gänzlichem Eintrocknen der Wasserschwärmerei, kam mein Vater zu einer folgenschweren Erkenntnis.

Ich war farbenblind; also für meinen Kaufmannsberuf unbrauchbar! —

Aber was nun tun? Selbstverständlich Maler werden, entschied ich mich, und mein Vater konnte sich der Logik dieses Gedankens nicht verschliessen.

Ich bezog also die Kunst-Akademie und verfügte mit einem Schlage über die allbekannte akademische Freiheit. Soll ich mich entschuldigen, dass ich diese nunmehr in vollen Zügen auskostete? — Kein Chef, kein Abteilungsvorsteher oder sonstiger Würdenträger hatte künftig in mein Selbstbestimmungsrecht einzugreifen.

Haidegraben
Nach einer Algraphie

Und wenn auch aus alter Gewohnheit ein gewisses Pflichtgefühl nicht so leicht auszurotten war, so sorgten doch für die Beschwichtigung des Gewissens die mit ausgiebigster Freigebigkeit in den Kalender gesetzten Ferientage der Hochschule. Ferien sind nun mal zum Bummeln da, nach der Anschauung der sorglosen Kunstjünger, und nicht etwa zur privaten Fortbildung. Ausserdem war ich so vorsichtig, mir den Zweig der Kunst auszusuchen, der die Beschäftigung des Vagabundierens in Gottes schöner Welt zur Pflicht macht.

Ich kann also mit gutem Gewissen sagen, dass ich mich von nun an mit Feuereifer dem Studium der Natur hingab, wenn ich tage-, wochen-, monatelang nicht aus dem Ruderboot hinauskam und unsre schöne Heimat kreuz und quer zu Wasser durchstreifte, begleitet vom Skizzenbuch und Malkasten, die so mühelos Platz fanden in der schlanken „Elfe", zwischen Kochgeschirr und Schlafzelt mit Hängematte. —

Unsre „Elfe" war ein netter kleiner Einskuller von sechs Meter Länge und 90 cm Breite, der sich ganz famos ruderte, so dass wir mehrmals die Distanzfahrten über 58 km des Vereins der Tourenruderer damit gewannen. Für längere Reisen aber entbehrte das Gepäck des so notwendigen Schutzes gegen Regen und Spritzwellen. Wir liessen daher die Spitze und das Heck ungefähr ein und einen halben Meter weit mit abnehmbaren Leinwanddecks verkleiden und machten in dieser Verfassung manche schöne Fahrt in der näheren Umgebung Berlins.

Mit der Zeit aber sahen wir doch ein, dass die Winde dauerhaftere Lungen als der Mensch haben und setzten zwei kleine Lateinsegel auf unser Schifflein als Notbehelf. Nun genügten aber auch die Leinwanddecks nicht mehr, und das Fahrzeug wurde so weit wie möglich mit dünnem Mahagoniholz eingedeckt. Infolge der vergrösserten Sicherheit wuchsen natürlich auch gleich die Segel nach allen Richtungen. Ein abnehmbarer Bleikiel wurde angehängt und bald entpuppte sich „Elfe" als das schneidigste Segel-Canoe Berlins, welches alle Preise nach Hause brachte.

Daneben aber wurde das Tourenfahren nicht vernachlässigt.

Um auch ganz schmale Flüsschen befahren zu können, wurden zwei Paddel angeschafft, welche zum Auseinandernehmen eingerichtet waren. Paddel sind auch für hohen Seegang mehr geeignet, als Ruder mit Auslegern. Der Rollsitz konnte mit einem festen Sitz bedeckt werden, auf dem der vordere Paddler arbeitete; auf dem Steuersitz nahm der zweite Mann Platz — der auch eine Dame sein konnte — und besorgte zugleich die Steuerung, welche durch bewegliche Fussbrettchen mit zum Steuer laufenden Drahtenden ermöglicht wurde.

Nach Art der Eskimos, welche sich in ihre Cajaks einnähen, hatten wir noch zwei kleine wasserdichte „Schürzen", welche an den Cockpitrand angeknüpft und um unsre Leiber geschnürt wurden, so dass alsdann kaum ein Tropfen Wasser mehr in das Boot gelangen konnte.

Wenn das Boot leer war, konnte es bequem von zwei Männern getragen werden; mit allem Inventar und mehr oder weniger Gepäck waren aber drei bis vier Mann nötig.

Um besser anfassen zu können, hatten wir uns zwei starke lederne Maschinentreibriemen mit entsprechenden Handgriffen versehen lassen, welche unter dem Boot hindurch genommen wurden. Diese Handgriffe konnte man auch leicht an den Rungen eines Heuwagens befestigen, wenn mal ein Transport über Land nötig war. Dann ruhte das Boot gefahrlos in diesen Gurten, ohne durch Stösse auf holpriger Landstrasse beschädigt zu werden.

Vorn und hinten war das Boot durch zwei wasserdichte Schotten gesichert, so dass es unsinkbar war. Diese Schotträume waren aber auch von Deck aus zugänglich durch zwei Luken mit Gummidichtung, welche festgeschraubt wurden. —

* * *

In dieser gegen alle Zufälle gewappneten Verfassung machten wir die herrlichsten Reisen in unsrer lieben Mark.

Die Geschwindigkeit und Leichtigkeit, mit der ein solches Bootchen läuft, erlaubte es uns, in Gewässern ohne Gegenstrom oder andre Behinderung durch Schleusen usw. bis zu hundert Kilometern in einem Tage zu bewältigen. Dazu gehört allerdings eine körperliche Verfassung, wie sie nur die beste Zeit der Jugend und eine eiserne Energie verleiht.

Keine Stadt Deutschlands, glaube ich, kann sich mit Berlin messen in der vorteilhaften Lage für diesen Wassertourensport.

Nach Norden, Süden, Osten, Westen erstrecken sich fast ohne Ende die Reviere, und schon bald hinter dem Weichbild der Stadt beginnt der Wald und die ländliche Natur. Derjenige, welcher für unsre Mark den Spottnamen der „Streusandbüchse des heiligen Römischen Reiches" geprägt hat, ist sicher kein Wassersportsmann gewesen.

Die epochemachenden Entdeckungsreisen unsrer Jugendzeit zum Scharmützelsee, Teupitz, wurden oft und leicht wiederholte Vergnügungsfahrten und, die mit dem ehrwürdigen „Pollux" vor einigen Jahren vergeblich und mit so traurigem Ausgang unternommene Expedition nach Potsdam, Brandenburg, gestaltete sich mit Elfe zu einer gemütlichen Osterfahrt von dreitägiger Dauer,

Blick auf den Wannsee
Nach einer Radierung

wobei auch noch die Emster befahren wurde, in deren Quellgebiet wir die sagenumwobene Klosterruine Lehnin aufsuchten. Die Nuthe, ein Nebenflüsschen der Havel, welche sich bei Potsdam durch anmutiges Wiesental in die Havel ergiesst, wurde unter grossen Schwierigkeiten bis hinter Saarmund mit dem Paddel bezwungen. Die Rüdersdorfer Kalkberge zeigten uns vorsintflutliche Petrefacten; die liebliche Löcknitz, damals noch gänzlich unberührt vom Strom der Berliner Ausflügler, krochen wir von Erkner aus meilenweit hinauf bis zu weltvergessenen, unberührten Dörfchen, bis zu idyllischen Mühlen und Gehöften, die sonst keines Städters Auge erblickte. Wer kennt Kienbaum, Kagel, Klein-Wall; wer Gottesbrück und Grünheide? — Damals gab's noch keine Wasserreiseführer wie „Hip hip Hurrah", noch kein für unsren Sport durchgearbeitetes Kartenmaterial; man musste selbst erst alles mühsam erforschen! —

Schloss Rheinsberg und Neuruppin, von Wasser und Seen umkränzt, liessen in uns die grossen Zeiten unsres grossen Königs aufleben. Plaue, die Raubburg der Quitzows, Tegel, die Heimat der Humboldts, Oranienburg, Paretz und Königswusterhausen mit ihren historisch-interessanten und teils so unendlich malerischen alten Schlösschen! — Wer auf diese Weise Heimatkunde treibt, behält sie besser und sie wird mit dem glänzenden Schimmer der selbst erlebten Romantik umsponnen. —

Eine der anziehendsten Gegenden, die uns immer wieder lockte, ist auch der Spreewald, ein eigenartiges Revier, wie es wohl sonst nirgends in der Welt sich findet, für eine Canoereise wie geschaffen. Da aber unsre „Elfe" allerlei schöne Tugenden in sich vereinigte, konnten wir das Unternehmen ruhig wagen. Zwei Ruderfreunde, die sich mit ihrer „Austria" anschlossen, einem Einskuller von der Art, wie „Elfe" vor dem Umbau war, mussten bei dieser Reise teures Lehrgeld zahlen.

Da es nicht angenehm ist, den sich immer mehr verengenden Lauf der Spree oberhalb des Müggelsees in seinen zahllosen Windungen gegen den Strom zu befahren, beschlossen wir unser Ziel durch die wendische Spree (oder Dahme), und darauf durch einen kleinen Landtransport der Boote zu erreichen. An einem schönen kühlen Pfingstmorgen brachen die beiden Boote auf und einträchtig zogen wir im gemächlichen Tourentempo die wohlbekannte Strecke über Köpenick, Schmöckwitz, Neue Mühle.

Da ein leichter Nordwest unsrer Fahrtrichtung günstig ist, können wir während der Frühstückspausen die Boote vor dem Besahnsegel allein weitertreiben lassen. Im ersten Frühlingsgrün prangend, ziehen die Felder und Wiesen an uns vorüber, die

Lerchen steigen jubelnd in die Lüfte; wir möchten mitjauchzen im Sonnenschein und Blütenduft.

Altmodische Ziehbrücken, strohbedeckte Bauernhütten mit Moos und Hauslaub dicht bewachsen. Der Storch klappert auf dem alten Giebel, dessen holzgeschnitzte Pferdeköpfe die wendische Abstammung der Bewohner verraten. Unser Weg führt wechselnd durch Fluss und See, zwischen Wald und Schilfdickicht, so dass nie Auge und Sinn durch Eintönigkeit ermüdet.

Erst in Prieros wird längere Mittagsrast gemacht im altehrwürdigen Gasthof zur rechten der wuchtigen Ziehbrücke.

Hier zweigt sich die Seenkette nach Teupitz südwestlich ab; nach Osten geht's weiter zum Scharmützelsee. Wir aber schwenken ein nach Süden in bisher unbekanntes Gebiet, die wendische Spree weiter stromauf verfolgend, welche von hier an nur noch für so kleine Fahrzeuge befahrbar ist, die man, wie die unsrigen, bequem über jedes Hindernis hinwegheben kann. Da wir vier an der Zahl sind, besiegen wir, einer dem andren helfend, ohne viel Zeitverlust, durch Herumtragen der Boote, die alten Mühlen, die halbverfallenen Stauwehre und Fischsperren, welche sich uns in den Weg stellen. Bei besonders flachen Stellen waten wir neben den Booten her im krystallklar rauschenden Wasser, und wenn sich das Flussbett gar zu sehr einkeilen lässt zwischen Bäumen und Schilfbänken, treten die Paddel in Funktion. Die „Austria" allerdings muss sich dann mit dem schwerfälligen Staken behelfen, so dass wir oft auf sie warten müssen. Jetzt ist das Flüsschen bei Wendisch-Buchholz kanalisiert, und man geht nächstens daran, einen Durchstich zum Spreewald weiter zu führen.

Abends um acht endlich taucht das verwitterte Kirchtürmchen von Wendisch-Buchholz aus der Einsamkeit der Natur auf. Schon lange hatten wir seine dünne Stimme von weitem vernommen, mit der er das Pfingstfest einläutete.

Für den nächsten Morgen wurde ein Heuwagen bestellt; dann ruhten die müden Wanderer im „Hirschen" von den Strapazen des ersten Reisetages. —

Die „Austria" wurde im Stroh auf den Boden des Heuwagens gebettet; „Elfe" schwebte, getreu ihrem Namen, über ihr in den Ledergurten, welche an den vier Rungen befestigt waren. Die Mannschaft trabte wacker nebenher durch den grünen Wald und schon nach wenig mehr als einer Stunde konnten die Boote abgeladen und im Köthener See ihrem Elemente wiedergegeben werden.

Die „Rietze", ein kleiner schmaler Graben, verbindet den See mit dem tausendfachen Geäder des Spreewaldes und nach zwei Stunden waren wir an einer der schönsten Stellen, bei der „Wasserburg" angelangt, welche wir, uns gemeinschaftlich unterstützend, durch Herumtragen der Boote überwanden.

Hier herrschte trotz des frühen Morgens bereits lebhafter Pfingsttrubel. Die der Weltstadt entflohenen Reisenden begegneten uns in hellen Scharen; Kahn auf Kahn, bis zum letzten Platz mit fröhlichen Menschen besetzt, glitt unter lustigem Wortkampf an uns vorüber. Die Doppelpaddel taten uns herrliche Dienste im wirren engen Revier gegen die starke Strömung; die arme „Austria" keuchte mühsam hinterdrein, sich mit Ruder und Staken abmühend. Schlepzig, Lübben, Lübbenau. Es erübrigt sich die Reize zu schildern, die in diesen Worten liegen. Kennt doch jedermann, wenn nicht aus eigener Anschauung, so doch durch Beschreibung die eigenartige Poesie dieses dörflichen Venedigs, diesen letzten Rest eines fast verschwundenen Volksstammes.

Schwer war es, eine Unterkunft zu finden; aber Ruderer sind genügsam.

Am nächsten Morgen beeilten wir uns schon um 6 Uhr auf die Reise zu gehen, um rechtzeitig nach Burg zum Kirchgang zu kommen. Nicht etwa, weil wir die Empfindung hatten, dass uns ein Bussgang besonders zuträglich sei, sondern weil die Anfahrt der Kähne mit den festlich gekleideten Wenden ganz besonders interessant und malerisch ist. Zwar sieht man in Berlin im Tiergarten genug echte und falsche Wendinnen in ihren bizarren, buntschillernden Nationalkostümen sich der segensreichen Beschäftigung des Kindernährens hingeben. Jedoch muss man diesen Rest altertümlicher Gebräuche in ihrer malerischen Heimat gesehen haben, um den vollen Reiz dieser Volkstrachten würdigen zu können. Jedes Dorf hat andre Farben, jeder Stand einen andren Kleiderschnitt und andren Kopfputz. Dazu die Gesundheit der kräftigen Glieder und die verblüffende Geschicklichkeit, mit der Jung und Alt mit der langen Stange den zierlichen Kahn handhabt! — — —

Bei Burg hört der eigentliche Spreewald, das Land des Klapperstorchs und der Ammen, auf. Wir aber wollten unsren heimatlichen Fluss noch weiter stromaufwärts erforschen und hoben die Boote über das Wehr. Zu Anfang erlaubte die aufgestaute Spree ein bequemes Rudern, bald aber wurde der Wasserarm flach und schmal, wenn auch das eigentliche Bett geräumig genug war, eine beträchtliche Menge bei Gelegenheit aufzunehmen. Schliesslich mussten wir die Boote vorauswatend über die Sandbänke schleifen und von einem zum andren Rinnsal heben. Abends gegen 8 Uhr legten wir sie ermüdet auf freier Wiese aufs Land und gingen quartiersuchend ins Wendendorf Dobrigk. Dort war grosser Tanz der Burschen. Durch einige Flaschen Schnaps erwirkten wir uns die Einladung am Feste teilzunehmen, und wirbelnd drehten wir uns im Tanze mit den Schönen des Dorfes, denen wir leider nicht sagen konnten, was wir für sie fühlten, denn wendisch hatten wir noch nicht gelernt. Es gibt ja aber zum Glück ein Volapük, welches überall in der Welt verstanden wird.

Die Musikanten hatten gegen entsprechende Belohnung ihr fürstliches Nachtquartier auf dem Boden an uns abgetreten und wurden im Heuboden untergebracht. Zwischen den einzelnen fussstarken Dachbalken, die nicht mit Dielen bedeckt waren, wurden für uns Betten gelegt, und jeder lag bequem in seiner Mulde. Ueber uns hingen die Sensen wie Damoclesschwerter dräuend in den Dachsparren. Wir schliefen aber köstlich.

Am nächsten Morgen gingen wir an die Dorfpumpe, und während unsre lieblichen Tänzerinnen die Kühe an uns vorbei auf die Weide trieben, bepumpten wir uns gegenseitig Kopf und Oberkörper.

In der Nacht musste es wohl kräftig geregnet haben, oder man hatte in Cottbus die Stauwehre geöffnet; denn das gestern so leere Flussbett war heute fast bis zum Rande mit lehmigem Wasser gefüllt. Wir hatten daher Mühe, gegen den Strom anzukommen. Der Weg bis Cottbus war aber nicht mehr weit, und schon um zehn Uhr zogen wir beim Graupenmühlenwehr die Boote an Land, um sie wieder, nach bewährter Methode, auf einen Heuwagen zu legen.

Die Spree war uns zu eintönig in dieser Gegend geworden; spreeabwärts über Beeskow, Fürstenwalde hatten wir schon einmal vom Spreewald aus die Heimfahrt gemacht. Wir wollten daher in Forst die Neisse zur Heimfahrt bis zur Oder und durch den Mülroser Kanal benutzen.

Es war nicht so leicht gewesen, einen geeigneten Wagen aufzubringen, da jedermann nach den Feiertagen an das Einfahren des Heu's gehen wollte. Endlich fanden wir für Geld und gute Worte ein klappriges Vehikel, und nachmittags ging die Landexpedition los. Ich opferte mich, als Begleiter der Boote, den Fussmarsch von fünfundzwanzig Kilometern mitzumachen, während die andren drei Bootsgäste die bequemere Eisenbahn vorzogen.

Viel Volkszusammenlauf gab es, als ich mit meiner eigentümlichen Fracht den Ort durchfuhr und man bat mich inständig, doch einen Tag zu verweilen mit meiner Truppe. Man hielt uns für eine reisende Zirkusgesellschaft wegen unsrer den Bewohnern des Spreewalds etwas ungewohnten Kleidung, und die Boote hielten sie wohl für unsre Requisiten. Nautisch gebildet war man, wenigstens damals, noch nicht in Cottbus. Seit der Zeit bin ich nicht wieder dort gewesen.

Viel Aufenthalt hatte ich auf dem Wege; der renitente Kutscher wollte nicht nebenher laufen und setzte sich auf die zarten Boote, wodurch sie sich stets verschoben und an den Leitern sich die Planken schamfielten. Schliesslich senkten sich noch die Rungen, welche mein Boot in den Gurten trugen, nach der Mitte ein, und die zarte „Elfe" bearbeitete die unter ihr liegende „Austria" mit dem eisenbeschlagenen Kiel. Total erschöpft nach fast siebenstündigem Marsche auf staubiger, sonniger Chaussee, kam ich gegen 9 Uhr abends in Forst mit meiner teuren Fracht an, und da meine Kameraden bisher weiter nichts getan als ihre Sehnsucht nach mir und den Booten durch zahllose Seidel Bier zu übertäuben, so hatte ich in der Dunkelheit noch nach einer geeigneten Abladestelle an der Neisse zu suchen, bis ich die Boote wieder schwimmen lassen und mir die schmerzenden Füsse kühlen konnte.

Nun sollte also die Görlitzer Neisse erforscht werden bis zur Mündung in die Oder. Vom Gebirge her brachte sie Hochwasser mit vielen Baumstämmen, und unruhig gurgelten ihre aufgeregten Fluten durch die engen Brückenjoche der Stadt. „Elfe" als Doppelpaddelcanoe fand sich sehr gut mit den Schwierigkeiten ab; aber die arme „Austria" mit ihren festen Auslegern und den unhandlichen Rudern war in einer bedauernswerten Lage.

„Elfe" ging in die Vorhut und der Oesterreicher folgte in unsrem Kielwasser. Knirschend schurrten wir manchmal über die scharfen Kiesbänke, aber meistens hob uns der mächtig nachschiebende Strom wieder frei. „Austria" plagte plötzlich der Ehrgeiz; auch sie wollte mal Pionier spielen und die führende Stellung in der Welt einnehmen. Bei günstiger Gelegenheit schoss sie an uns vorbei, da sie nicht so tief ging wie wir. Indessen Hochmut kommt vor dem Fall.

Ueber den Fluss war eine kleine niedrige Fussgängerbrücke geschlagen; die Pfeiler standen reichlich eng, und die Neisse presste ihr Wasser hochaufspritzend hindurch. Der Führer der „Austria", der an derartige Reisen noch nicht gewöhnt war, auch wegen Kurzsichtigkeit nicht das richtige Augenmass hatte für Entfernungen und Abstände, versuchte im letzten Augenblick sein Boot herumzureissen und seitwärts ans Ufer laufen zu lassen. Allein zu spät; der Strom packte das arme Schifflein und drückte es breitseits gegen einen Brückenpfeiler. Sofort natürlich kippte es um, die beiden Insassen klammerten sich an der Brücke fest, und durch die kolossale Gewalt des Wassers brach die „Austria" in der Mitte auseinander. Je eine halbe Austernschale schwamm rechts und links am Brückenpfeiler vorbei.

Wir kamen ungefähr fünfzig Meter hinterdrein und schlüpften glücklich durch ein Nebenjoch, machten hart kehrt und es gelang uns, gegen den Strom wieder an die Brücke heranzukommen, um den Freunden bei der Rettung behilflich zu sein.

Schnick bekam ein Ende um den Leib und tauchte das Gepäck, so weit es ging, aus den Fluten. Noch nach einigen Wochen wurden durch den Müller Kleidungsstücke gefunden, eine Meile talwärts, die den armen Pechvögeln zugesandt wurden.

Schluchzend luden sie die Trümmer ihrer Habe auf einen Wagen. Das Boot selbst verblieb als Brennholz für die Bauern am Platze, aber für die Ruder, Ausleger, Steuer, Kissen, Teppich und vor allem für die Tourenruderflagge sollte eine neue „Austria" entstehen! —

Dieser Unfall hatte uns bis gegen ein Uhr mittags aufgehalten und vorsichtig setzte „Elfe" ihre gefährliche Fahrt allein strom-

An der Spree
Nach einer Radierung

abwärts fort. Noch viele derartige Brücken und abgebrochene Pfähle hatten wir zu passieren; auch ein zu einer Papierfabrik gehöriges Wehr mussten wir durch Herumtragen überwinden, bis wir in Guben eintrafen. Um die hiesigen vielen industriellen Anlagen zu umgehen, nahmen wir uns einen Handwagen und schoben eigenhändig unser Boot durch die ganze Stadt. Im Schützengarten wurde es wieder flott gemacht. Jetzt wurde die Neisse gemütlicher; nicht weit von ihrem Ende zog sie gemächlich und breit ihre Bahn und abends um sieben sagten wir ihr lebewohl, um uns dem breiten Rücken der Oder bei Ratzdorf anzuvertrauen. Bis Fürstenberg ruderten wir noch an diesem Abend; dann beschlossen wir diesen aufregenden Tag, an dem sich „Elfe" so glänzend bewährt hatte.

Am nächsten Tage statteten wir noch Frankfurt an der Oder einen eiligen Besuch ab und Schnick fuhr per Eisenbahn in seine Garnison. Ich brachte die „Elfe" allein nach Hause durch die vielen Schleusen des Mülroser Kanals über Fürstenwalde, Erkner und traf wohlbehalten nach eineinhalbtägiger Reise abends um zehn Uhr im Heimatshafen an.

Welche naturschwärmerische Wasserratte sässe nicht oft an einsamen Winterabenden, wenn der Wind im Schornstein heult und die Kiefern schneebeladen im Walde sich wiegen, zu Haus im warmen Nest und träumt von zukünftigen und vergangenen Taten. Emsig über den Handatlas gebückt, schmiedet man die hochfliegendsten Pläne für den nächsten Sommer, und widerstandslos gleitet der Bleistift über die geduldigen Landkarten. Vom Memel bis zum Rheine, vom Belt bis zum Schwarzen Meer; und Wasserscheiden, Stromschnellen, ja selbst unschiffbare Flüsse und sogar Gebirge werden mit schwindelnder Schnelligkeit überwunden. Jedoch sehr bald setzt die praktische Berechnung der Dauer einer solchen Reise der Begeisterung einen Dämpfer auf, und die auf Ruder- und Segelfittichen getragene Phantasie bequemt sich ernüchtert der herrschenden Allmacht der Zeit und des Geldes an.

So ein Abend voller Erinnerungen und Pläne war es auch, als ich den Handatlas und einen Stoss Generalstabskarten neben mir, im Konversations-Lexikon herumwühlte, um mich über Schiffbarkeit und Topographie aller erdenklichen Flüsschen und Seen zu unterrichten. Bei dieser Gelegenheit bemerkte ich, dass in der engeren Heimat kaum ein Rinnstein mehr zu finden war, den ich nicht schon befahren hätte. Die Mark Brandenburg kannte ich wie meine Tasche.

„Mein Vaterland muss grösser sein", dachte ich mir und beschloss einen Vorstoss nach Nord-Westen.

Als daher die akademische Ferienzeit nahte, packte ich die

Auf der Pfaueninsel
Nach einem Aquarell

sieben Sachen, die ein Tourenruderer braucht, und ebenso Malkasten, Staffelei und Skizzenbücher in den alles verdauenden Magen meiner „Elfe" und heuerte mir einen Genossen für Leiden und Freuden, den wir der Einfachheit wegen „Peter" nennen wollen, und gondelte los in der Richtung auf Hamburg.

Die unangenehme Notwendigkeit, Berlin und Spandau zu durchqueren, machten wir so rasch wie möglich ab. Wir atmen erleichtert auf in der freien Natur; denn jetzt braucht man sich keinen Regenschirm mehr zu wünschen gegen die von den Brücken herabspuckenden Gassenjungen, man kann die Lungen vollpumpen mit Wald- und Wasserluft. — Wannsee, die vornehme Villenkolonie, wird links liegen gelassen — welch' erhebendes Gefühl, etwas Vornehmes links liegen zu lassen — und unser Kurs windet sich durch den Engpass bei der Pfaueninsel vorbei an den vielen Schlössern und Parks am Ufer der Havelseen um Potsdam herum: Nicolskoj, Sakrow, Glienicke, Kongsnaes, Nedlitz.

Hier erst machen wir Rast auf der Römerschanze.

An drei Seiten vom Wasser umgeben, ragt dieser uralte wendische Befestigungswall steil aus dem Schilfkranz empor, von prachtvollen alten Eichen und Kiefern bekrönt. Noch ist der alle Natur zerstörende Ausflüglerschwarm Berlins nicht bis in diesen abgelegenen Winkel vorgedrungen, und wir schwelgen in köstlicher Ruhe und Einsamkeit. Der Sakrow-Paretzer Kanal führt uns schnell aber eintönig nach Ketzin; hier beginnt wieder das schilfreiche Inselgewirr des Havelstroms. In der Ferne begleiten uns die bewaldeten Hügelketten, an denen sich die kleinen Fischerdörfchen verschämt anschmiegen. Schon neigt sich die Sonne ihrem Untergange zu und bildet grandiose Beleuchtungseffekte in der feuchten Flussniederung, stetig treibt uns der leichte Ost stromabwärts und länger werden die Schatten. Das leise Rauschen am schilfigen Ufer, das gleichmässige Gurgeln des Wassers am Kiel wirkt friedvoll und melancholisch; eine Stimmung, in der ich unsre Mark so gern sehe. Sie scheint traurig, nicht mit denselben aufdringlichen Reizen geschmückt zu sein, wie andre Länder; aber gerade diese Traurigkeit und dieser anspruchslose und dabei so stimmungsvolle Ausdruck macht sie mir so lieb.

Welch eine Ruhe gegenüber dem Weltgetriebe noch vor einigen Stunden; losgelöst von der Alltäglichkeit, ist man hier ganz sein eigner Herr in seinen paar Brettern, und alles andre liegt hinter einem wie ein Traum, wie eine längst vergangene Zeit.

Links, gegenüber von Gross-Keutz, mündet die Emster in die Havel; sie bringt Grüsse vom sagenumwobenen Kloster Lehnin, der Ruhestätte der Askanier, von Nahmitz, wo der allzu lebenslustige Abt von den Wenden erschlagen wurde. — Im ehrwürdigen Brannibor, gegenüber vom überschlanken Roland, rasteten wir zur Nacht. Man sieht es an den schönen Kirchen der Stadt, welche Rolle sie in jenen Jahren gespielt, als die Mark noch ein Sumpfnest, von nordischen Fischern bewohnt, und Berlin noch weiter nichts als ein Aalfang war. Die flotte Strömung der Havel brachte uns schnell weiter zum Plauer See, ein ansehnliches, von Inseln oft unterbrochenes Wasserbecken. Am südlichen Ufer im Schatten herrlicher Bäume liegt ein altertümliches Jagdschloss; Gränert. Von rauschenden Pappeln, Jagdhunden, kleinen Kindern und Hühnern umringt, genossen wir beim urdeutschen Försterpaar am Seestrand unsren Imbiss. Zwischen den Holunderbüschen versteckt, lugt eine kleine wetterzerzauste Kapelle schüchtern hervor, deren dünnes Glockenstimmchen schon jahrhundertelang die wenigen Ansiedler der Umgebung zur Andacht zusammenruft. Im Inneren, über den derb-eichenen Bänken einige stark nachgedunkelte Ahnenbilder; in kühler Gruft unter dem eichenen Fussboden ruhen zwei alte Ritter von Trunk und Fehde aus. Sie habens gut hier und niemand stört sie mehr und ihre Körper liegen unvermodert, wie Mumien, seit Jahrhunderten in der Tiefe.

Nicht weit davon liegt, mitten in den Sümpfen, wie ein altgermanischer Herrensitz, unter knorrigen Eichen, die Malge, jetzt auch eine Försterei. Vom hohen Fläming herab schlängelt sich die Plane durch schilfiges Vorland zum Plauer See, dessen Ufer von Kiebitzen, Reihern und andren Sumpfvögeln wimmeln.

Eine Urwald-Insel ragt aus dem Wasser hervor. Eine kleine Fischerhütte, halbverfallen, steht an geschützter Bucht. Hier prangt ein Schild: „Das Betreten der Insel ist bei Strafe verboten. Der Magistrat der Stadt Brandenburg." — Wir sahen jedoch zufällig nach der andren Seite und arbeiteten uns durch Gestrüpp und Dornen zur Anhöhe, wo von Eichen und Föhren beschattet und im übermannshohen Unkraut versteckt, wir eine ganz verfallene, moosbewachsene Hütte fanden. Vergeblich suchten wir irrenden Ritter nach Dornröschen; auch keine böse Hexe trat uns entgegen, und so kochten wir uns höchst prosaisch ohne weitere Abenteuer unser Mittagessen am schattigen Ufer.

Als der Tag zur Neige ging, durchquerten wir den inselreichen See und landeten beim Städtchen Plaue bei den Fischern links hinter der altertümlichen Ziehbrücke. Schon von fern her hatte uns das imposante Schloss über die Seenfläche entgegengeleuchtet. Hier hatten einst die Quitzows mit ihren Kumpanen dem einsamen Frachtkahn aufgelauert, der den gewundenen Lauf der Havel heraufkam von Hamburg her, und peinlich hohen Brückenzoll erhoben, falls ein Kärrner mit seinem Kram die Havel überqueren wollte. Hier blühte das Strassen- und Seeräubertum, bis die Faule Grete gründlich mit der Landplage aufräumte.

Der Plauer Kanal führt in wenigen Stunden an die rastlos dem Meere zuströmenden Fluten der Elbe. Hei, wie das schafft! Die gurgelnden Wasser nehmen uns wie eine Feder auf ihren trüb-gelblichen Rücken, sie rauschen und raunen vom Riesengebirge, von Gnomen und Elfen. Der nächste Tropfen erzählt vom sagenumsponnenen Libussa im Böhmerwalde; ein andrer hatte schon geholfen, die bizarren Sandsteinfelsen der Bastei noch weiter auszuwaschen, hätte beinahe in Dresden sein Ende als Nationalgetränk, mit Zichorie vermischt, gefunden und freute sich nun doppelt darauf, bald frei und rein im unermesslichen Ozean umhertollen zu können, fremde Küsten, neue Städte zu sehen. Jedoch noch während der Tropfen uns seine Zukunftspläne entwickelte, hatte ihn die durstige Sonne aufgesogen und als Wolke wieder nach Südosten zurückgejagt, um den Kampf ums Dasein von neuem zu beginnen. So geht es manchmal auch unsereinem. — —

Noch ist das Flussbett übervoll, und die lehmige Wassermasse schiesst eilig über die gefürchteten Sandbänke hinweg. Stromzeichen sind vorläufig noch überflüssig, so dass die mächtigen Elbdampfer ihren hunderttausende von Zentnern wiegenden Schwanz ohne Gefahr stromauf und stromab schleppen können.

Schon nach zweistündiger Elbfahrt ragen aus den Fluten die Ringmauern und Türme von Tangermünde, diesem Juwel des märkischen Mittelalters, hervor. Das Wetter ist schön, die Gegend ist schön und mein Skizzenbuch hat vollauf zu tun; nur die Menschen und die Elbschnaken stören mein Gleichgewicht; ich weiss nicht, welche von beiden Plagen die schlimmere ist.

Es herrschte eine tropische Hitze; vom wolkenlosen Himmel herab versengte uns die Sonne zu Mohren und brütete Milliarden von Mücken aus dem Schlamm. Die Leiden Alexander von Humbolds auf dem Orinocco müssen eine Lustbarkeit gewesen sein im Vergleich zu dem, was wir auszustehen hatten. In dieser Gegend scheinen die Menschen auch besonders wissbegierig zu sein. Schon habe ich mir die Gabe erworben, gelegentlich meiner Wasserreisen jedem Menschen an der Nase anzusehen, was er nun zuerst fragen wird, und ich gehe ernsthaft mit der Absicht um, an weitsichtbarer Stelle eine Frage- und Antworttafel aufzuhängen zur gefälligen Benutzung der lieben Mitbewohner dieses Erdenballes. Denn in anmutiger Folge prasseln ständig dieselben Fragen auf mich hernieder: „Was kostet das Boot?" — „Wo kommen Sie her?" — „Wo wollen Sie hin?" — „Warum fahren Sie nicht mit der Bahn?" — „Ist das nicht gefährlich?" — „Ist das nicht langweilig?" — Und kein Mensch kann begreifen, dass man so etwas zu seinem Vergnügen tut.

icht weit von dem Elbstrom tauchen die ehrwürdigen Kuppeln des Havelberger Doms aus der Ebene auf; rauschende Eichenhaine in wunderbarer Pracht umkränzen die Ufer. Im Schatten ihrer gigantischen Stämme lässt's sich hier während der grössten Mittagshitze gut ruhen und schmausen; als Tafelmusik erschallt das monotone Gekrächz der zahllosen Krähen und Dohlen, treffend und sinnig „Brandenburger Papageien" genannt.

Der uralte Dom von Werben zeugt von verschwundener Pracht und Herrlichkeit, dann passieren wir die Eisenbahnbrücke bei Wittenberge, wo Nachtquartier bezogen wird.

Meinem Mitshipman war die Hitze und die Mettwurst, welcher der stickig-feuchte Aufenthalt unter dem heissen Mahogoni-Deck nicht zuträglich war, bedenklich auf den Magen geschlagen, und ich schleppte ihn am nächsten Tage nur noch als Ballast weiter. Bei Dömitz klappte er ganz zusammen und lag mit nassen Kopf-Umschlägen lang auf den Bodenbrettern. Bei Hitzacker musste ich ihn mit hohem Fieber ins Bett bringen und glaubte ihn am besten dadurch zu kurieren, dass ich ihm Hekatomben von Rotwein einflösste. Es war eine regelrechte Wurstvergiftung; er wurde aber nach einigen Tagen wieder transportfähig; ob trotz oder infolge des Rotspons, wage ich nicht zu entscheiden. —

Hitzacker behauptet von sich kühnlich, ein Badeort zu sein. Es existiert dort auch eine Kurkapelle; Promenaden, die dem Schutze des p. p. Publikums empfohlen werden, auch mehrere Badeärzte; kurz alles, was zum Wohle der leidenden Menschheit erfunden ist. Man munkelt sogar von einer Stahlquelle, welche innerlich und äusserlich genossen, gegen alle erdenklichen Gebrechen Wunder wirken soll, und die Eingeborenen sind zum Platzen stolz auf ihre sechs Kurgäste.

Ich fand den Ort in jener fieberhaften Aufregung vor, welche bevorstehende grosse Ereignisse zu erzeugen pflegen: In zwei bis drei Monaten sollte Schützenfest sein, und der Festausschuss tagte mindestens dreimal täglich reiherum in allen drei Wirtshäusern der Stadt, um diesen erhebenden Tag so zu gestalten, dass in allen Landen nur ein Ruf des Erstaunens und Entzückens widerhallen sollte. Die waldigen Hügel der Umgebung erdröhnten von morgens bis abends unter den Büchsensalven der emsig übenden Schützenbrüder, und unter ohrenzerreissendem Blechgeschmetter und Trommelwirbel wurde der vorhandene Schimmel des Ortes dressiert, welcher die ehrenvolle Bestimmung hatte, an dem glorreichen Festtage einen richtigen, lebendigen Reiter mit der Schützenfahne zu tragen.

Da die gesamte Einwohnerschaft so nützlich beschäftigt war, konnte ich ungestört in dem anmutigen Oertchen Studien machen. Hier fliesst die Jeetzel in die Elbe und umschliesst eng die winkeligen Höfe von Hitzacker. Fischfang, Wiesen- und Ackerbau geben stets malerische Motive ab; dazu die Ausläufer der Lüneburger Heide, die sich in steilem, waldbewachsenem Höhen-

zuge meilenweit an der
Elbe entlang zieht.
Am jenseitigen Ufer
ein endloses Flach-
land, welches
sich wie eine
Landkarte
vor meinen
Blicken von
der Höhe
der Berge
ausbreitet.
Freund
Peter
konnte end-
lich wieder
die „Elfe" be-
steigen und,
sanft und weich
auf Teppich und Kis-
sen gebettet, mit mir
die Elbe weiter abwärts
schwimmen. Nach einigen Stunden bog sich auch die links-
seitige Bergkette landeinwärts und
nur manchmal tauchten einsame, von stattlichen Bäumen geschützte Gehöfte am Ufer-
rand aus der Ebene hervor. Dann erscheint
zur Rechten das liebliche Boizenburg, an buchen-
bewachsenem Hügel, und die Steinwälle Lauenburgs wachsen
steil aus dem Flussbett heraus. Ein äusserst malerisches,
originelles Nest mit alten hochgeschnitzten Giebeln; aber
für höher organisierte Geruchsnerven nicht zu empfehlen.
Gegenüber der Mündung der Ilmenau liegt Zollenspicker. Wie
schon der Name sagt, eine Zollschranke, welche von altersher den Elbstrom hier am Eingang zum Hamburger Gebiet
beherrscht. Noch heute steht diese staatlich konzessionierte
Raubburg, wie sie anno 1625 errichtet wurde. Nur der hoch-
ragende Wachtturm musste der alles zerstörenden Zeit weichen,
sowie die zwei Kanonen, welche noch bis in die Mitte des
neunzehnten Jahrhunderts dafür sorgten, dass jedes stromauf
und stromab passierende Schiff gehorsam beidrehen und den Elb-
zoll entrichten musste. Wie lange noch, bis die Schlagbäume
wieder unsre freien Flüsse sperren werden? —

Auch der gesamte Warenverkehr per Achse von Hamburg über Lüneburg, Hannover und umgekehrt, war hier tributpflichtig, da hier die einzige Fährstelle auf Meilen stromauf und stromab war, die jenseits bei Hoopte landete. Hier wurden die „Hoopter",

eine Art Lootsen für die Elbe angenommen, welche in kleinen Booten den Frachtschiffen vorausfahrend, durch Stangen das sich immer verschiebende Fahrwasser zwischen den gefährlichen Sandbänken markieren mussten. Bis hierher macht sich schon Ebbe und Flut bemerkbar — wenn auch nur ungefähr 40 Zentimeter — ungefähr hundert Kilometer von Cuxhaven entfernt. —
Die Ilmenau lockte vom südlichen Ufer. Lüneburg, die liebliche alte Hansestadt Heinrichs des Löwen, die Julius Wolff erst gerade wieder in seinem Roman „Der Sülfmeister" so trefflich geschildert hatte, musste ich besuchen, um den Wiskulenhof und das Kloster Lüne, seine Johanniskirche und das Rathaus und all die alten hochgegiebelten Patrizierhäuser in mein Skizzenbuch zu stecken! — Damals, es war 1892, war's

aber noch nicht so einfach, gegen den launischen Strom, der nicht regulierten Ilmenau ohne Ufer- und Schleusenbefestigungen anzukämpfen. Schon nach einer kurzen Stunde brach uns ein Ruder. Ersatz war leichtsinnigerweise nicht mitgenommen, und so stolperten wir denn mit langer Treidelleine über Hecken und Zäune, durch Schilf und Sumpf, uns stündlich abwechselnd, am Ufer entlang und zogen die kleine „Elfe" hinter uns her, bis wir spät abends in Lösegraben festmachen konnten. Die nächsten Tage waren der Kunst und der Erforschung der Ilmenau noch eine halbe Tagereise aufwärts geweiht; dann wandten wir den Kiel, um weiter seewärts zu streben.

Mit jedem Ruderschlag nähern wir uns der Freien und Hansestadt Hamburg. Dieses merkt man nicht nur an dem Dunst und dem ständigen Regen — solange ich Hamburg kenne, regnet es dort, — nicht nur an der untrüglichen Generalstabskarte, sondern noch viel deutlicher bei der Berührung mit den Uferbewohnern.

Da ist zunächst eine Anzahl, welche so einen Rudersmann mitleidig lächelnd ansieht, als wollte sie sagen: „Djunge, du kannst mich nich imponieren!" —

Klasse zwei, die ollen ehrlichen Seemänner, geben weise Ratschläge und lassen die schauerlichsten Warnungssignale erschallen. Klasse drei fragt: „See kömm' woll von Hamborg?" —

Wenn man nun so ehrlich ist, einzugestehen, dass man leider nur aus Berlin sei, wendet sich der Frager geringschätzig ab, wie der selige Engels als „Herr Senator" im Deutschen Theater. „Na ja, irgendwo muss doch der Mensch geboren sein!" —

Klasse vier behauptet kurzerhand, ich müsse mich irren; und nur selten nützt der schüchterne Einwand meinerseits, dass ich dies doch wenigstens am besten wissen müsste.

Indessen, man möge gegen die selbstbewusste Nation sagen, was man will; ihre Erdbeeren im Juni im Bergedorfer Land sind famos und wir taten ihnen alle Ehre an. Auch die sonderbare Tracht des Bergedorfer Bauern ist malerisch und daher zu loben. —

Sturm und Regen, mit Hagelschauern angenehm unterbrochen, war die Devise für die nächsten Tage. Freund Peters Urlaub war abgelaufen; er fuhr per Bahn nach Hause, während ich in Harburg eine kleine Ruhepause machte, um besseres Wetter abzuwarten. Landschaftlich ist die Gegend um Harburg recht reizvoll; es riecht schon nach See, und ich benutze die Zeit für Streiftouren in die nahen Berge.

Von jenseits der grossen Elb-Insel winkte der stolze Mastenwald Hamburgs herüber, das Tuten der ein- und ausfahrenden Dampfer tönte bis hierher und auch ab und zu verirrte sich ein Segler bis in die kleine hannoversche Hafenstadt, welche ich der grösseren Ruhe wegen aufgesucht hatte. Es kribbelte mir in allen Fingerspitzen, verliebt studierte ich jedes Fall, jede Brasse der stattlichen Vollschiffe, jeder Schiffsjunge erregte in mir grimmigen Neid. Der durfte auf See und fremde Länder schauen! Mir stand kein Vollschiff zur Verfügung; mein Schifflein, das in der Heimat so bewundert wurde, hier fand es nur Verachtung und Spott! — Aber sehen wenigstens musste ich das endlose Meer, musste wenigstens einmal das Gefühl haben der grenzenlosen Weite; ich wollte die Sonne ins Wasser sinken sehen und Meerleuchten; ich wollte die Brandung tosen hören, und Ebbe und Flut im ewigen gleichmässigen Wechsel bestaunen.

Mutig fuhr ich drauf los durch den Köhlbrand und befand mich bald im Getümmel der Schlepper und Frachtdampfer auf der Norder-Elbe. Der Nordwest stellte sich auch bald wieder ein, und trotzdem ich so dicht wie möglich mich am nördlichen Ufer entlangquetschte, wurde meine arme kleine Elfe doch bald vollgeschlagen. Unentwegt pumpte ich sie lenz und mit zusammengebissenen Zähnen würgte ich weiter durch, um nach wenigen Minuten wieder dicht vor dem Wegsacken zu sein. Was half's; die kühnen Meerespläne musste ich mir aus dem Kopf schlagen! Ich gab meinem inneren Menschen einen gewaltigen Ruck und kehrte um nach Hamburg, zwängte mich durch die lebensgefährliche Gesellschaft der Schuten in die Alster hinein, nicht ohne von der hohen Zollbehörde gehörig inspiziert und ausgefragt worden zu sein, und legte mein Schifflein in den Bootsschuppen bei Alsterlust. Ich erinnerte mich, dass blöde Durchschnittsmenschen auch mal gelegentlich zur See fahren, indem sie sich höchst prosaisch auf einen Personendampfer setzen und sich vom Kapitän irgendwohin steuern lassen. Ich schämte mich zwar gewaltig vor mir selbst bei diesem Gedanken; indessen am nächsten Morgen sass ich doch zusammen mit Hunderten von ganz profanen Ausflüglern an Deck des Dampfers nach Helgoland und hatte gar nichts an Bord zu sagen. Das kränkt doppelt, wenn man gewohnt ist, sein eigenes Schiff zu befehligen. —

Nach ein paar Wochen, Ende August 1902, hiess es nun von Hamburg mit der „Elfe" wieder heimwärts ziehen. Gegen den Strom. — Man wagte es mir zu raten, das Boot auf einen Schlepper zu laden. Entrüstet wies ich dieses schlappe Ansinnen zurück und bei einer fürchterlichen Nachmittagsglut und tötlicher Windstille ruderte ich drauf los, elbaufwärts. Nach den langen Feiertagen schmeckte die Ruderarbeit nicht besonders, und die Strömung hemmte den sonst so flotten Lauf; die Zunge klebte am Gaumen und musste öfters durch Elbwasser (!) angefeuchtet werden.

Abends landete ich ziemlich verdrossen in Zollenspicker. Und nachts gings dann los! — Noch nie habe ich mich so jammervoll gefühlt in meinem Leben; meine Eingeweide waren wie von zweischneidigen Schwertern durchbohrt, und meine nächtliche Beschäftigung war nach jeder Richtung hin höchst unästhetisch. Ohne ein Auge geschlossen zu haben, setzte ich mich morgens wieder zur Fronarbeit ins Boot und ass den ganzen Tag keinen Bissen. Mittags machte ich in Lauenburg Station; ich war wieder gesund, aber doch recht schwach. Am nächsten Tage fuhr ich bis Hitzacker, wo ich erst abends um neun eintraf. Im Gasthaus murmelte man etwas von Cholera und hundert Todesfällen in Hamburg.

Am nächsten Morgen begegnete ich vielen Kähnen, die eine schwarze Flagge gesetzt hatten und von der Strompolizei bewacht wurden. Als ich in Dömitz an Land wollte, wurde mir der Eintritt verwehrt. Ich ruderte noch etwas weiter, kam an einen alten Graben, der mit der Elde in Verbindung steht, schleppte allein ohne Hilfe mein leergepacktes Boot über ein Wehr und packte die Ausrüstung wieder ein. Dann versteckte ich das Boot im Schilf und kam von der andren Seite in die Stadt. Denn ich musste doch etwas zu Essen und Trinken haben und Proviant kaufen.

Vor Eldena bediente ich mich derselben Kriegslist. Zwar war es gefährlich, so ein wertvolles Gefährt mit seinem reichen Inhalt ganz unbeaufsichtigt auf freiem Felde zu lassen, aber was sollte ich machen? — Ich wartete die Dunkelheit ab, zog mir Zivilkleidung an, die ich zum Glück mitgenommen hatte, verankerte Elfe irgendwo möglichst hinter einer Schilfbank und watete an Land. Schiffahrt ist so gut wie gar nicht auf der Elde, nur vor den ebenso dummen wie neugierigen Bauernjungen muss man auf der Hut sein. Eines Morgens fand ich so einen Lümmel vergnügt ganz dicht bei einem gefährlichen Wehr mit meiner „Elfe" herumgondeln. Mich sehen, herausspringen und querfeldeinlaufen war eins. Ich hinterher. — Die „Elfe" werde ich schon noch wieder fangen in dem kleinen Flussbett. Der Bengel lief aber schneller als ich; also die grosse Meerschaumpfeife schussgerecht vorgestreckt, donnerte ich ihm ein „Steh Hund, oder ich schiesse!" zu. Wie angenagelt stand der Bursche. Nach eingehender Leibesvisitation wegen etwa gestohlener Ausrüstungsgegenstände erhielt er ein paar sogenannte Kopfstücke — prima Spezialität, links gehauen, von mir, die ihn für einige Zeit das Aufstehen vergessen liessen. Dann fischte ich mir mit Mühe die „Elfe".

In den Gasthöfen, wo man ebenfalls sehr wissbegierig war, musste ich natürlich stets allerlei Abenteuer lügen. Ich käme per Fahrrad aus Berlin; das Rad sei beim Schlosser in Reparatur. Denn nicht einmal die mit der Bahn ankommenden Fremden wurden aufgenommen, wenn der Zug aus Hamburg kam. Meistens schlich ich mich von hinten in die Gasthöfe, setzte mich gleich mitten in das Speisezimmer und stellte die verdutzten Wirtsleute vor eine vollendete Tatsache. Es war eine Panik ausgebrochen in ganz Mecklenburg; die Strassen, die Höfe, die Hauseingänge, alles war weiss vom desinfizierenden Kalk; es roch überall nach Karbol und allen möglichen seuchentötenden Mitteln und man sprach von nichts anderem, als dem Schrecken der fürchterlichen Heimsuchung. —

Die Elde ist ein entzückendes Flüsschen, welches sich in spiralförmigem Lauf durch das anmutige und fruchtbare mecklenburger Land windet. Das Flussbett ist jedoch aus Mangel an Verkehr arg vernachlässigt und zeitweilig derartig verkrautet, dass sogar die schlanke „Elfe" oft grosse Mühe hatte, sich durchzuzwängen. Auch war stellenweise die Strömung so stark, dass sie kaum zu überwinden war. Die Schleusen sind altmodisch und schwer zu bedienen; oft muss man eine lange Fussreise machen, um den Schleusenmeister aufzufinden, der die Schlüssel zu den Toren herausgibt, aber nicht verpflichtet ist, selbst Hand anzulegen. So musste ich denn meist selbst den Schleusenknecht spielen und sogar oft die besonders in der Lewitz sehr niedrigen holländischen Ziehbrücken hochwinden und hinter mir wieder herablassen, die so tief lagen, dass nicht einmal die kleine „Elfe" darunter durchschlüpfen konnte.

Der Friedrich-Franz-Kanal und der Störkanal verbindet die Elde mit dem Schweriner See. Ein herrliches Wasser, mit Inseln geschmückt, und wie ein Feenschloss spiegelt sich in der breiten Fläche das majestätische Schloss mit Brücken und Türmen. Die malerischen Trauerweiden rahmen die graziöse Architektur ein und senken ihre melancholischen Aeste hinab in die zitternde Flut.

Parchim, Lübz, Plau, lauter friedliche kleine Landstädtchen, in denen es sich gut leben lässt, und die eine Fülle der reizendsten Landschaftsbilder abgeben.

Nur die ewige Furcht vor der schrecklichen Seuche, welche ihre Fühlhörner schon bis hierher ausgestreckt hat, macht die Reise ungemütlich.

Jetzt war ich auf der Höhe der mecklenburgischen Seenplatte angelangt und die Strömung nicht mehr feindlich. Die grossen einsamen Seen befuhr ich staunend und schwelgend in der Unberührtheit der lieblich-jungfräulichen Natur. Der Plauer See, der Fleesen und Cölpinsee und die Müritz; alle unter sich verbunden durch schmale Rinnsale; kein Fabrikschornstein, kein qualmender Schleppdampfer stört die Einsamkeit dieser kleinen Binnenmeere, deren waldige Ufer sich kristallklar widerspiegeln.

Bei dem Orte Waren ist in meinem Logbuch „fürchterliches Trinkgelage" vermerkt. Dies scheint typisch für das Herz des Obotritenlandes zu sein. So oft ich später auf meinen Odysseen

das lebenslustige Städtchen anlief, fiel ich in die Hände der standhaften Zecher, und stets musste ich heimlich bei erster Morgenröte entweichen, um den diätwidrigen Lockungen des Bachus und Gambrinus zu entgehen. Sie scheinen überdies im Bunde zu stehen mit ihren heimischen Wassergöttern, welche oft tagelang dem Fremdling die Weiterreise verwehren, indem sie die grossen Gewässer gar schrecklich aufrühren, so dass die gebrechlichen Schifflein im sicheren Hafen gefangen sind. Nur bei ruhigem Wetter darf man es wagen, mit unsren kleinen Sportbooten die Müritz zu durchqueren; als es daher unentwegt aus Westen weiter wehte, lief ich unter der Westküste entlang bis in den äussersten Zipfel der südwestlichen Bucht zum Städtchen Röbel. Dort, wo die Form der im Schilf versteckten Fischerkähne noch heute die-

Stilles Wasser
Nach einem Schabkunstblatt

selbe ist, wie die der Einbäume unsrer Vorfahren, wo man noch die Pfahlbauten der alten Obotriten vorfindet, versteckte ich mich für einige Tage studienhalber vor den Nachstellungen der trunkfesten Warener. Im Morgengrauen, als die Winde noch schliefen, schob ich mein Schifflein in die heilige Meerflut, um endlich weiter zu reisen. Kaum jedoch hatte mich die Sonne erblickt, als sie die Wogen aufwühlte und ich die „Elfe" bei Steinhörn auf den steinigen Strand laufen lassen musste. Einsam und mürrisch sass ich auf den Steinen und blickte bekümmert auf die rauschenden Wasser. Weit und breit kein Haus, kein Obdach und der Magen knurrte. Da nahten sich Fischer mit ihrem Einbaum, und schnell waren wir handelseinig. Die „Elfe" wurde in den sitzlosen Fischerkahn gesetzt und in ihr die Masten und Segel gesetzt. So segelten wir langsam aber sicher hinüber zum östlichen Ufer, von dem in blauer Ferne nur stellenweise einige Bäume und Höhenzüge sichtbar waren.

Bei Bolterschleuse erreichte ich das Flusssystem der Havel, und nach einem Abstieg von ungefähr drei Metern begann die Talfahrt durch ein Labyrinth von grossen und kleinen Seen und schmalen Fliessen. In rascher Folge passierte ich die Schleusen von Diemitz, Canow, Strasen, Steinförde und schliesslich Fürstenberg, wo das gesegnete Land Mecklenburg ein Ende hat. Diese Strecke ist entschieden die anziehendste in ganz Norddeutschland. Sie ist wie geschaffen zum Leben auf dem Wasser, zum Kampieren in freier Natur, zum Faulenzen unter den rauschenden Waldwipfeln. Die schilfreichen Buchten laden mit ihrem köstlich klaren Wasser zum Baden ein; es herrscht eine Einsamkeit und eine feierliche Ruhe, die erquickend ist und höchstens ein schwerfälliger Holzkahn oder ein Fischer, der seine Reusen nachsieht, erinnert mich daran, dass es ausser mir und meiner „Elfe" noch lebende Wesen auf der Erde gibt.

Oestlich von Fürstenberg liegt die Uckermark mit ihren zwar ebenso lieblichen, aber nicht so ausgedehnten Seenketten. Der Name Kloster Himmelpfort schon allein genügte, um mich zu einem kleinen Abstecher zu veranlassen. Zwar hatte ich mir bisher diese Lokalität ganz anders vorgestellt; aber nett ist auch der Eingang zum uckermärkischen Paradiese. Vom alten Kloster stehen nur noch die Mauern, beschattet von uralten Kastanien, und die Pforte wird durch eine prosaische Schleuse gebildet. Ein himmlisches Wasser ist die Wublitz, zu der die Schleuse den Eingang bietet. Klar bis auf den Grund und schmal und gewunden fliesst dies Bächlein unter einem schattigen Laubdach vom Lychener See in die Havel; die Reize des Spreewalds sind mit denen Mecklenburgs vereint. Und dann taucht Lychen auf, rings von Seen umgeben. Wie auf einer Insel erhebt sich das rote Backstein-Städtchen, mit der alten Stadtmauer umgürtet, aus dem Grün der waldigen Umgebung. Der Storch nistet auf zackigem Giebel und klappert fröhlich der Gefährtin zu, die mittelalterliche Postkutsche rumpelt über das holprige Steinpflaster, die Wassermühle summt, und das Holzsägewerk kreischt. Am fliessenden Brunnen klatschen die Basen und Tanten, und mit fröhlichem Gruss spektakelt die pantinenbekleidete Schuljugend über den Marktplatz. Eine köstliche Kleinstadtsinfonie, wie man sie in dieser Lückenlosigkeit höchstens nochmal in Süddeutschland findet.

Beim Mühlenbesitzer lade ich mich zu Gaste, und aus seinem wohlgepflegten Aalfang wird ein armdickes Exemplar gefischt, um als Festspeise zu dienen. Nachmittags eine lustige Wagenfahrt durch die duftenden Wälder; abends ein ehrbarer Schoppen mit den Honoratioren des Städtchens, bei dem sämtliche Weltfragen gelöst werden. —

Nun wäre zwar ein grader Weg heimwärts die Havel hinunter für mich das einfachste gewesen; allein mein Entdeckerdurst war noch immer nicht gestillt. Zurück nach Fürstenberg, nochmals zurück durch die Steinhavel zum Mehnow-, Zirn- und Ellbogen-See, durch all die vielen Schleusen zum Paehlitz- und Zerlangersee, um

Schloss Rheinsberg
Nach einer Radierung

dann vor Canow nach südwest abzubiegen in die Seenkette, welche nach Zechlin und Rheinsberg führt. Unmöglich ist es, den Reiz dieser Fahrt zu beschreiben. Ist's doch immer dasselbe, und doch ist jede Biegung des Weges neu und gibt andre Bilder; je nach der Stunde des Tages und je nach der Stimmung des Wetters.

Schloss Rheinsberg mit seinem fast wieder zur Natur gewordenen Park fesselte mich mehrere Tage, und die Fülle der malerischen Motive veranlasste mich, noch mehrere Jahre hintereinander dort wochenlang mit meinem Skizzenbuch und meinem Boote zu hausen.

Hier entspringt der Rhin, ein Nebenfluss der Havel. Er ist jedoch zu sehr eingeengt und zu beschäftigt mit dem Treiben mehrerer Mühlen, auch sind die Windungen seines Oberlaufes zu kurz, um den Versuch zu machen, ihn mit einem sechs Meter langen Boot zu befahren. Ich nahm daher zum erstenmal auf dieser Reise meine Zuflucht zum altbewährten Heuwagen und trottete auf glatter Chaussee zum zwei Meilen weit entfernten Lindow. Ein verfallenes Kloster und die Lage abseits jeglichen Verkehrs sorgt auch hier für die Poesie der Gegend. Aehnlich wie Lychen, liegt es eingebettet zwischen Seen und Wäldern, die den Lebensunterhalt durch Holzhandel und Fischfang spenden.

Von Lindow aus ist der Rhin schiffbar, und in grossem Bogen über Försterei Rottstiel gelangte ich zum Ruppiner See mit der gleichnamigen Stadt, die Stätte, wo sich die Uranfänge der Protzen'schen Familiengeschichte im Dunkel der Vorzeit ver-

lieren. Theodor Fontane hat einen meiner Vorfahren in seinen Wanderungen durch die Mark Brandenburg als Original beschrieben — ob er aus unanfechtbaren Quellen geschöpft oder dichterische Freiheiten sich erlaubt, kann ich nicht mehr feststellen. Mein Grossvater war aber wegen dieses Kapitels auf Herrn Fontane nicht sehr gut zu sprechen trotzdem sie sonst als Nachbarskinder gut Freund waren. Nur eine Meile südwestlich, unweit des Rhins, liegt sogar noch das Dorf und Gut Protzen. Ob meine Urahnen hier am Rhin dem Fischfang obgelegen haben und in mir nach Generationen diese Passion, sowie der Hang zum Amphibienleben wieder auferstanden ist — wer wollte dies entscheiden, wer bestreiten? — Die Kirchenbücher von Neu-Ruppin sind leider bei dem grossen Brande anfangs des neunzehnten Jahrhunderts verbrannt, und mein Stammbaum, den ich noch als Kind beim Grossvater sah, ist spurlos verschwunden. So muss ich denn die genealogischen Studien aufgeben, und ich verlasse wehmütig die alte Soldatenstadt und ziehe einsam weiter über den langgestreckten Ruppiner See, bis mich am rechten Ufer Dorf Wustrau unwiderstehlich anzieht. Die Geburtsstätte des alten Ziethen liegt vor mir, und die rauschenden Buchen beschatten auch den einfachen Leichenstein, unter dem der wackere Reitergeneral von seinem grossen König und seinen Reiterstückchen träumt.

Nicht weit davon liegt Fehrbellin; wir sind auf geweihtem Boden. Dann kommt Kremmen, Orte so bescheiden, so spiessbürgerlich, ärmlich; und doch schlägt jedes Preussen Herz höher, wenn er diese Namen hört.

Als letzte Etappe laufe ich Oranienburg an, am Ufer der Havel. Auch hier ein kleines Hohenzollernschloss, jetzt als Lehrerseminar benutzt, und nach einigen Stunden umfängt mich der Dunstkreis der Weltstadt mit ihrem Hasten und Jagen. Verwundert reibe ich mir die Augen, wie nach einem langen schönen Traum, und ich kann mich gar nicht zurechtfinden in dem Kontrast der Umgebung; man ist ein Fremdling der sogenannten Zivilisation geworden und nur ungern reiht man sich wieder ein in die Tretmühle des Alltagsmenschen nach einer solchen Fahrt. — —

Zur Ostsee

Für die nächste Sommerreise hatte ich mir wieder etwas ganz besonderes ausgedacht, war aber vorsichtig genug, meinen Plan niemandem zu verraten. Denn dieser hätte doch nur Kopfschütteln oder offenbares Entsetzen allerorten hervorgerufen. Der Wahlspruch, nach dem ich mich richtete, und der die feste Ueberzeugung meiner Jugendkraft war, hiess: „Es gibt keine Hindernisse!" — Mit diesem Glauben an sich selbst macht man Unmögliches möglich, wenn Ueberlegung und Selbstbeherrschung das Temperament zügelt.

Vorsichtig hatte ich den Meinen daheim Stettin als Ziel meiner Reise angegeben; von dort wolle ich per Dampfer nach Arcona, wo ich mich mit mehreren Studienfreunden für einige Wochen niederzulassen beabsichtigte.

Die „Elfe" war in gewohnter Weise reisebereit. Der diesmal angemusterte Begleiter hiess Fritz, mit dem Range eines Kuli. „Die Woche fängt ja gut an!" sagte der Verbrecher, als er bereits am Montag früh gehenkt werden sollte. So dachten auch wir, als wir kurz nach neun an einem schönen Juli-Sonntagsmorgen des Jahres 1893 die Spandauer Schleuse, von Wannsee kommend, zwecks Feiertagsheiligung verschlossen fanden.

Mit meinen Besuchen in Spandau habe ich entschieden Pech. Fiebernd vor Ungeduld lungerten wir in dem langweiligen Nest herum und hüteten uns weislich, etwa Festungswerke abzuzeichnen oder den Juliusturm schief anzusehen. Durch Schaden wird man klug.

Endlich nahte die Erlösung, und nach der unfreiwilligen dreistündigen Ruhepause flogen wir lustig dahin durch den landschaftlich reizvollen Teil der Havel bis Pinnow. Dann begann die Oede der Kanäle, und in Oranienburg wurde erstes Quartier gemacht.

Meine Ansicht ist — wenigstens in Bezug auf Reisewege — dass der gerade Weg nicht immer der beste ist. So beschlossen wir denn am nächsten Morgen, einen Abstecher nach dem vielgerühmten Werbellinsee mit dem Jagdschloss unsres Kaisers Hubertusstock zu machen. Das Wetter war schwül und trübe, zeitweilig einige Regentropfen; aber was verlangt man auch weiter in dem öden Finowkanal, der sehr häufig durch lästige, zeitraubende Schleusen, aber nur selten durch schöne Uferszenerie unterbrochen wird.

Als wir in den Werbellinbach einbogen, veränderte sich die Landschaft bedeutend zu ihrem Vorteil; allein „des Lebens ungemischte Freude usw." — bald türmten sich ungeheure Wolkenmassen zu etlichen gesinnungstüchtigen Gewitterschauern und „Schwergen" zusammen, so dass wir den hochpoetischen Pechteich und den Grabowsee in prasselndem Regen und heulender Sturmeseile durchjagten. Gegen fünf Uhr nachmittags, als wir an der zweiten Eichhorster Schleuse pudelnass angelangt waren, hatte es sich eine besondere umfangreiche Wolke in den Wasserkopf gesetzt, nicht vorüberziehen zu wollen. „Der Klügere gibt nach", dachten wir, und stiegen beim nächsten Gasthof an Land.

In für zivilisierte Verhältnisse unanständig früher Zeit brachen wir am Morgen bei leichtem NW, unter Segel auf, um den herrlichen Werbellinsee kennen zu lernen. Es war ein hoher Genuss, den im ersten Morgenrot vom blauen Dunst umflossenen See bewundern zu können. Kulissenartig schoben sich die hohen, bewaldeten Ufer bis an die geheimnisvoll raschelnden Schilf- und Binsenbänke, aus denen Scharen von wilden Enten und Bekassinen aufstiegen; Taucher wiegten sich auf den leicht gekräuselten Wellen, und Reiher zogen majestätisch durch die Lüfte. In fernem Violett zog sich die gebirgige Kette der Schorfheide um den Horizont; fürwahr ein echter, weltabgeschiedener, norddeutscher Binnensee! —

In Hubertusstock, einer schlicht waidmännischen Behausung, fanden wir ausser einem Dutzend der edelsten Jagdhunde von verschiedenen Rassen kein lebendes Wesen. Wir befreundeten uns eng mit ihnen und trotteten durch den urwaldgleichen Forst zurück zum Boot, um bis zum Ende des Sees nach Elsenau, der reizenden kleinen Ortschaft, zu segeln, die jetzt viel als Sommer-

Einfallende Enten
Nach einer Radierung

frische von Berlinern besucht wird, damals aber noch in jungfräulicher Unberührtheit schlummerte.

Auf der Rückfahrt zum Finowkanal weichten uns wieder einige Gewitter unbarmherzig durch; der freundliche Oberförster in Pechhütte gab uns gastlich trocknen Unterschlupf. Jedoch, wenn man erst ein halbes Dutzend derartige Freidouchen auf dem Pelz hat, wird man dickfällig und fährt weiter.

Bei Hegermühle wurde die Gegend wieder anmutig und wirkte belebend auf die Rudererogeister. In Eberswalde bezogen wir das dritte Quartier.

Mein Kuli Fritz hatte in Jugenderinnerungen gewühlt, und dabei waren die prächtigen Buchenwaldungen von Eberswalde bei ihm aufgetaucht. Wir gönnten daher der „Elfe" am Vormittag Ruhe, schwangen uns auf Schusters „Braune" und marschierten durch die in wunderbar aufgefrischtem Grün prangenden Wälder mit den plätschernden Bächlein und lachenden Wiesen.

Mittags wurde die „Elfe" flott gemacht, und bei stürmischem NW gings mit Treiber und Skulls durch mehrere Schleusen bis zu der schwer aufzufindenden Mündung der alten Finow. Wir befanden uns in der Fouragekammer der Mark, im Oderbruch, und das geschäftige Treiben der heuenden Landleute, die lustig geblähten Segel der auf allen Wasserstrassen dahinziehenden Lastkähne, die mächtigen, schnaufenden Schleppdampfer, die endlosen Flosshölzer aus Polen und Russland, dazu die anmutigen Bergketten ringsherum und die stets wechselnden Wolkenformationen boten dem Auge ein ungemein sonniges, erfrischendes Bild. Die schilfreiche alte Finow barg eine Fülle von Wasserwild, welche meinem jagdbegeisterten Kuli (ich glaube, er ist mal auf einer Treibjagd angeschossen worden) vor Erstaunen die Ruder aus der Hand sinken oder das Boot in die Binsen jagen liess; wir verfolgten geduldig all ihre launenhaften Windungen bis nach Freienwalde, wo wir um 6 Uhr abends als erstes Ruderboot ankamen, „dessen sich die ältesten Leute entsinnen könnten". So stand am nächsten Tage im Anzeiger zu lesen.

Freienwalde! — Welches Berliner Kind hätte diesen märkischen Thüringer Wald bis Falkenberg oder umgekehrt nicht voll Wonne durchstreift! — Ich glaube daher nicht nötig zu haben zu schildern, wie wir beim Kriegerdenkmal Aussicht gekneipt, die Heiligen Hallen und das klingende Fliess bewundert und auf der Karlsburg gefrühstückt haben. „Warum in die Ferne schweifen?" fragte ich mich, wie so oft bei meinen Wasserwanderungen durch die Mark. — Nur das geehrte Badepublikum, welches hier schon damals in überreicher Zahl die Gegend verunzierte, störte die Poesie des Ortes.

Am Nachmittag — nach einigem Nachdenken, entschieden wir uns, dass es wohl Donnerstag, der 20. Juli sein musste, fuhren wir bei tropischer Hitze die alte Finow zurück nach dem nahe gelegenen Oderberg. Für Maler und solche, die es werden wollen, ist dieser Ort durch die entzückenden Fernblicke auf Oderbruch und Wald, sowie wegen der Rumpeligkeit vieler Häuser von Interesse; für eine feine Nase und verwöhnte Genussmenschen jedoch ist er nicht auf der Höhe der Zeit.

Als wir am Freitag in aller Frühe die Hohensaathener Schleuse hinter uns hatten, schwammen wir auf dem mächtigen Oderstrom ganz vergnüglich mit leichtem Südwind hinunter und ein Dörfchen nach dem andren zur Rechten und zur Linken, schob sich wie ein Wandelbild vorbei. Manchmal traten die beide Seiten des Flusses begleitenden waldigen Hügelreihen bis hart an das Ufer, manchmal gewährten sie in meilengrossem Bogen Raum für einen weiten Blick über saftige Wiesen und wogende Aehren.

Uns wurde so wohl und vergnügt zu Mute, dass der eine malen, der andre baden und kochen musste, und so schlugen wir an schöner sandiger Stelle unser Lager auf.

Während ich mit Pinsel und Palette hantierte, plätscherte Freund Fritz in den kühlen Fluten und bewährte sein phänomenales Talent in der Herstellung von heissem Wasser für eine solenne Tasse Kakao, welche zu Eiern und Butterbrod genossen wurde. Nach dieser anstrengenden Leistung legte sich mein Maat (denn zu diesem Range hatte ich ihn gelegentlich der Tasse Kakao feierlichst erhoben) so lang wie möglich im Boote nieder, und wir segelten weiter bei inzwischen sehr frisch gewordenem Süd, ständig von Gewittern mit Blitz und Donner begleitet, welche jedoch so rücksichtsvoll waren, immer anderwärts herunterzukommen. Als jedoch um 3 Uhr Schwedt erreicht war, wurde es die höchste Zeit, gleich hinter der Brücke an der Badeanstalt festzumachen, denn kaum war alles geborgen, als, weniger koulant als die vorigen, ein derartiges Gewitter über uns hereinbrach, dass uns Hören und Sehen verging.

Nach drei Stunden hörte die Himmelskanonade auf, und wir konnten das nette Städtchen mit dem imposanten alten Schloss besichtigen und abends hochnobel ins Theater gehen.

Der nächste Morgen sah uns gemächlich bei famosem Wetter die Oder weiter abwärts ziehen. Beim Städtchen Gartz, welches mit seinen frischroten Ziegeldächern und Backsteinmauern, in der Mitte ein naiver Kirchturm, wie aus der Spielzeugschachtel aufgebaut scheint, legte der Wind aus SW gehörig zu, so dass es sich verlohnte, Segel zu setzen. Freund Fritz legte sich noch länger als gestern auf den weichen Teppich des Bootes, tat die Aeuglein zu und erwachte erst kurz vor Stettin, unsanft geweckt von Blitz und Donner, so dass wir unsre Toilette, die wir gewohnheitsmässig vor jedem Orte, wie die Handwerksburschen, aufs peinlichste ordneten, nur mit grösster Hast vollenden konnten.

Bei unheimlich stiller Gewitterschwüle hielten wir unsren Einzug in den Stettiner Hafen; vorbei an altehrwürdigen Speichern, zwischen mächtigen Dreimastern und tutenden Schleppern, an eleganten Passagierdampfern und schwerfälligen Fischkuttern.

Unser beabsichtigtes Ziel war erreicht; meine „Mannschaft" war nur bis Stettin geheuert, aber ich wollte einige Wochen an der See und auf Rügen studienhalber zubringen. Und siehe da!: die so oft in kühnen Träumen gezogenen Bleistiftstriche über das Haff und an der Ostseeküste entlang nahmen stündlich bestimmtere Gestalt an, und am Abend stand unsre neue Reiseroute fest. Der Maat wurde noch für fernere drei Tage verpflichtet und „Auf nach Dievenow!" — war die Losung.

Es war ein schöner frischer Sonntagsmorgen, als wir aufbrachen. Zwar pfiff der Wind bereits zu früher Stunde derartig aus NW, dass wir uns von vornherein sagten, dass es wohl heute mit der Passierung des Haffs nichts werden würde. Allein wir ruderten munter drauf los, an der weltbekannten „Vulkan"-Werft vorbei durch die Königsfahrt und die enge Jeetznig. Im Dammanschen Strom rollte uns bereits eine tüchtige Dünung entgegen, die so manchesmal über die Reling spülte. Nachdem wir die Enge Streve passiert, kamen wir in das Papenwasser, wo die Seeleute von altersher sich für die lange Fahrt unverderbliches Trinkwasser schöpften. Heute am Sonntag präsentierte es sich uns mit den schönsten weissgewaschenen Hemdsärmeln und weissen Mützen, so dass wir hübsch bescheiden unter Land uns weiter mogelten.

Vor uns dehnte sich bereits die scheinbare Unendlichkeit des Haffs aus. Als wir daher gegen zwölf Uhr bei Ziegenort angelangt waren, liefen wir in den kleinen Fischerhafen ein, um ruhiges Wetter abzuwarten. Allein in der stillen Hoffnung, in Ziegenort einen Vergnügungsort mit Badeleben, Strandkapelle und sonstigen Genüssen zu finden, hatten wir uns gründlich getäuscht. Das allerdings recht malerische Dörfchen lag wie ausgestorben da, und nach einer verunglückten Skizze und stundenlangem Spaziergang, währenddem wir manchen sehnsüchtigen Blick auf die sich immer neu auftürmenden Wogen warfen, fingen wir an, uns herzhaft zu langweilen.

Bei Sonnenuntergang ging Wind und See herunter, und um $^1/_28$ Uhr tanzten wir nach einer Metamorphose als Doppelpaddel-

Canoe, mit den Notpersennings sorgsam verschnürt, über die toten langen Wellen des Haffs.

Brausend kamen die grossen Dampfer, dicht besetzt, von Heringsdorf, Dievenow, Misdroy zurück, die Fahrstrasse mit den mächtigen Schaufeln aufwühlend. Wir kamen uns wie Atome diesen Kolossen gegenüber vor, schwenkten fröhlich unsre Mützen und erhielten als Antwort vielhundertfache Hurrahrufe und nicht endenwollendes Tücherschwenken.

Es war ein unbeschreiblich schöner Abend. Totenstill lag die grosse Wasserwüste, durch die untergehende Sonne rosig angestrahlt. Einige Fischerboote spiegelten ihre schlaff herabhängenden Segel in der spiegelnden Flut, am Himmel zogen noch einige verspätete Windwolken mit gelbroten, phantastisch gezackten Rändern dahin, und der Horizont wurde durch eine tiefviolette Wolkenbank gebildet, deren nähere Bekanntschaft wir noch machen sollten. Denn kaum hatten wir, in nordöstlicher Richtung steuernd, das tiefe Fahrwasser passiert, als sich auch schon ein leiser, immer lebhafter werdender SW aufmachte. Ich setzte Treiber- und schneller, immer schneller schossen wir, fleissig dabei paddelnd, an der Ostküste entlang.

Bald war vollkommene Dunkelheit eingetreten, jedoch die Sterne und der später aufgehende Mond erleuchteten mit feenhaften Silberstreifen die aufgeregten Wellen, so dass wir die schilfbewachsene Küste immer erkennen konnten.

Oftmals konnten wir hinter weit in das Haff ragende Schilfbänken fahren, wo wir, vor Wellen geschützt, uns verschnauften. Der immer stärker werdende Wind half uns mächtig vorwärts; leider brachte er jedoch die vorher so malerische Wolkenbank vor unsren himmlischen Beleuchtungskörper und entsandte zum Ueberfluss noch Regen. Trotzdem mein vorn paddelnder Maat über einen exquisiten Privat-Scheinwerfer verfügte — er besass eine geradezu phänomenale Glatze — konnten wir bald nicht mehr die Hand vor den Augen sehen. —

Ueber die Lage der Leuchtfeuer waren wir nicht orientiert, da die Karten nicht mehr zu erkennen waren; es blieb also nichts andres übrig, als die sehr häufigen Buchten auszufahren, wobei der Bugmann, beständig mit dem Paddel lotend, die Tiefe kontrollieren musste.

So tasteten wir uns an der Küste entlang; jeden Augenblick hofften wir, Wollin vor uns auftauchen zu sehen, aber es wurde spät und später. Durch so manches Licht wurden wir geäfft, und schon sank unsre Stimmung wegen Wellen, Wind und Regen, sowie durch Hunger und Müdigkeit, als ich einen Landungssteg und

Meeresstille
Nach einer Radierung

in dessen Nähe ein noch erleuchtetes Fischerhäuschen bemerkte. Wir legten an; ich klopfte den Mann heraus, stellte mich als verirrten Seefahrer vor und bat um Auskunft, wo ich sei. Der gute Mann erbot sich sofort, mich nach Wollin hineinzulotsen, was ich jedoch aus Mangel an Raum ablehnen musste. Er selbst erschrak nicht schlecht, als er im Dunkel der Nacht den Nachen auf den schwarzen Fluten tanzen sah, dem er sich leichtsinnig hatte anvertrauen wollen. Ich liess mir die Richtung angeben und richtig: nach kurzer Zeit schimmerten aus der Finsternis einige verspätete Lichter aus den Häusern Wollins uns entgegen. Wir fanden auch noch einen leidlichen Ankergrund für unsre brave, kleine „Elfe", und nach einem kleinen Rencontre mit angezechten Seeleuten unternahmen wir eine nächtliche Gasthaussuchung. Dass wir darauf schnarchten bis zum späten Morgen, brauche ich wohl nicht besonders zu erwähnen.

Da der frische Südwest noch am nächsten Morgen anhielt, konnten wir vor Treiber und Paddel die breite Dievenow gemächlich hinuntergleiten; etwas Schonung nach der vergangenen Nacht war uns auch ganz erwünscht. Beim Burgwall hatte sich wieder eine ganz anständige See aufgeworfen, bald kamen wir jedoch wieder in enges Fahrwasser zwischen der Insel Gistrow und dem äusserst malerisch gelegenen Städtchen Cammin am gleichnamigen Bodden.

Wir beschlossen dort zu frühstücken, und bei der scharfen Wendung um die Hafenmole brach ich ein Paddel durch, welches indessen durch die Kunstfertigkeit eines Klempners am Platze schnell und sicher geheilt wurde.

Mittlerweile war der Wind gänzlich abgeflaut, so dass wir ohne Belästigung von Wellen über den Bodden kamen und durch die kundigen Anweisungen meines Maats, der hier so manche Sommerferien verbracht hatte, wurden wir durch die vielen Untiefen des Fritzower Sees gelotst nach Dievenow. —

„Thalassa, Thalassa!" riefen wir, wie einst die Griechen.

Nachdem wir das übliche, uns so ungewohnte Table d'hôte Diner hinter uns hatten, und den Mocca mitten im bunten Strandleben bei Kurmusik und Flirt geschlürft, machten wir einen Ausflug nach Ost-Dievenow. Abends vervollkommneten wir unsre geistige Ausbildung durch einen Theaterabend und feierten bei einigen Flaschen Sekt die Ernennung meines Maats zum Leutnant zur See; eine wohlverdiente Rangerhöhung, welche ich ihm in Anbetracht seiner tüchtigen Leistungen im Rudern, Paddeln, Segeln, Kochen, sowie seiner musterhaften Führung später durch ein kunstvolles „Patent" beglaubigte. —

Zum dritten Male ertönte die Schiffsglocke, welche zur Abfahrt mahnte; noch ein kräftiger Händedruck, und mein Leutnant dampfte auf Urlaub in die Heimat. So war ich denn wieder allein mit meiner kleinen „Elfe", und der heulende Südwest war so recht angetan zu melancholischen Betrachtungen. Jedoch mit einem energischen Ruck riss ich mich aus den Träumereien, zog das Boot vom Land und arbeitete mich, so gut es in der kabbeligen See des Camminer Boddens gehen wollte, nach Cammin zurück, um dort einige Skizzen zu machen.

Besonders auf dem Rückwege nach Dievenow hatte ich schwere Arbeit und kam oft in recht bedenkliche Nähe der vielen an der Ostküste liegenden Felsblöcke. Immerhin war die Tour eine gute Vorübung für kommende Kämpfe; denn ich hatte mir nichts geringeres vorgenommen als eine kleine Tournée mit „Elfe" durch sämtliche Ostseebäder zwischen Dievenow und Rügen! —

Ich bummelte nachmittags am Strand herum und schnackte klug mit den Fischern, deren weise Urteile über Wind und Wetter mir damals natürlich Orakel waren. Alle rieten mir, schon vor Sonnenaufgang aufzubrechen.

Abends war grosse Réunion; selbstverständlich musste ich als Wundertier des Badeortes dabei sein. Nachdem ich also bis zwölf Uhr nachts in meinem luftigen Ruderkostüm zwischen Fracks und schimmernden Toiletten tüchtig gewalzt und Cour geschnitten, legte ich mich aufs Ohr, um bereits eine Stunde später, als die

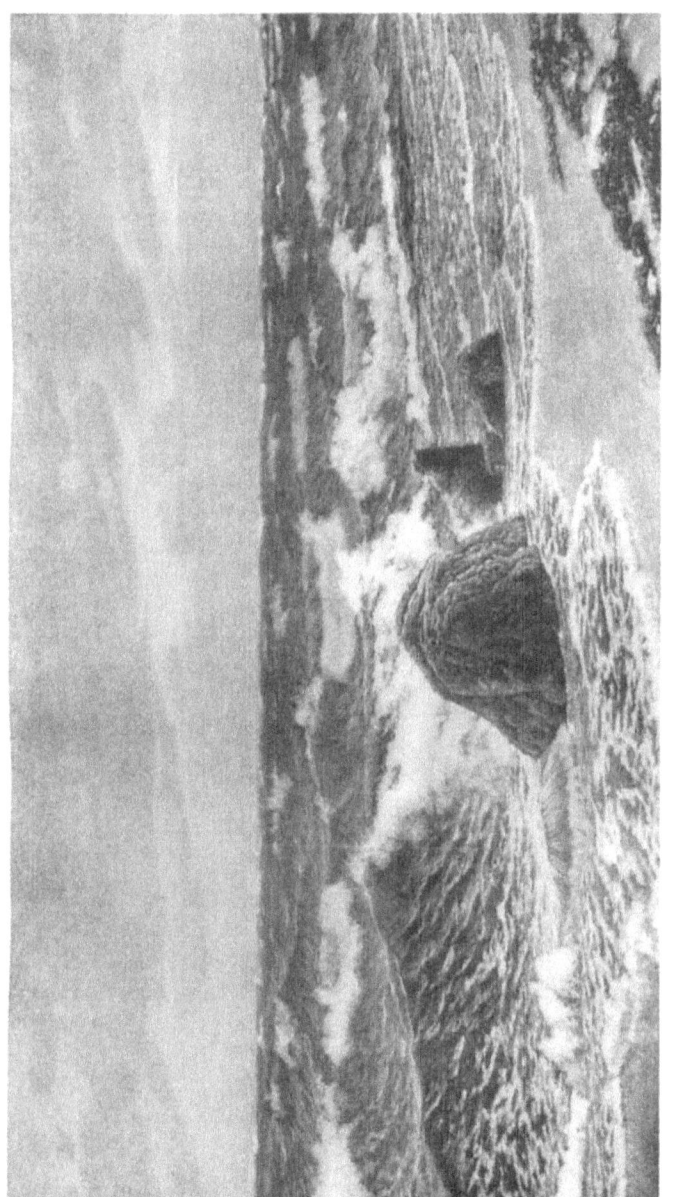

Brandung
Nach einem Schabkunstblatt

letzten Gäste das Hotel verliessen, wieder aufzustehen und mein Boot klar zu machen.

Es war noch fast dunkel, als ich gegen drei Uhr morgens nach dreiviertelstündiger Fahrt mich an der Mündung der Dievenow „kaffeekochenderweise" gelagert hatte. Bald jedoch erglühten die rosa-duftigen Federwölkchen, und gelbrötliche Strahlen schossen am tiefvioletten Himmel empor. In schweigsamer Majestät breitete sich das sanftrollende Meer vor mir aus, welches geduldig ertrug, den scheidenden Sternen, den langsam dahinsegelnden Wolken und der erwachenden Sonne als Spiegel bei der Morgentoilette zu dienen. Ein unsagbar schönes Schauspiel! — Leise flüsterte der Südwest in dem Fichtenhain, sonst kein Laut, die ganze Tier- und Menschenwelt schlummerte noch.

So machte ich mich denn auf die Reise und wurde von dem starken Strom schnell über die langhereinrollenden Wellen getragen, so dass ich in wenigen Minuten ein gutes Stück von der Küste entfernt war, an welcher ich alsdann entlangruderte. In der Ferne blitzte noch zeitweilig das Swinemünder Leuchtfeuer.

Plötzlich tauchten Fischerboote vor mir auf.

„Wo woll'n Se denn hen mit dat lütte Dings?"

„Nach Misdroy!" —

„Wenn Jü en ollen Mann, der de See kennt, n' gauden Rat gäwen daun därf, denn bliewen Se man hübsch to Huus!" —

Kurz und gut, die gutmütigen Seebären zeterten und jammerten mir so lange etwas von in Aussicht stehendem Sturm und andren Schrecknissen vor, dass mir ordentlich bange wurde und in meiner grenzenlosen Hochachtung vor den Kenntnissen und der prophetischen Begabung dieser „furchtlosen Kinder der See" rief ich mir ein resigniertes „Rückwärts, rückwärts, Don Rodrigo!" zu und steuerte wieder gen Dievenow.

Mein Entschluss war schnell gefasst: geht's nicht auf gradem, so geht's doch auf krummem Wege! — und so ruderte ich mit rührender Geduld von morgens drei bis mittags zwölf Uhr den bekannten Weg zurück bis Wollin, wo ich um 8 Uhr zum zweiten Male Kaffee trank, dann rechts über das Haff an den lieblichen Lebbiner Bergen vorbei über die Vietziger See zur Latziger Ablage, der Landungsstelle der nach Misdroy bestimmten Passagiere.

Die Vorhersagungen meiner Orakel trafen natürlich nicht ein; ich hatte wolkenlos blauen Himmel, brütende Hitze und leichten Süd, es wäre also das denkbar beste Wetter für die direkte Küstenfahrt gewesen.

Trotz des kleinen Umweges von ungefähr sechzig Kilometern nach durchtanzter Nacht — der gerade Weg wäre zwanzig gewesen — hielt ich die Fahne der Fröhlichkeit hoch und lustwanwandelte zwischen den Hunderten von Strandkörben, wobei man Gefahr lief, bei jedem Schritt irgend ein sich im Sande wälzendes Menschenkind zu zertreten. Fast zertrat ich auch eine meiner Tanten mit allem Zubehör in einer Sandgrube. Dann schwelgte ich in Militärmusik und Feuerwerk und schlief um zwölf Uhr endlich mal wieder den Schlaf der Gerechten.

Bei vollkommen windstillem, sonnigem Wetter fuhr ich am nächsten Morgen von Misdroy ab. Ein zarter Schleier lag über dem Haff und der Vietziger See, deren spiegelglatte Fläche bald durchquert war. Dann kam ich in ein Gewirr von kleinen schilfbewachsenen Kanälen, welche mit der Swine zusammenhängen. Nachdem ich das langgestreckte Fischerdorf Pritter passiert hatte, merkte ich sowohl an der Gegenströmung, wie an den vielen grossen Schiffen, dass ich den Hauptarm der Swine, die Durchfahrt zwischen den Inseln Usedom und Wollin erreicht hatte. Der duftige Morgendunst war gewichen und eine leichte Brise, unschlüssig, welche Richtung sie einschlagen solle, hatte, von Südosten anfangend, im Norden festen Fuss gefasst und wurde stetig kräftiger, mit leichtem Regen. Meinen Einzug in Swinemünde hielt ich daher etwas angefeuchtet.

Im Hafen herrschte reges Leben; es war gerade Schiessübung. Artillerie, Marine, Pioniere, alles flutete durcheinander; dazu der Kanonendonner, der von der See hereinrollte. Ich wollte den vorläufig noch flauen Nord dazu benutzen, um möglichst schnell und trocken nach Heringsdorf um die Ecke zu schlüpfen, strebte daher mit kräftigen Schlägen auf die Ausfahrt zur offenen See zu. Allein höhere Mächte legten sich mir in Gestalt des Hafenmeisters in den Weg, welcher mich durch seine Bootspfeife, und als dies nichts fruchtete, höchst eigenhändig im Ruderboot hinter mir herrudernd, unwiderstehlich zurückrief. In ein Wettrennen mit ihm hätte ich mich zwar ohne Bedenken einlassen können, jedoch nicht mit den doch immerhin ziemlich weittragenden Schnellfeuergeschützen der Strandbatterien. Gehorsam stieg ich daher an Land und bekam eine längere Strafpredigt zu hören wegen meiner Unkenntnis der Bedeutung einer grünen Flagge.

Schliesslich wurde die ominöse grüne Flagge am Signalmast, als Zeichen, dass die Passage nun gefahrlos sei, heruntergeholt, und ich lief bei schon ganz flottem Nord-Nord-Ost aus den Molen und machte mit Skulls und Treiber gute Fahrt. Bald schlingerte das Boot wegen der immer höher werdenden dwars anlaufenden

Seen zu sehr, so dass ich mit den Skulls auf die Knie schlug und der Leeausleger im Wasser schleifte. Ich zog daher die Skulls ein, hakte die Ausleger aus, deckte die Leinwandpersenning über das ganze Cockpit und flog mit Paddel und Treiber längs der Küste lustig dahin.

Zum grossen Entsetzen der badenden Damenwelt fuhr ich hart am Swinemünder und Ahlbecker Damenbad vorbei, die Herren umkreisten mich wie die Seehunde und riefen mir manchen wohlgemeinten Gruss zu. Bald kam die anmutige Reihe der Heringsdorfer Villen vor mir in Sicht, und von den dwars über mich wegrollenden Wellen recht hübsch sauber gewaschen, machte ich schon nach einstündiger Fahrt in lee der Heringsdorfer Landungsbrücke fest.

Von den Fischern war ich schon seit langer Zeit mit grösstem Interesse beobachtet worden; sie hielten mein Fahrzeug für einen treibenden Balken und konnten sich nur nicht das Segel darauf erklären — ich gab ihnen einen Wink, dass sie mir durch die Brandung entgegenwaten möchten. Als mein Boot zum ersten Male auf Grund stiesss, sprang ich über Bord; im selben Augenblick erfassten mein Boot vier kräftige Arme an der Spitze, ich half von hinten nach, und bevor die zweite Brandungswelle mich erfassen konnte, lag die „Elfe" sicher geborgen auf dem weichen Sandstrand.

Natürlich fand ich in Heringsdorf einen Onkel, der meine eigentümliche Landungsweise beobachtet hatte und in dessen Villa ich die gastfreie Aufnahme fand. Nun stürzte ich mich in den Strudel des grossstädtischen Badelebens, machte stundenlange Reitpartien in die wundervollen, bergigen Waldungen und hatte viel unter den üblichen hochnotpeinlichen Verhören des werten Publikums zu leiden; besonders meine arme kleine „Elfe", die nicht grob werden, oder weglaufen konnte, hatte vieles von ungeschickten neugierigen Händen, Füssen, Stöcken, Regen- und Sonnenschirmen zu erdulden.

Der zahme Nord hatte sich im Laufe der Tage zu einem recht unverschämten Nordwest herausgebildet, so dass einige hundert Meter weit nichts als brandender Schaum zu sehen war. Unter diesen Umständen war nicht daran zu denken, wieder vom Strand loszukommen. Ein genaues Studium der Generalstabskarten und eingehende Nachfragen bei den Eingeborenen liessen mich wieder mal die Nützlichkeit der krummen Wege erkennen. Ich verfrachtete also meine „Elfe" auf einen Heuwagen und liess sie auf den ein paar Kilometer landeinwärts gelegenen Schmollensee überführen, welcher mit dem Achterwasser durch die „Beck", ein kleines Rinnsal, in Verbindung steht. Die Durchfahrt war mit nicht geringen Schwierigkeiten verknüpft, Laufplanken waren abzuheben und wieder aufzubauen, zeitweilig blieb das Boot in den kurzen Windungen stecken und die Eingeborenen, deren Mithilfe manchmal recht erwünscht gewesen wäre, flohen bei meinem Herannahen, wie vor einem Gespenst. So etwas hatte Pudagla und umliegende Dörfer noch nicht erlebt; ich war die Sensation des Tages! —

Um zwölf Uhr mittags tanzte ich auf dem Achterwasser in der Richtung auf Zinnowitz.

Nachdem ich auch diesem Badeort meinen Besuch abgestattet, der indessen keine unauslöschlichen Eindrücke hinterlassen hat, segelte ich bei frischem Nord durch die Tweelen um den Gnitz; dann mit knapp halbem Wind über das Krumminer Wiek, wobei ich von überkommenden Spritzern tüchtig nass wurde.

Bei Erischow Ort kam ich wieder in Deckung, es war auch die höchste Zeit; auf der Höhe von Hohendorf musste ich die Segel bergen und ruderte mit günstigem Strom bei dem ehrwürdigen Städtchen Wolgast vorbei die Peene herunter. Mit der Zeit ging der Wind schlafen; die heraufziehenden Regenwolken beschleunigten den Eintritt der Dunkelheit, und als ich endlich um neun Uhr in den Peenemünder Fischerhafen bei strömendem Regen einlief, war vollkommene Finsternis.

Auf meine kühne Frage nach einem guten Hotel wurde mir bedeutet, dass in diesem Fischerdörfchen ein einziger Gasthof den gestellten Anforderungen genügte. Ich hatte mir optimistisch ausgemalt, in Peenemünde ein grossstädtisches Seebad mit allen Chikanen vorzufinden, wie z. B. Swinemünde und Warnemünde. Indessen, ich habe schon manchmal schlechter übernachtet, und aus den Gesprächen mit den biederen Fischern schöpfte ich mir abzüglich der üblichen Warnungen der „alten Männer, die die Welt und die See kennen", manches Wissenswerte für die Fortsetzung meiner Fahrt. Ich wollte nun nämlich probieren, Rügen mit meinem Einskuller zu erreichen, und einmal an der Küste dieser Insel angelangt, hoffte ich mich ohne weitere Gefahr bis Arkona durchzuschlagen. Es handelte sich hier jetzt darum, zu entscheiden, ob ich hübsch bescheiden an der Küste entlang über Greifswald fahren und dann den schmalen Meeresarm bei Stralsund passieren sollte, oder ob ich es wagen könne, frisch und keck quer über die Ostsee geradeswegs auf Tissow zuzuhalten. —

in heulender Nordwest mit strömendem Regen begrüsste mich am nächsten Morgen und verurteilte mich zu einer unfreiwilligen Sonntagsruhe. Fusshoch stand stellenweise das Wasser in den Strassen, wenn man diesen Ausdruck auf die lehmigen Sandstreifen zwischen den schilfgedeckten Hütten anwenden darf. Mein erster Gang, von oben bis unten in Oelzeug gehüllt, galt natürlich meinem auf Land gezogenen Boot, welches ich zu meinem Schrecken beinahe schwimmend vorfand, derartig hatte der Sturm das Wasser in die Peene gejagt. Selbstverständlich war die „Elfe" wieder von einem Haufen Sachverständiger jeden Alters und Geschlechts umlagert und jeder glaubte die Berechtigung zu haben, trotz des eng darüber gezogenen Persennings in dem Boot nach Herzenslust herumzuwühlen. Neugierde, du sympathische Eigenschaft des Menschen, du hast mir so manche Stunde in meinem Leben vergällt! — Und so war's auch heute; denn ich hatte, trotz Bitten, Drohungen und zuletzt Keile, keine ruhige Minute den ganzen lieben langen Tag. Der Regen hörte zwar nach einigen Stunden auf; aber der Sturm sauste, gigantische Wolkenmassen vor sich hertreibend, mit ungeschwächter Kraft. Der Maler hätte zwar eine Fülle der prachtvollsten Motive aus den untätig herumlungernden Seeleuten, dem halb unter Wasser stehenden Dörfchen oder der sturmgepeitschten See ausfindig machen können; aber der in seinen Plänen behinderte Sportsmann hatte in mir die Oberhand.

In meiner Verzweiflung machte ich mich, die „Elfe" schnöde ihrem Schicksal überlassend mit dem Gastwirt und dem Forstaufseher — den beiden Honoratioren des Ortes — nachmittags auf den Weg nach Carlshagen, einem in der Nähe befindlichen harmlosen Badeörtchen, wo ich selbstverständlich wieder vier bekannte Damen fand, die über mein Erscheinen an diesem Ende der Welt nicht wenig erstaunt waren.

Durch diesen Abstecher hatte sich mein berechtigter Ingrimm bedeutend gelegt und mit ihm auch der Sturm; und als ich am nächsten Morgen bei herrlichem Sonnenschein und lauem West-Süd-West wieder in mein Boot stieg, schwand der letzte Rest übler Laune. Ob ich die Devise „frech" oder „bescheiden" wählen sollte, wusste ich immer noch nicht recht, nachdem ich die unzähligen Abschiedsgrüsse der hoch interessierten Peenemünder überstanden hatte, die mich bereits für ertrunken ansahen, bevor ich mal losgefahren war. Als ich jedoch, den Struck an Backbord liegen lassend und mich auf dem nur ungefähr einen Meter tiefen Fresendorfer Haken haltend, ziemlich weit von der Küste abgekommen war, schimmerte mir in blauer Ferne das Südperd von Rügen so verführerisch entgegen, dazu benahm sich Aeolus so manierlich, dass ich mir sagte: frech, frisch drauf los! —

Der Treiber wird gesetzt, Kurs Nord angelegt, und bis hinter den Schumachergrund geht die Sache auch ganz famos. Der Ruden bleibt weit rechts liegen. In der Ferne mit dem Kurs auf Lauterbach und Stralsund einige Fischkutter, sonst nichts vor mir als Himmel und Wasser und der blaue Fleck, auf den ich lossteuere. Bald entschwand auch die flache Küste hinter mir meinen Blicken.

Bei vorrückender Tageszeit machte sich aber leider auch wieder mehr Wind auf, und als ich in elf Meter tiefes Wasser kam, wurde der Seegang so eklig, dass ich schleunigst Ausleger abschraubte und die Paddel hervorholte. Der Wind wurde stossweise immer lebhafter. An Umkehren war nicht mehr zu denken, da ich dann schräg von vorn gegen die See anzukämpfen hatte; also — durch! — Bei der Viermeter-Bank änderte sich die See sogar noch insofern zu meinem Nachteil, als sie mehr dwars und mit kleinen Brechern kam, so dass mir — im Vertrauen sei's gesagt — die Haare so ein klein wenig zu Berge standen; und die Küste vor mir wollte immer noch nicht näher rücken! —

Aber Kopf oben und kaltes Blut! — Endlich ersah ich aus den Seezeichen, welche eine Fahrstrasse quer zu meinem Kurs markierten, dass ich bald auf dem nur drei Meter tiefen Tissower Haken sein müsse. Bald kam auch die Küste immer näher, die Strömung half mir und ich konnte sogar schon einige Häuser und endlich durch das Glas Menschen mit Fernrohren auf dem Lotsenturm unterscheiden; ich wurde also beobachtet.

Nun galt es nur noch, vor dem Winde in den kippenden, kurzen Wellen um die weit hineinragenden Klippen des Südperds herumzulaufen, was mir mit mehr Glück als Verstand gelang, und aufatmend landete ich in geschützter Bucht an Rügens Küste.

Nach dieser Leistung gestattete ich mir, auf der Spitze meines halb auf Land gezogenen Bootes sitzend, eine von Peenemünde mitgenommene und merkwürdigerweise trocken gebliebene „Butterstulle" nebst einem tüchtigen Teil einer Flasche Portwein. Bei dieser Gelegenheit fanden mich Badegäste, welche mich begreiflicherweise anstaunten, „als ob ich aus den Wolken gefallen sei," wie sie mir versicherten. Ich war so vergnügt, teils wegen des Portweins, teils wegen der gelungenen Ueberfahrt, dass ich sogar möglichst alle Fragen der schnell herbeigeströmten Menschenmenge — mochten sie auch noch so geistreich und neu sein — geduldig beantwortete, und sogar kurz meine bisherige Reise und den noch beabsichtigten Weg dem teils ungläubig lächelnden, teils in tiefer Andacht mit offenem Munde lauschenden geehrten Publikum offenbarte. Im Hintergrunde hörte ich jemand leise sagen: „Der sohlt!" — Das konnte nur ein Berliner sein; ich nahm's ihm daher nicht weiter übel.

Aber nicht lange gönnte ich mir, untätig in dem erhebenden Bewusstsein meiner vollbrachten Tat zu schwelgen; unter fröhlichem Tücherschwenken der Einwohner und Badegäste von Tissow ruderte ich gemächlich unter der Deckung der Küste entlang, um das malerische Nordperd in Ruhe geniessen zu können und landete schon wieder in Göhren. Auch hier konnte mich die schöne Lage des gemütlichen Gasthofes mit dem reizenden Blick über das Prorer Wiek nach der Stubnitz nicht lange fesseln; die günstige Windrichtung unter Schutz des Landes musste ausgenutzt werden zur Weiterfahrt. Bequem wie auf unsrer lieben Spree ruderte ich weiter; ich bekam auch einen tüchtigen Regenguss — ganz wie manchmal auf der lieben Spree — so dass ich von den waldigen Hügeln der schroff ins Meer fallenden Granitz leider nur wenig sehen konnte. Durch den um Granitzer Ort wieder kräftig blasenden West-Süd-West wurde ich aber bald wieder getrocknet, so dass ich in bester Verfassung zur Tischzeit in Binz eintraf.

Plenus venter non remigat libenter. — Nach dem Essen setzte ich beide Segel zum Entsetzen der vorher überlegen lächelnden Seebären, welche die Landungsbrücken der Seebäder zu bevölkern pflegen, und schnurgerade hielt ich mit halbem Wind auf Sassnitz zu. Allerdings kam so mancher Spritzer über; zu guterletzt gab der Himmel nochmals seinen feuchten Segen, so dass mein

Einzug in Sassnitz nicht sehr imposant war und glücklicherweise nur von den Fischern beobachtet wurde, welche mir bereitwillig halfen, das Boot in den nächsten Garten zu tragen.

Dort fand dann grosse Lumpenparade statt, um den Segeln, Teppichen, Kissen, Seekarten, Persennings und andren tausend Kleinigkeiten endlich einmal wieder Zeit zum Trocknen zu geben.

Unvergessliche Tage verlebte ich in Sassnitz. Das Schulgeschwader brachte stetige Abwechslung auf der See, das Wetter war prächtig und lockte zu Spaziergängen nach Stubbenkammer durch die einzig in seiner Art dastehenden Buchenwälder und zurück am Fusse der blendenden Felsen, wobei ich auch mal, wie die alten Plesiosaurier, zu tief in die Kreide geriet. Abends hatten wir zauberhafte Beleuchtungen durch die Sonnenuntergänge und durch den guten alten Vollmond, der so mild und freundlich zu uns naturfrohen Menschen herabzulächeln versteht. Und da plagt sich trotzdem so eine „Kurverwaltung" noch ab mit elektrischen Scheinwerfern, mit brennendem Reisig, den sie von den Felsen herabstossen, und andren Apparaten pour corriger la nature. —

Der Malkasten kam aber infolge der vielen geselligen Zerstreuungen hier nicht in Tätigkeit; mir schlug ein wenig das Gewissen, und ich begann Sehnsucht zu fühlen nach meinen Kollegen, die schon auf Arkonas einsamer Felsenklippe beim Leuchtturmwärter hausten und bienengleich die Früchte ihrer Arbeit einsammelten. Das Malfeuer brannte mir unter den Sohlen; ich beschlosss daher trotz Regen und Wellen und trotz der schon gewohnten Unkentöne der Seeleute die Weiterfahrt.

Die Abfahrt war nicht so bequem, wie die Ankunft in Sassnitz; denn ein trüber Südwest wühlte, immer neue Regenschauer mit sich führend, an der steinigen Küste entlang. Sechs Mann mussten anfassen, um das schwerbepackte Boot über die scharfen Steine, über welche die Brandung hinwegspülte, gefahrlos für die schwachen Planken zu heben. Mit Treiber und Paddel unter den Sturmpersennings ritt ich platt vor dem Wind auf den kabbeligen Seen und wurde vorn und achtern zugleich überspült. Manchmal schwebten die beiden Enden in der Luft und mittschiffs brach die See über Bord. Da das Steuer dann wirkungslos wurde, war das Boot nur mit dem Paddel im Kurs zu halten.

Es war ein interessantes Gratisschauspiel für die Badegäste, welche schreiend und gestikulierend am Strande mit mir gleichen Schritt zu halten versuchten. Im geheimen hoffte wohl jeder, einen recht aufregenden Unglücksfall zu erleben. Ich tat aber dem süssen Pöbel diesen Gefallen nicht, sondern fing an, als

die See gar zu hoch wurde, an der Küste entlang zu lenzen, indem ich alle paar Minuten halste und raumschots fuhr, wodurch die Wellen leichter zu überwinden waren. Allerdings hiess es aufpassen beim halsen, um nicht erst recht unter die Seen zu laufen.

Bald hinter den Wissower Klinken kam ich in ruhigeres Wasser, da hier der Wind über Land strich und ich von den gigantischen Kreidefelsen gedeckt war. Hier konnte ich mich etwas „verpusten" und mich an dem prachtvollen Anblick der Szenerie erlaben. Ein heftiger Regenschauer jagte mich aus der müssigen Betrachtungen, und in wenigen Minuten war ich bis auf die Haut durchnässt. Um mich wieder zu erwärmen, gings daher in flottem Tempo weiter. Der Wind war mehr nach Norden herumgegangen, der Treiber wurde geborgen und die „Elfe" machte die Metamorphose als Einskuller durch. Vorbei gings an der wohlbekannten Stubbenkammer in schöner glatter See und mein Jodler hallte wider in den Schluchten bis hinauf zu den wie Ameisen auf dem Klippenrande umherkrabbelnden Menschenpünktchen, welche mich mit Krimmstecher und Fernrohr beaugenscheinigten. Als ich jedoch die Nase wegen der starken Krümmung der Küste wieder nach Westen steckte, rollten mir immer kräftiger werdende Seen entgegen, so dass ich mich nur zollweise weiterschraubte.

Um halb ein Uhr passierte ich Lohme. Da wegen der Brandung kein Gedanke an Landen war, kämpfte ich tapfer weiter. Todesmutig sprang „Elfe" über die Wellen, und wo sie nicht drüber weg kam, ging sie rücksichtslos gegen ihren Insassen drunter durch.

So krabbelte ich stundenlang an der einsamen Felsenküste der Tromper Wiek entlang, bis ich Königshörn passiert hatte und endlich an flachen sandigen Strand kam. In dieser kleinen Bucht lag, zwischen Dünen versteckt, das Fischerdörfchen Glowe; weit hinaus ragte das Rettungshaus auf der letzten Klippe und hier konnte ich, vor Wellen geschützt, landen, um kurze Rast zu machen und den knurrenden Magen zu befriedigen.

Eine Stunde später fuhr ich in bedeutend ruhigerem Wasser unter Deckung der Schaabe auf das in der Ferne leuchtende Kap Arkona zu, indem ich zur Vorsicht die Bucht der Tromper Wiek in einem kleinen Bogen ausfuhr.

Auf der ganzen Fahrt war mir kein Fahrzeug zu Gesicht gekommen; plötzlich stieg jedoch von achtern über Steuerbord Rauch auf und bald war ich vom Dampfer „Rügen" eingeholt, welcher seine Fahrt von Sassnitz nach Arkona machte. Als er zwischen Vitt und dem Kap vor Anker ging, war auch ich zur Stelle. Unter freudigem Hurra der von Sassnitz kommenden Passagiere, welche teilweise meine Abfahrt beobachtet hatten, enterte ich die schnell herabgelassene Treppe auf und labte mich an Bord mit Kaffee und Kuchen. Nachdem ich noch dem freundlichen Kapitän Nachrichten für Sassnitzer Freunde und für die Lieben daheim mitgegeben, fuhr ich an Land, wo ich mein tüchtiges Seeschiff, sorglich unter dem Bauche eines auf Land gezogenen Fischerbootes versteckt, einige Wochen ausruhen liess.

Hoch oben auf einsamer Klippe, zwischen Leuchtturm und Sirene, hauste ich nun bei „Vater Schilling" mit meinen Malkollegen. Tag für Tag zogen wir aus, schwer bepackt mit Malkasten und Staffelei und, wie emsige Ameisen, schleppten wir die Ausbeute unsrer Studien abends heim. Wie oft liess ich mir auf Jaromars Burg den Sturm um die Nase pfeifen, Blitze zuckten und Donnerschläge rollten über die unendliche See, von einer Macht, wie man sie im Binnenlande nicht ahnt, und Mondscheinnächte durchschwärmte ich an den gespenstisch beleuchteten Kreidefelsen. —

Rügen, du Perle der Ostsee, welche Fülle von Anregungen bietest du dem Wanderer! — Da sind die grandiosen schweigsamen Buchenwälder, welche vom Seewind der Jahrtausende zerzaust und durchschüttelt, eigenartige Verkrüppelungen der silbergrauen Aeste darbieten; man glaubt in einem Märchenhain zu wandeln und Elfen und Gnomen aus dem mannshohen Farrenkraut hervorlugen zu sehen. Kristallklare Bächlein rieseln durchs üppige Unterholz und hüpfen über das moosige Gestein in den engen Schluchten zum Strand hinab. Verschwiegene Waldseen, von Mummeln und Lattich übersponnen, bergen verwunschene Prinzessinnen und die alten Germanengötter und Göttinnen, welche noch heute zu Zeiten heraustauchen und unerkannt das Land durchziehen. So mancher alter Runenstein, manch' Hünengrab raunt von altem Glanz, von Seeräuberleben und bittrer Fehde, und die Feuerstein-

Strandidyll
Nach einer Radierung

waffen und Topfscherben der Steinzeit erzählen auf Schritt und Tritt von der Kulturstufe der Völker, die hier einst gehaust.

Noch sind die nüchternen modernen Landarbeiterhäuser selten im schönen Rugierland, und die wuchtigen, moosbedeckten uralten Strohdächer, auf deren First der Storch klappert, fügen sich harmonisch ein in das Landschaftsbild. Ja sogar noch die charakteristische Kleidung der Inselbewohner wird teilweise getragen; besonders im Süden des vielgezackten Eilands, in Mönchgut und auf dem Vilm. Wie lange noch wird sich diese Eigenart erhalten gegen den Ansturm der alles gleichmachenden Zivilisation?

Vater Schilling, unser Herbergsvater, war der Leuchtturmwärter und Vorsteher der metereologischen Station und zugleich das grösste Original im Lande Rügen. Bei Nebel liess auf sein Geheiss die schaurige Sirene ihre brüllende Stimme über die See erschallen, um die Seefahrer vor der Nähe der Klippen zu warnen. Oft aber war er selbst derartig benebelt, dass er im schönsten Sonnenschein das Ungeheuer in Gang brachte. Aus einem Bierseidel trank er den Kognak schon morgens um sechs; seine Gesichtsfarbe war daher blau, wie der ihn umgebende Himmel. Trotzdem bekam er es fertig, täglich dreimal die vielen hundert steilen Stufen der Leiter zum Strande hinab und hinauf zu klettern, um die Pegelhöhe abzulesen. War dieser durch südliche Winde mal niedrig, so war dies ein Grund für ihn, den Wasserstand der Ostsee durch den des Alkohols in seinem Magen auszugleichen. Hatte er dann gebührend nachgefüllt, so brauchte man ihn nur zu bitten, seine naturhistorischen Sammlungen besichtigen zu dürfen, um eine Gratisvorstellung zu erleben, so urkomisch und voller freiwilliger und unfreiwilliger Witze, dass uns die Zeit nie lang wurde. Das grösste Gaudium für uns war es aber, wenn der zweimal in der Woche von Sassnitz eintreffende Dampfer Touristen heraufbrachte und der schlaue Alte dem ehrfurchtsvoll aufhorchenden Auditorium seine schrecklichen Erlebnisse zur See auftischte. Er war noch nie mit einem Fuss in einem Schiffe oder ähnlichem Gefässe gewesen; aber bei den Schilderungen seiner Schiffbrüche, Hungersnöte und seiner Kämpfe mit den Seeungeheuern überlief die gläubige Gemeinde stets eine Gänsehaut. Natürlich hatte er die Seeschlange oftmals gesehen, die Seehunde der ganzen Ostsee gehorchten ihm willig auf den leisesten Pfiff und die Speisekarte, die er den Hungrigen vorlas, versprach getrüffelte Mövenpastete, Seehundrippchen gegrillt, Pinguineier in Aspic, Walrossrücken garniert, Haifisch mit holländischer Sauce, gedämpften Seetang, Seekuhkäse und Seegurken. In seinem Stalle brüllten natürlich Seekühe und das Seepferd musste wöchentlich einmal nach Breege mit dem kleinen Kastenwagen trotten, um die Vorräte für die Bewohner des Gehöftes heranzuschaffen. —

Viel schneller, als mir lieb, war der Monat August zu Ende gegangen; ich musste an die Heimreise denken. Drei Tage hintereinander hatte der Nordwest gerast; am Sonntag, den 27. August Nachmittag klarte der Himmel auf und zu gleicher Zeit trat fast vollkommene Windstille ein.

Schleunigst ordnete ich alle meine irdischen Angelegenheiten auf Arkona und fuhr am Montag, früh fünfeinhalb Uhr, bei ganz leichter Nordbrise von Vitt ab. Noch immer rollte die See zwar ziemlich hoch, so dass es ein Kunststück war, vom Land durch die Brandung abzukommen. Die Fischer trugen mich, mit ihren hohen Stiefeln angetan, mitsamt meinem Boot in den Ledergurten durch die Brandung, solange sie noch Grund finden konnten. Dann setzte ich die Paddel an und die letzte See schlug mich fast voll, so dass ich zehn Minuten lang pumpen musste. Aber etwas von der Küste entfernt, atmete das Meer in gleichmässig langen Schwingungen und in auf und abwiegendem Laufe schwebte ich förmlich über die hohen Wellenberge hinweg.

Noch lange schauten mir die biederen Fischer von Vitt, mit denen ich mich während meines Aufenthaltes recht befreundet hatte, sorgenvoll nach, und als ich um 6 Uhr morgens Kap Arkona passierte, stieg am Signalmast als stummer Abschiedsgruss eine Flaggenreihe auf. Auf der schwindelnden Höhe des schaurigernsten Felsens sah ich so manches Taschentüchlein der mir lieb gewordenen wenigen Bewohner jener nördlichen Spitze Deutschlands wehen.

Seit dieser Zeit bin ich zwar oft in grösserer Entfernung in stolzer Segelyacht an jenen schönen Küsten vorbeigefahren; jedoch bin ich nie dort wieder gelandet. Der stetig zunehmende Fremdenstrom, der jetzt durch täglich anlaufende Dampfer dort ausgespien wird, soll die Poesie der Einsamkeit und Ursprünglichkeit ganz verdorben haben, und ich möchte mir nicht die schönen Eindrücke verderben, welche mir mein Sommeraufenthalt im Jahre 1893 hinterlassen hat. Auch nie wieder habe ich denselben überwältigenden Eindruck empfunden, wie damals mit meiner Nussschale dicht vor der donnernden Brandung entlanglaufend, über mir die jäh abstürzenden Felsen, welche von der aufgehenden Sonne grell beleuchtet wurden.

Nur langsam rückte ich in der bewegten See vorwärts, und je mehr die Sonne am Himmel emporstieg, um so mehr nahm auch der Wind, sich nach Westen drehend, zu. Bald erschien eine weisse Mütze nach der andren auf den grünen Wasserbergen, und nun begann eine Fahrt, wie ich sie fürchterlicher und anstrengender nie erlebt habe. Durch die Biegung der Küste nach Südwest bekam ich die Seen dwars, und ein Brecher nach dem andren begrub mein Fahrzeug von vorn bis hinten, dass die dünnen Bretter ächzten und stöhnten und ich in ständiger Furcht lebte, dass die hohe See mein Boot kentern, oder die Leinwandpersennings durchschlagen würde.

Wenn ich eine besonders hohe See nicht mehr rechtzeitig schräg von vorn passieren konnte, füllte sich das Boot halb mit Wasser, so dass ich treibend meine Rettung durch die in die Besahnmastspur eingesetzte Pumpe suchen musste, und wohl zehnmal hatte ich lenz zu pumpen. Schon glaubte ich, meine brave kleine „Elfe" opfern zu müssen durch Aufrennen auf den mit mächtigen erratischen Blöcken besäthen, schroff abfallenden Strand. Schon hatte ich die ersten Ruderschläge nach dem Land zu gemacht, aber ich besann mich wieder: „Es gibt keine Hindernisse! — So lange du noch Luft schnappen kannst, gehts weiter!" —

Und weiter gings, mit zusammengebissenen Zähnen durch eine tüchtige Regenböe; immer weiter, vorbei an Mövenort, fleissig pumpend, bis Rehbergsort passiert und somit etwas vorlandigeres Wasser mit Sandstrand erreicht war, wo dann auch der Seegang langsam nachliess.

Längst schon war der auf steiler Höhe thronende Leuchtturm von Hiddensoe in Sicht; um halb elf passierte ich endlich den

Lotsenturm bei Posthaus und dann gings Kurs W, dann NW, über die unter Wasser stehende Bessin'sche Schaar in den ruhigen Vitter Bodden nach Kloster, wo ich Depeschen nach Arkona und nach Hause aufgab, um meine glückliche Umschiffung zu melden.

Diese langgestreckte Insel, das Bollwerk von ganz Rügen gegen die aus Westen heranstürmenden Wogen, durchstreifte ich ich voller Interesse. Vom hohen Dornbusch herab breitete sich nach Osten das buchtenreiche Fahrwasser im Herzen Rügens aus, nach Süden zeigte die niedrige schmale Düne von Hiddensoe, während im Westen und Norden nichts als der brandende Schaum der grünen Ostsee zu erblicken war.

Am nächsten Morgen half mir ein steifer Nordwest vor Treiber und Paddel unter Schutz der flachen Insel mit grosser Geschwindigkeit über den Vitter und Schaproder Bodden auf meinem Wege nach Stralsund weiter. Auf der Höhe von Plogshagen setzte ganz unvorhergesehen eine südwestliche Böe ein, welche mich so unwiderstehlich in tiefes Wasser versetzte, dass ich, nachdem der Treiber mit Mühe und Not geborgen, nur mit äusserster Kraftanstrengung pudelnass und am ganzen Leibe vor Anstrengung zitternd, nach einer Stunde Arbeit das schützende Ufer erreichen konnte. Die Schaumköpfe auf den kleinen kurzen Brechern wurden mit in die Luft genommen und mir derartig ins Gesicht gepeitscht, dass ich kaum die Augen öffnen konnte, und ich glaube, dass nicht viel daran gefehlt hat, um der ruhmvollen Fahrt der „Elfe" und vielleicht auch ihrem Kapitän hier ein klägliches Ende für immer zu bereiten. Seitdem habe ich einen Heidenrespekt vor der gar nicht zu schildernden Kraft einer plötzlich einfallenden „weissen Böe".

Von da an hielt ich mich immer an den flachen Strand; so dicht, dass oft das Steuer aufstiess, und auf dem Geller Haken, der bei normalem Wasserstand trocken liegt, schleifte ich mich sozusagen über den Grund. Bei Gellenort, der südlichsten Spitze der langgestreckten Insel, wo ich gegen zehn Uhr anlangte, hatte die Reise vorläufig ein Ende; denn der Westwind presste eine solche Wassermasse durch die nur ungefähr zwei bis drei Seemeilen breite Fahrstrasse zwischen der Insel und der pommerschen Küste, dass es nach meiner Meinung unmöglich war, dagegen anzurudern.

Trotzdem an waldiger Höhe die Lotsenstation Barhöft von jenseits so einladend herüberwinkte, zog ich resigniert mein Boot so weit wie möglich auf die ganz flache mit Strandhafer und violetten Disteln bewachsene Küste und machte ziellose Spaziergänge in Seetang und Dünensand, um mich warm zu erhalten.

Oede und verlassen war alles ringsherum; kein Haus, kein Strauch, und eintönig donnerte die Brandung an den Strand, während der Sturm im Riedgrase raschelte und in meinem urwaldmässig gewordenen Barte pfiff. Um mich herum kreischten zu hunderten die verschiedensten Mövenarten und der Sturmvogel oder Regenwolf liess sein durchdringendes „Wind"—„Wind" erschallen. Ich kam mir vor, wie weiland Robinson Crusoe, auch litt ich, wie er, an einem bellenden Hunger; denn in der festen Erwartung, um elf Uhr in Stralsund zu sein, hatte ich mich nur mit etwas Milch und Trinkwasser verproviantiert. An Feuermachen, eine warme Tasse Kaffee, Tee oder Kakao zu kochen, war bei dem Sturm und mangels jeglicher Deckung nicht zu denken. Um diese unbehagliche Lage zu verschlafen, bettete ich mich in mein Boot und zurrte Persenning über; aber die Unruhe liess mich nicht einschlafen, und alle paar Minuten lugte ich wieder aus, ob sich das Wetter nicht etwas gelegt hätte.

Wieder nahm ich meinen Spaziergang auf und fand zu meiner Freude eine Menge teils toter, teils halbtoter Möven, welche sich wahrscheinlich nächtlich an irgend einem Felsen oder am Leuchtfeuer den Schädel eingerannt hatten und hier niedergefallen waren. Einen Strandläufer, der bei meinem Herannahen vor Schreck das Fliegen vergass, griff ich mit der Hand. Die vielen Skelette von Vögeln, sogar einen Seehundschädel musste ich leider wegen des anhaftenden Parfums und der vielen emsig beschäftigten Totengräber liegen lassen; die Möven aber nahm ich als Trophäen mit und liess sie in Stralsund abbalgen. Noch heute zieren sie meine Wohnung.

Bei Fortsetzung meiner einsamen Wanderung sah ich Schafe und Kühe. „Wo Herden sind auch Hirten" folgerte ich; und richtig: nachdem ich die Schafe durch mein exotisches Aeussere in wilde Flucht geschlagen, entdeckte ich bei ihrer Verfolgung nach einer Stunde Marsch einen Haufen aus Schilf, Brettern und Lehm, welchen man bei einigermassen Phantasie und gutem Willen für eine Hütte ansprechen konnte.

Nachdem der entrüstete Wachthund mit Mühe besänftigt, und mit noch viel grösserer Anstrengung dem halb blödsinnigen Alten klar geworden war, dass ich auch ein Mensch — und zwar ein recht hungriger — sei, konnte man mich an einem halbverbrannten Aal nagend und dazu trockenes Schwarzbrot kauend auf der Ofenbank sitzen sehen; neben mir der verwachsene, verschrumpelte Kuhhirt, der unablässig Netze strickte und wunderliche Reden, vermischt mit unartikulierten Lauten, ausstiess. Zu meinen Füssen lag der sich schuppende Köter, bei dem ich mich durch die abgenagten Fischgräten eingeschmeichelt hatte, und die Schwalben, welche in der Hütte über dem Ofen ihr Nest gebaut hatten, flogen ungeniert aus und ein durch das zerbrochene Fenster.

Nach einem drolligen Plauderstündchen verabschiedete ich mich von meinem mildtätigen Einsiedler und marschierte auf mein schnöde verlassenes Boot zu. Schon von Ferne sah ich zu meiner unangenehmen Ueberraschung zwei Bassermannsche Gestalten, mit riesigen Vorderladern über der Schulter, sich an meinem Boot zu schaffen machen. Wie sie dorthin gekommen sein konnten, war mir ein Rätsel, da sie unbedingt wegen der geringen Breite der Insel an der Schäferhütte vorbei gemusst hätten. Nichts Gutes ahnend, trabte ich vorwärts. Als sie mich erblickten, stutzten sie, beredeten sich und kamen auf mich zu. Die Sache wurde mir etwas unheimlich; aber vorwärts! — Die bärtigen Gesellen grüssten mit ihren Schlapphüten und redeten mich in einer Sprache an, die für mich chinesich war. Kopfschütteln und Achselzucken meinerseits. Darauf einige Brocken Englisch, Deutsch; das übrige wurde erraten, und auf diese Weise verständigten wir uns sehr hübsch. Die auf den ersten Blick nicht sehr vertrauenerweckenden Leute waren Dänen und hatten vor mir genau dieselbe Angst gehabt, wie ich vor ihnen. Sie waren von ihren hinter Schutz von Barhöft ankernden Fischkuttern mit ihren kanoeartigen Beibooten, welche ich nun nicht weit von der „Elfe" am Strande entdeckte, herübergekommen, um sich zum Abendbrot Möven zu schiessen.

Wenn diese Wasserratten die Fahrt in ihren kleinen Dingern gemacht hatten, glaubte ich mir dasselbe auch zumuten zu können. Uebrigens hatte ich — es war bereits fünf Uhr geworden — nur die Wahl, nach Kloster zurückzukehren, was mir sehr gegen den Strich ging, oder hungrig im Boot zu kampieren. Wir unternahmen daher gemeinschaftlich und uns dicht bei einander haltend, jeder in seinem Boot das tolle Wagnis gegen Wind, Strömung und Wellen. Ich schoss natürlich immer voraus und wurde daher auch am allernässesten. Bassermann senior kam mit seiner kleinen Schachtel durch Vollschlagen in recht bedrängte Lage. Ich nahm ihn an der Besahnschoot in Schlepp, um ihm Zeit zu geben, wieder leer zu schöpfen. Dann rappelten wir uns, pustend und uns schüttelnd, weiter. Der ganze „Bock", eine meilengrosse im Fahrwasser liegende Sandbank, stand unter Wasser. Endlich, nach einer Stunde Arbeit, machten wir hinter den Fischkuttern fest.

An Bord wurde ich mit Tee, Fleisch, Kuchen und feinen Weinen, mit obligater Siestazigarre bewirtet in einer Weise, die mich wahrhaft verblüffte; und als ich die Genüsse des einen Kutters durchkostet hatte, musste ich auf dem zweiten von vorn anfangen. Nur schwer trennte ich mich daher nach dieser orgienhaften Mahlzeit von den gastfreien Fischern, die mich durchaus noch zur Nacht behalten wollten und fuhr, bebend vor Kälte, auf Barhöft zu. Noch eine Viertelstunde hatte ich schwer zu kämpfen, dann kam ich in Schutz der Küste und, von der Besatzung der Lotsenstation händeschüttelnd umringt, stieg ich an Land.

In Ermangelung jeglichen Gasthofes nahm mich der Oberlotse gastlich auf. Nachdem die Kleider zum Trocknen aufgehängt, fabrizierten wir uns eine feine Tasse Kaffee, und bei einer gemütlichen Zigarre sassen wir noch lange zusammen in fröhlicher Unterhaltung, während draussen der Sturm heulte und der Regen gegen die Fenster peitschte.

Nach echtem Junggesellenbrauch tranken wir unsren Morgenkaffee mit grosser Andacht und vielem Rum und steckten den Kopf zur Wetterbeobachtung zum Fenster hinaus. Das Ergebnis war für mich leider nicht sehr ermutigend; denn der Weststurm wehte mit ungeminderter Kraft, die ganze Heringsflottille lag müssig vor Anker und der Sturmsignalball hing drohend an der Raa. Ich liess mich daher bereden, meine „Elfe" in Schlepp des Oberlotsenkutters zu hängen, der ohnedies nach Stralsund segeln wollte. Mit vier Reff und Sturmvorsegel gings los, die „Elfe" dicht zugebunden, und wir alle in Oelzeug eingehüllt.

Aber dieses Kunststück werde ich nicht zum zweiten Male probieren! — Zu Anfang hatten wir die „Elfe" an zwei halblangen Trossen; dabei drohte sie jedoch wegen der hohen Seitenwelle, die immer quer drüber wegschlug, zu kentern; wir warfen daher die Piek, um die Fahrt zu verringern und banden das Boot ganz kurz an. Dadurch wurde zwar die „Elfe" durch die nun von achtern kommenden Wellen hindurchgeschleift, aber der kolossale Druck drohte den Fangleinenbeschlag abzureissen und jede etwas höhere See schob ihren Vorsteven unter das auf- und abtanzende Heck des Lotsenkutters. Ich musste daher, über Heck auf dem Bauche liegend, jeden Stoss mit der Hand nach Kräften abfangen.

Dass ich mehr tot als lebendig nach zweistündiger Fahrt im Hafen von Stralsund ankam, lässt sich denken. Wir entschädigten uns aber für die Strapazen der Fahrt durch ein lukullisches Frühstück im „Goldenen Löwen".

Lange schwankte ich, ob ich nun über Greifswald, Wolgast eins der mecklenburgischen oder uckermärkischen Flüsschen hinauffahren sollte, um mich so wieder nach der Heimat durchzuschlagen, oder ob es vorzuziehen sei, noch weiter an der pommerschen Küste entlang zu fahren, um bei Rostock oder Wismar landeinwärts zu gelangen. Ich wählte schliesslich das letztere.

Noch immer wehte ein kräftiger West, der den Fischerverkehr stocken machte, als ich am ersten September von Stralsund aus westwärts fuhr. Meine barhöfter Freunde erreichte ich nach etwa dreistündiger Rudertour hart gegenan, von einigen Hagel- und Regenböen tüchtig herumgeschüttelt. Nach kurzer Rast fuhr ich auf dem noch immer unter Wasser stehenden „Bock" entlang auf Pramort bei Zingst zu. Einen eigentümlichen Anblick gewährte die Ostsee bei dieser Fahrt: während einige hundert Meter von mir entfernt die Brandung raste und donnerte und man von den wenigen Dampfern in der auf und nieder wogenden Wassermasse zeitweilig nur die finster qualmenden Schlote sehen konnte, fuhr ich — scheinbar auf hoher See — zwei Seemeilen von der Küste entfernt, in verhältnismässig ruhigem Wasser und oftmals ragten Binsen und Schilfbüschel aus den Fluten. Ich hätte mir aber nicht einfallen lassen dürfen an Land zu fahren, da ich dann wieder durch tiefes Fahrwasser und in Seegang gekommen wäre, der mich unrettbar untergeduckt hätte. —

Wie eine fata morgana, scheinbar in der Luft, schwebte vor mir die Insel Zingst, die Bäume und Häuser durch die Spiegelung der feuchten Atmosphäre unförmlich in die Höhe gezogen.

Auf der Höhe von Pramort angelangt, versuchte ich auf dieser Insel zu landen; die Wiesen waren jedoch dermassen unter Wasser gesetzt, dass ich ungefähr hundert Schritt von dem flachen Ufer entfernt stecken blieb. Im Begriff, meine Toilette für eine kleine Badereise in Ordnung zu bringen, sah mich ein hünenhafter Fischer, die Büchse über der Schulter, und wilde Enten und Möven am Gürtel. Ohne viel Worte watete er mit seinen Wasserstiefeln bis an den Bauch an mich heran, nahm mich, wie Christophorus das Jesuskindlein, auf den Arm und setzte meine einhundertfünfzig Pfund Bruttogewicht hübsch trocken, fein säuberlich an Land. Darauf führte er mich in seine saubere Hütte, die von blinkenden holländischen Kacheln, weissen Gardinen und blankem Kupfergeschirr nur so strahlte, und sein bildschönes junges Weib labte mich mit Milch, Brot und — Mövenbraten, der gar nicht so übel — wenn auch etwas tranig — schmeckte.

Ich dankte für alles Gute auch hier wieder nur durch einen Händedruck; Geld braucht man scheinbar in diesem gelobten Lande nicht. Und nachdem mich der Enak's-Sohn wieder auf dieselbe bequeme Weise in meine „Elfe" gesetzt hatte, fuhr ich weiter über den Grabow und den Barther Bodden, kleine Binnenmeere von doppelter bis dreifacher Grösse der Müggel, nach Barth, dem einstigen Hauptort der Segelschiffahrt der Ostsee, jetzt ein stilles, aber malerisches kleines Nest, mehr Dorf als Stadt.

Diesem gegenüber liegt das bekannte Ostseebad Zingst. Da jedoch am nächsten Morgen der bleigraue Himmel strömenden Regen schnurgerade herabschüttete auf die melancholisch herabhängenden deutschen Trikoloren, welche sich schon Monate lang darauf gefreut hatten, am Sedantage recht lustig umherzuflattern, versagte ich mir den Besuch dieser Stätte der Freude. Bis um neun Uhr lungerte ich in dem Holzschuppen umher, der mein Boot beherbergte und neben dem ich innerlich fluchend und ohne eine Spur von Festfreude, in meine Reisedecke gehüllt, mich hingekauert hatte. Dann aber fuhr ich Jupiter pluvius zum Trotz über den Barther Bodden und wand mich zwischen den vielen Schilf- und Wieseninseln durch die Fitt zum Bodtstetter Bodden, den ich eilig durchquerte.

Schliesslich sah der Regenspender die Fruchtlosigkeit seiner Bemühungen ein; hie und da lugte schüchtern ein Fetzen blauer Himmel, sogar ein Sonnenstrahl durch, und als ich auf dem Saaler Bodden wieder scheinbar in die Unendlichkeit schwamm, konnte mein Malerauge sich an den prachtvollen Wolkengebilden weiden, die sich mit photographischer Treue in der von keinem Hauch gestörten Fläche des Boddens spiegelten. Schnurgrade hielt ich auf den einzigen sichtbaren Punkt des gegenseitigen Ufers, den Kirchturm von Wustrow zu, und Mittags um ein Uhr sass ich bei dem sehr erwünschten Mittagsmahl.

Eine kleine Verdauungspromenade über die nur etwa einen Kilometer breite Nehrung überzeugte mich, dass es auch heute draussen auf der Ostsee sehr manierlich zuging. Schleunigst verschaffte ich mir einen Heuwagen und: eins, zwei, drei! — schwamm die kleine „Elfe" wieder auf freier See.

Ein leichter Nord, der sich unter Mittag aufgemacht hatte, blähte lustig den Treiber, und in flotter Fahrt glitt ich dicht an der einsamen Küste entlang. Der mit vorrückender Stunde stärker werdende Wind zwang mich bald zum Paddel zu greifen, um die Steuerung in dem Seegang zu unterstützen. Scheinbar ist es falsch, auf derartigen Touren stets nur mit dem Treiber zu segeln, da das Fahrzeug damit schlecht auf dem Kurs zu halten ist.

Indessen der Treiber ist unter allen Umständen leicht zu erreichen, wenn Gefahr im Anzug ist, auch dreht er das Boot energisch in den Wind bei plötzlichen Böen und stützt das lange Boot gut bei querlaufenden Seen, und das Vorschiff bleibt übersichtlich und wird nicht durch Mast und Segel belastet.

Als ich an der dicht mit Menschen besetzten kleinen Landungsbrücke von Müritz vorbeischaukelte, hatte die Schlingerbewegung schon wieder einen recht bedenklichen Grad angenommen. Vorn und hinten tauchte die „Elfe" schon öfter als mir lieb, unter die Wellen, dazu wehten die Taschentücher der Badegäste so einladend, dass ich kurz entschlossen die Nase in den Wind drehte und vorsichtig an der Brücke festmachte. Nachdem ich das Landungsmanöver à la Heringsdorf ausgeführt, um „Elfe" der gierigen Brandung zu entreissen, verlebte ich bei üppigem Schmaus, noch üppigerem Trank, mit vielen patriotischen Reden gewürzt, ein schönes Sedanfest, welches bei Gesang und Tanz bis in die Morgenstunde andauerte. — Welche Gegensätze an einem einzigen Tage! —

Am nächsten Morgen versammelte sich fast die gesamte kleine Badegesellschaft des gemütlichen Oertchens am Strande, um mich abfahren zu sehen. Aber ach! der liebenswürdige Nord von gestern hatte sich in einen recht gewalttätigen Nordwest verwandelt, und somit musste die grosse Vorstellung zum unsäglichen Bedauern des p. t. Publikums unterbleiben. Entree hatte ich glücklicherweise für diese Festlichkeit weder gefordert noch erhalten; ich wäre sonst gelyncht worden.

So musste man sich denn mit dem Anblick begnügen, wie ich mein Boot auf den für derartige Fälle so beliebten Heuwagen lud, wobei mir Männlein und Weiblein freundlichst halfen. Der Weg führte südwestlich durch einen zauberhaft schönen Wald eine gute Stunde lang; bis wir an einen kleinen Flössergraben kamen, dessen Vorhandensein mir meine Generalstabskarten verraten hatten, und von dem ich glücklicherweise nicht vergeblich hoffte, dass er für mich befahrbar sei. Zwar musste ich wegen der Enge des Wassers paddeln; aber die Ufer waren von einer Anmut, welche mich lebhaft an die schönsten Partien im Spreewald erinnerte. Dieses Bächlein zog sich nicht weit von der Küste entlang, so dass das wohlbekannte Brausen der See bis zu meinem friedlichen Idyll zwischen Binsen und Mummeln herüberdrang. Bei Markgrafenheide mündete das Gewässer in den Breitling, der sich in grosser Aufregung befand. Aber es half ihm nichts: bald war auch dieser überwunden, und am Nachmittag um drei Uhr lag ich im Hafen von Warnemünde.

Der Sonntagsverkehr machte das rührige Leben in diesem amüsanten Seebade noch lebhafter. Fast in jeder Minute lief ein Dampfer aus oder ein, mit Passagieren von Rostock oder Heiligendamm vollgepfropft; dazwischen schaukelten die Fischerboote in allen Grössen. Nicht satt sehen konnte ich mich an dem abwechslungsreichen Bilde der ständig über die mächtige Mole hinwegbrandenden Wogen, welche durch ihren Anprall das gewaltige Bauwerk zu erschüttern schienen. Unaufhaltsam fluteten die düstern Wellenberge in das Gemünde, und eine drohende Wolkenbank im Westen liess die Voraussicht unzweifelhaft, dass das stürmische Wetter noch lange so anhalten würde. Ich gab daher meinen ursprünglichen Plan auf, noch über Heiligendamm und Wismar Schwerin zu erreichen, um dann auf dem im vorigen Jahre befahrenen Wege nach hause zurückzukehren.

Ich beschloss zu versuchen, durch die Warnow und den Nebelfluss nach der mecklenburgischen Seenplatte vorzudringen. —

Ade nun, du liebe, manchmal so böse Ostsee; Dank, tausend Dank für die schönen Tage, die ich auf deinem breiten Rücken verleben durfte, und zürne nicht, dass die kleine „Elfe" es gewagt, so keck den Kampf mit dir aufzunehmen! —

Erst als die Sonne zur Rüste ging, konnte ich mich losreissen von dem so lange ersehnten Anblick der ewig wechselnden See und musste für dieses Jahr Abschied nehmen vom Salzwasser. In wehmütiger und doch freudiger Stimmung wandte ich mich landeinwärts, und in Windeseile trieb mich der günstige Nordwest den Türmen der alten Hansestadt Rostock zu. Die Reise bis Berlin erschien mir nur noch als eine Kleinigkeit; ich ahnte nicht, welche Anforderungen an meine Willenskraft und Ausdauer noch gestellt werden sollten.

Nur mit Mühe tappte ich in der Finsternis bei dem Seegang und dem regen Verkehr im Hafen durch die schwankenden Leuchtbojen der Fahrstrasse und zwischen den ankernden Schiffen zum Bootshause des Rostocker Ruderklubs, wo ich meine „Elfe" zu Bett brachte. —

Leider hatte ich von der nun zu durchfahrenden Strecke keine Generalstabskarten, sondern nur die für derartige Zwecke äusserst mangelhafte Albansche Karte von Mecklenburg, so dass ich mich immer auf die Aussagen der Eingeborenen verlassen musste, deren geographische Kenntnisse bekanntlich gleich hinter ihrem Dorfe aufzuhören pflegen. Trotzdem fuhr ich am nächsten Morgen bei dick herabrieselndem Regen frohen Mutes ab und ruderte nach Passierung der Rostocker Schleuse kräftig das anmutige Warnow-Tal hinauf. Mittags rastete ich kurz bei Schwaan und erreichte ohne Mühe gegen vier Uhr die Mündung des Nebelflüsschens bei Bützow. Ich lebte von der mitgenommenen Schokolade, Cakes und Milch, ohne irgendwo einzukehren und begann nun geduldig, die kurzen Windungen des unschiffbaren Flüsschens mit dem Paddel hinaufzufahren. Schon nach kurzer Zeit stiess ich auf das erste Hindernis in Gestalt eines mit grossen Stangen quer über den Fluss gespannten Grundnetzes. Unter der Beihilfe einer freundlichen Bauersfrau, welche sich königlich über diesen Bubenstreich amüsierte, riss ich diese Sperre heraus und verwischte die Spuren meiner Untat, indem ich sie gewissenhaft und kunstvoll wieder aufbaute. Ueber das lange Gesicht des um seinen Fang betrogenen Fischers machte ich mir keine Gewissensbisse.

Bald kam eine zweite und dritte derartige Barrikade; das nur fünf bis sechs Meter breite Flüsschen wurde flacher und reissender, die zuerst so liebliche Szenerie wurde durch steile, eintönige Ufer und die eintretende Dunkelheit verhüllt. Hungrig war ich im Laufe des Tages auch geworden, und die Arme fingen schliesslich an, vom stundenlangen Paddeln gegen den Strom etwas lahm zu werden. Von Güstrow, welche Stadt ich noch zu erreichen gehofft, war kein Licht zu sehen, und als ich mich in der Stockfinsternis gegen neun Uhr so festfuhr, dass ich nicht vor- und rückwärts konnte, deckte ich mein Boot zu und tappte über Hecken und Zäune stolpernd, zum nächsten erleuchteten Hause. Dieses erwies sich als eine verlassene Bahnwärterbude, von der aus ich, auf dem Gleise entlang laufend, Güstrow nicht verfehlen konnte. Als ich dem guten Streckenwärter auf meinen lautlosen Gummisohlen in schneeweissem Rudereranzug in einsamer Herbstnacht so unversehens auf der Strecke begegnete, entfiel ihm mit schrecklichem Aufschrei die dienstliche Laterne. So etwas war ihm in seiner Praxis noch nicht vorgekommen. Nur mit grosser Mühe konnte ich das zitternde Männchen davon überzeugen, dass ich kein Spukgeist, sondern von Fleisch und Blut sei, und ihn bewegen, mir den nächsten Weg nach Güstrow zu weisen. Nach einer halben Stunde des Hüpfens von Schwelle zu Schwelle kam ich beim Bahnhof an und fragte mich durch zu einem guten Gasthof.

Mein so schnöde verlassenes Boot fand ich anderntags unversehrt wieder und haspelte nun weiter stromauf bis Güstrow, welches ich in Schlangenwindungen nach fünf Viertelstunden erreichte. Hier war mir die Welt durch zwei grosse Stauwehre vernagelt. Ich trommelte mir einige Arbeiter zusammen, mit deren Hilfe ich die „Elfe" nach oberhalb trug. Für ein Weilchen ging dann die Fahrt in tiefem ruhigen Wasser durch hübsche Gegenden ganz famos; bald aber stellten sich wieder urwaldmässige Hindernisse ein. Schilf- und Schlinggewächse durchwucherten das ganze Flussbettchen, welches sich unter tief herabhängenden Erlen hindurchwand. Baumstämme lagen quer im Wasser, Fussgängersteige verbanden die manchmal nur zwei Meter entfernten Ufer so niedrig über dem Wasser, dass ich genötigt war, sie abzubauen und dann natürlich wieder zurechtzuzimmern. Während Schafe und Pferde in panikartiger Flucht nach allen Richtungen auseinanderstoben, zeigten die Kühe ein solches Interesse für den Wassersport, dass ich mehrmals die heranstürmenden Vierfüssler mit dem Ruder fortjagen musste, wenn sie bis an den Bauch ins Wasser watend, mir den Weg versperrten.

So arbeitete ich ununterbrochen den ganzen Vormittag bis zwei Uhr, mir nicht einmal zum Essen Zeit lassend, hatte aber nicht die Genugtuung, sonderlich vorwärts zu kommen. Die wirklich wunderhübsche Landschaft hatte bei mir noch immer die gute Laune wachgehalten. Als indessen bei Kirch-Rosin — etwa sechs Kilometer Luftlinie von Güstrow entfernt — nach fünfstündiger Fahrt ein weiteres Vordringen einfach unmöglich wurde, und ich auch dort erst erfuhr, dass ich demnächst noch zwei Mühlen und ein Wehr zu passieren hätte, da war es aus mit meiner Standhaftigkeit! —

Nach vielem hin und her, wobei mich die dumm-frechen Bauern, die meine Notlage ausbeuten wollten, gehörig geschröpft hatten, erhielt ich endlich einen Heuwagen, der mein Boot auf der wunderschönen Chaussee nach Krakow, vorbei an stattlichen Rittergütern und prachtvollen Parkanlagen bis zum Krakower See beförderte.

In Krakow übernachtete ich und fuhr am nächsten Morgen frühzeitig über den grossen mit vielen waldigen Landzungen und Inseln durchsetzten See, auf dessen Grunde man zahlreiche Fische sich tummeln sah. Die Sonne funkelte wieder freundlich, und leichter Südwind rauschte erfrischend im himmelanstrebenden Tannenforst.

Am Ende des Sees hörte aber wieder das für mich unbedingt nötige Element zur Fortbewegung auf, und so musste ich denn wieder auf die Suche nach Pferd und Wagen gehen. Es geht über meine Kraft, den nun folgenden dreistündigen Bittgang zu beschreiben, den ich zwischen den zerstreut liegenden Büdnereien antreten musste. Nur so viel sei gesagt, dass ich vor allem jedesmal erst eingehend die Gründe zu schildern hatte, welche mich an diesen abgelegenen Ort der Welt verschlagen hatten. Darauf sprach man nur noch ironisch mit mir und hielt mich für glatt verrückt. Einen Heuwagen konnte ich nirgends erhalten, da eingefahren werden musste.

Mir stockte schliesslich die Stimme vor Aerger und Verzweiflung, als ich zum zehnten Male beim Förster von Bossow hilfeflehend mein Anliegen vorbrachte.

Dort wurde vor allem dem Halbverschmachteten ein frugales Mittagessen vorgesetzt und nach einigen Ueberredungskünsten überlegte sich der liebe Mann, dass das Einfahren seines Heus allenfalls bis zum Abend verschoben werden könne und stellte mir in hochherzigster Weise sein Gespann zur Verfügung. Ich hätte zum Dank den Edlen umarmen können, der mir das Entrinnen aus dem dunkelsten Mecklenburg ermöglichte! —

Die „Elfe" hatte ich während der Zeit an einsamer Stelle im schilfigen Ufer des Sees versteckt; mit vieler Mühe wegen des sumpfigen, baumbewachsenen Vorlandes wurde sie nun aufgeladen und nach einer guten Stunde mit ebenso viel Schwierigkeiten in den Plauer See gesetzt.

Ich kam mir vor, als hätte ich eine Expedition mitten durch das Herz Afrikas vollbracht, über Katarakte, Gebirge und Sümpfe unter beständigem Kampf mit den wilden Eingeborenen, und käme nun zum erstenmal wieder in zivilisierte Gegenden. Hier half mir wieder die Generalstabskarte beim Aufspüren des Weges, hier gab es sogar noch andre Wasserfahrzeuge und zum erstenmal seit Stettin erblickte ich wieder mit Freude im Herzen die heimatlichen Formen einer richtigen „Zille".

Bei Lenz erhielt ich das verlockende Angebot, eine Bauersfrau nebst zwei Kindern und Waschkorb für fünfzig Pfennige bis nach Malchow mitzunehmen. Ich widerstand jedoch tapfer der Versuchung, eine Personenschiffahrt auf den mecklenburger Seen ins Leben zu rufen und enteilte einsam zum lauschig am Malchower See gelegenen Gasthaus.

Der Fleesen- und Kölpinsee waren mir liebe alte Bekannte, und am Nordstrand der Müritz kehrte ich ein bei den Obotriten zum Rundgesang und Becherkreisen. —

Trotzdem wir bis lange nach Mitternacht fröhlich gezecht, sass ich um sechs Uhr morgens wieder im Boot; denn ich hatte es mir vorgenommen, am selben Tage noch Fürstenberg zu erreichen. Die Fahrt über die Müritz bei dem starken Südwest war wieder mal so ein echtes „Elfenstückchen", welches lebhafte Erinnerungen an meine Fahrten auf der Ostsee wachrief. Die Pumpe ging unaufhörlich während der dreieinhalbstündigen Ueberfahrt und meine „Ladung" befand sich danach in bedauernswertem Zustand.

Ohne Aufenthalt vorwärts eilend, passierte ich die sechs mecklenburger Schleusen, wo ich noch vom Jahre vorher überall in gutem Andenken stand. Jede Biegung der verschlungenen Fahrstrasse war mir bekannt und ich durfte es noch getrost wagen,

in völliger Dunkelheit weiter zu eilen, bis ich um neun Uhr abends in Fürstenberg bei Wegerts Hotel am Garten mein Boot festmachen und „zu Mittag" essen konnte.

Ich hatte es mir in den Kopf gesetzt, am Sonntag Nachmittag meine ganze Familie in Stralow zu überraschen; ich fuhr also frühzeitig trotz Sturm und Regen los und ruderte rüstig die Havel abwärts auf brandenburgischem Gebiet durch zahllose Schleusen, welche den schönen Havelstrom der Schiffahrt zugänglich machen. In grossen Schleifen zieht er gemächlich durch den wunderbaren Hochwald, und ungeniert treten Rehe und Hirsche aus dem Dickicht auf die Wiesen und an den Fluss, um sich zu laben.

Wenn ich kaum von einer Regenböe durch den heftigen Wind getrocknet war, überfiel mich eine andre, noch viel stärkere, mich zu erneuter Eile anspornend. Es war schon recht herbstlich, das Laub begann sich zu färben, und die Tage wurden kürzer. Bereits in der Schleuse von Malz trat vollkommene Dunkelheit ein; ich war nun wieder auf der Fahrstrasse, welche ich auf der Ausreise nach Stettin benutzt hatte. Bei dem ungeheuren Schiffsverkehr, der auch in der Nacht nicht rastete, war es keine einfache Sache, sich ohne Kollision durchzuwinden. Und so eine Zille zerquetscht die schlanke kleine „Elfe" lautlos wie eine Mücke.

Von einem „fliegenden Victualienhändler" kaufte ich mir etwas Brot und in Ermangelung besserer Nahrungsmittel einen kräftig duftenden Handkäse, der mir wie Blei im Magen lag. Das war mein Abendessen, und um halb zehn Uhr endlich, nach einer Fahrt von über achtzig Kilometern und Passierung von acht Schleusen erreichte ich bei Sturm und Regen meinen gewohnten Ankergrund beim Schiffbauer von Oranienburg.

Sonntag, den 10. September 1893. 6 h 30 " a. m. ab Oranienburg. Kühl, bedeckt, frischer bis stürmischer SW; einige Regenböen. 7 h 15 " a. m. Pinnower Schleuse. 11 h 30 " a. m. Ankunft Plötzensee.

So steht in meinem Logbuch. Hier stellte sich mir wieder ein gebieterisches Halt entgegen durch die weisse Cholera-Flagge; denn noch immer wurde die gesundheitliche Kontrolle äusserst streng gehandhabt. Der freundliche Assistenzarzt bestätigte mir zu meiner grossen Beruhigung durch amtliches Dokument, dass ich gesund zu sein scheine.

Dann kam das zweite Hindernis in Gestalt der Schleuse, welche wegen Sonntagsruhe erst mittags um ein Uhr wieder ihre Pforten öffnete. Da glücklicherweise keine Festung zum Abzeichnen in der Nähe war, wie damals in Spandau, wurde ich auch nicht arretiert, belustigte mich vielmehr, so gut es ging, durch Mittagessen in der nächsten Schifferkneipe.

Vor der berliner Stadtschleuse am Roten Schloss kam ich natürlich gerade an, als die Sonntags-Nachmittags-Ruhe begonnen hatte, welche bis vier Uhr dauern sollte. Als ich mich um diese Zeit wieder beim Schleusen-Cerberus meldete, verweigerte er mir die Durchschleusung, da ich nicht bereits tags vorher den Zoll auf dem eine Viertelstunde entfernten Steuerbureau entrichtet hätte.

Sonntags war diese wichtige Hilfsquelle zur Balanzierung der preussischen Finanzen natürlich verschlossen, so dass ich nicht imstande war, meinen wichtigen Beitrag in Gestalt eines ganzen Reichspfennigs dazu auf den Altar des Vaterlandes zu legen. Freundschaftliches Auf die Schulter klopfen, wie z. B. in Mecklenburg wäre Beamtenbeleidigung gewesen, und Grobheit half auch diesmal nichts.

Mir fiel unwillkürlich Schillers schönes Gedicht ein von Möros, genannt Damon mit dem Dolche, und wie dieser arme Mann, um seine Hinrichtung nur ja nicht zu verpassen, sich den heftigsten

Regengüssen aussetzt, durch einen reissenden Fluss schwimmt und wie sich ihm zu guterletzt Räuber in den Weg stellen, für welche Freundlichkeit er diese totschlägt. Da ich nicht zu meiner Hinrichtung zu eilen hatte, schlug ich auch nicht den Schleusenmeister tot, obgleich es mir in den Fingern zuckte. Aber zu helfen wusste ich mir, und mein Ziel habe ich erreicht: Die „Elfe" wurde auf einen Kohlenkahn geladen, der glücklicherweise die nötigen Papiere hatte, auf diesem als Ladung durchgeschleust und gleich hinter der Schleuse wurde sie wieder ins Wasser gesetzt. Dadurch hatte ich auch das letzte Hindernis überwunden, das mich vom Heimatshafen Stralow trennte und zugleich den Preussischen Staat um einen Pfennig übervorteilt!

„Es gibt keine Hindernisse!" —

Bei den meisten zivilisierten Völkerschaften ist es Mode, sich im Winter durch Geselligkeit die Langeweile zu vertreiben. Für die Jugend, so zwischen siebzehn und dreissig Jahren, geschieht dies in erster Linie in Form sogenannter Tanzlustbarkeiten, sintemalen diese es ausserordentlich erleichtern, Männlein und Weiblein einander näher zu führen; denn es ist nicht gut, dass der Mensch allein sei. Nachdem von irgendeiner „gnädigen Frau", welche über mehr als drei Vorderzimmer gebietet, der Wunsch ausgesprochen worden ist, dass man „ihr auch mal das Vergnügen machen solle", gibt man unten beim Portier die Karte ab und erhält prompt innerhalb vierzehn Tagen eine schöne gedruckte Einladung zum Diner oder zum Tee.

Man zwängt sich in den Frack, kauft sich neue weisse Handschuhe und dito Krawatte — Selbstbinder natürlich — und ist pünktlich drei Viertelstunden nach der angegebenen Zeit in dem lichterstrahlenden parfumduftenden Salon. Rechts in der Ecke stehen und sitzen die Damen jeglichen Alters und unterschiedlicher Schönheit, auf der andren Seite an den Wänden drücken sich die Herren herum und erzählen sich halblaut ihre neuesten Abenteuer auf allerlei Gebieten. Nachdem man der Dame des Hauses die Hand geküsst und sehr bedauert, sie neulich nicht zu Hause getroffen zu haben, muss man unter ständigen Bücklingen einige Dutzend Namen heruntermurmeln hören und zieht sich dann in irgend einen Winkel zurück. Verstohlen zieht man den in der Garderobe erhaltenen Strafzettel aus der rechten weissen Westentasche: „Herr Soundso werden gebeten, Fräulein Anni Meyer zu Tisch zu führen."

Keine Ahnung! Schüchtern wendet man sich an einen Leidensgefährten um Auskunft über das rätselhafte Wesen mit dem interessanten Namen; er kann natürlich den Wissensdurst nicht stillen, und dirigiert den Frager an den Herrn des Hauses, den man endlich bei dieser Gelegenheit kennen lernt.

„Jenes liebenswürdige junge Mädchen in Rosa links neben der starken Dame in schwarz." — Da nun liebenswürdige junge Damen stets in Rosa und korpulente Matronen sich stets in Schwarz zu kleiden pflegen, so passiert natürlich die schönste Verwechslung. Endlich im letzten Moment, als der Saal schon fast leer, klemmt man sich die richtige Rosafarbene unter den Arm, und nachdem man mit Mühe und Not seinen Platz gefunden, setzt man zuerst seine Dame und dann sich; und dann räuspert man sich. —

Pflicht eines gebildeten jungen Mannes ist, seine Dame bei Tische recht schön zu unterhalten; nachher beim Tanz ist das nicht mehr so nötig. Da gibt es nun die amüsantesten Themata als Einleitung: „Sind Sie zum erstenmal in diesem Hause?" — „Haben gnädiges Fräulein schon die „Cavalleria" gehört?" — Auch ist es ratsam, gegebenenfalls in Entzücken auszubrechen über die herrliche Tafeldekoration; das schmeichelt zugleich der nahesitzenden Hausfrau. Allein so geistreich und neu auch diese Einleitungen sein mögen, sie haben den Nachteil, dass sie nur höchstens während der Suppe vorhalten; wenn die Nachbarin „helle" ist, nicht mal so lange, und dann sitzt man wieder da und bekommt einen Verlegenheitshustenanfall. — Plötzlich eine luminöse Idee: „Wohin werden Gnädige in diesem Sommer reisen?" —

Reisen ist doch eine famose Erfindung! Ich möchte wissen, wovon sich unsre Urahnen unterhalten haben, als das Reisen noch nicht erfunden, wenigstens in der jetzt geübten Art noch nicht Mode war. Heutzutage, wenn man nichts zu sagen weiss, fragt man einfach von Oktober bis Dezember: Wo waren Sie? — und von Januar bis März: Wo werden Sie hingehen? — Und dann erzählt man sich mit Grazie ad infinitum —....... per Schlafwagen mit dem Nachtschnellzuge und ass im Hotel Imperial und ging ins Theater, Kurpromenade, Nachmittagskonzert. Dann weiter des Nachts zum nächsten Hotel, wo man bereits dasselbe neue Gemüsegericht aufgetischt bekam, wie am heutigen Abend; schliesslich kommt noch die Beschreibung der Morgen-, Mittag-, Nachmittag-, Abend- und Badetoiletten an die Reihe, und der Abend ist reizend amüsant und lehrreich verplaudert.

Und so reist und erzählt sich jahraus und jahrein die ganze Welt durch die ganze Welt und hat doch keine Ahnung, wie's in der Welt aussieht, weil man ja doch nur wie ein Postpaket von der Droschke in den Zug, vom Zug in den Hotelwagen und vom Hotelwagen ins Hotel kommt. Das Gespräch bei der table d'hôte ist ein Phonogramm der Unterhaltungen im Winter und die herrlichen Promenadentoiletten habe ich gerade vor acht Tagen bei Gerson im Schaufenster gesehen. —

Doch warum ereifre ich mich hier über das Reisethema? — Ich will Ihnen ja selbst etwas über Reisen erzählen; allerdings in etwas andrer Weise als gewöhnlich: ich bin nämlich in diesem Sommer drei Monate mit meiner Ellida gereist! — „Na was will denn das sagen; ich bin auch mal sechs Wochen mit meiner Frau verreist gewesen," höre ich sofort mein Gegenüber antworten; „ich tu's aber nicht wieder". — „Ja, aber Ellida ist gar nicht meine Frau; nur so was ähnliches." „Shocking!" flüstert die errötende Nachbarin.

So fühle ich mich denn verpflichtet, hier öffentlich zu erklären, wer „Ellida" ist.

Ihre Ururgrossmutter war ein Drache; — das kommt oft vor, werden Sie einwenden — und zwar gehorchte sie dem nordischen Recken Friethjof; das nähere beliebe man beim guten alten Tegnier nachzulesen. Ganz romantisch zwar, wie er sie schildert, war meine Ellida nicht — wir leben leider nicht mehr im Zeitalter der Romantik — aber ich bin sicher, dass die alten Normannen, wenn sie das Aluminium gekannt hätten, es sicher auch zum Schiffbau verwandt haben würden. Zwar sind ihre Segel nicht „schwarz von Rot umrandete Schwingen", sondern aus schöner leichter, gelblicher Bastseide, und ihr Bauch — pardon — ist nicht blau gesprenkelt mit gelb, sondern aus glatten Eichenplanken, die mit wasserhellem Bootslack überzogen sind. Auch besitzt sie keinen fürchterlichen Ringelschweif und vorn kein dräuendes Drachenhaupt, im Schlunde rotgoldige Flammen, sondern ist unter Vermeidung jeden dekorativen Beiwerks nur nach nüchternen Nützlichkeitsprinzipien gestaltet. Der Hauptunterschied ist der, dass Aegir, der Herr der Fluten, mir Ellida nicht geschenkt hat, sondern dass sie nach meinen eigenen genauen Angaben in Stralow auf einer Bootswerft für recht teures Geld entstanden ist.

Aus diesem allen werden die meisten der schönen Leserinnen und der geneigten Leser (Leserinnen sind immer schön und Leser immer geneigt), bereits gemerkt haben, dass es sich wieder mal um ein Boot und um kein lebendes weibliches Wesen handelt. Wenigstens nicht im landläufigen Sinne des Wortes; denn das weibliche Geschlecht an Booten ist doch eigentlich sofort daran zu erkennen, dass ewig daran zu putzen ist, dass sie viel Geld

Cladower Ufer
Nach einer Radierung

kosten, gut behandelt werden wollen, oft ihre Launen haben und schwer wieder los zu werden sind, wenn man sie einmal hat. Und leben hat so ein Ding auch! — Man plaudert und zürnt mit ihm, wenn man einsam auf hoher See, von frischer Brise getrieben, über die Wellenberge hinweggaloppiert, oder wenn man es im engen Flussbett über allerlei Hindernisse hinwegbringen muss; man wird sein Freund, wenn man wochen- monatelang sein Heim in den paar Planken aufgeschlagen hat und unabhängig von den ausgetretenen Pfaden des Alltags die Welt mit ihm durchstreift. —

So ein Wesen war also meine Ellida. Die kleine „Elfe" war zwar für die Reisen im Binnenlande vorzüglich geeignet gewesen; sie war bequem, schnell und leicht, aber ihre scharfen Ueberwasserformen schnitten bei hohem Seegang gar zu leicht unter. Den Winter hatte ich damit verbracht, mir ein neues Schifflein auszudenken, welches die Vorzüge der „Elfe" zwar beibehalten, aber einige andre Wünsche noch befriedigen sollte. Vor allem bekam sie etwas mehr Sprung und das Ueberwasserschiff vorn und achter wurde mehr ausladend und völliger gehalten, während die Linien unter Wasser genau die gleichen blieben. Der Kiel wurde etwas stärker und in der Mitte tiefer gehalten, um bessere Drehfähigkeit zu erzielen, und der Wassergang wurde noch breiter gemacht. Damit aber trotzdem nötigenfalls auch zwei nicht zu korpulente Personen im Steuersitz Platz fänden, war an dieser Stelle der Wassergang schräg nach vorn verlaufend aufzuklappen. Zwei wasserdichte Schotten begrenzten das Cockpit, welches durch keinerlei Querstreben behindert war, die Rollsitz- und Paddelsitz-Vorrichtung war mit wenigen Handgriffen auf- und abzubauen, ebenso Fussbrett und Fusssteuerung. Um eine reichliche Segelfläche auf die kurzen Masten und Spieren verteilen zu können, welche noch unter Deck zwischen den Schotten verstaut werden konnten, zeichnete ich mir zwei Fledermaus-Segel, deren eigenartige hier noch völlig unbekannte Form damals sehr viel Aufsehen machte und auch sofort Nachahmer fand. Auch eine einfache Reefvorrichtung ohne Bändsel erdachte ich dazu.

Das Boot war sowohl mit Steuerleinen, wie auch mit Fusssteuerung beim Paddeln und zum Segeln durch sinnreiche Uebertragung mit einer Holzpinne ausgerüstet; auch die Befestigungsart der blitzschnell abzunehmenden Ausleger war neu und sehr praktisch. Die Pumpe war hinter dem Steuersitz vor der Besahnmastspur fest eingebaut und mit einem Hebel, der an der Rückenlehne ansetzte, jederzeit zu bedienen, ohne dass man sich umzudrehen brauchte.

Schliesslich hatte ich noch für Rennsegelzwecke einen merkwürdigen einklappbaren Wulstkiel erdacht, den ich aber nach einem Jahr wieder verwarf, da er ein arger Krautfänger war.

Alle diese Finessen hätten nun das Boot ausserordentlich belastet, wenn ich nicht den Versuch gemacht hätte, alles, was sonst aus Eisen, Messing oder Stahl hergestellt wird, aus Aluminium anfertigen zu lassen. Um das Boot mittschiffs gut zu versteifen, liess ich die mittleren Spanten ebenfalls aus Aluminium-T-Eisen giessen in einem Stück mit den Decksbalken und den Trägern der Fussbretter. Das war zwar sehr kostspielig — die Aluminiumteile allein kosteten weit über sechshundert Mark — aber ich hatte dadurch doch ein Fahrzeug, welches allen Anforderungen entsprach, welche man vernünftigerweise stellen kann. Im Segeln war es unbestritten das beste aller Ein- und Doppelskuller, so dass ich schliesslich nur noch ausser Wettbewerb mitfuhr und auch die Distanzfahrten über 58 Kilometer gewann ich im Rudern damit.

Als der Frühling des Jahres 1895 im schönsten Schmucke ins Land zog, ergriff mich wieder das Reisefieber. Die Eröffnung des Nordostseekanals sollte Mitte Juni vor sich gehen, im Anschluss daran die Kieler Woche, von der ich so viel schon gehört hatte. Da musste ich mal dabei sein! — Schleswig-Holstein reizte den Maler; ich verfrachtete daher eine Miniatur-Ausgabe meines Ateliers in der „Ellida" und trat am Morgen des vierten Juni meine Reise an, um recht gemächlich spree-, havel- und elbabwärts schlendernd, zur rechten Zeit an der Brunsbüttelschleuse einzutreffen.

Die Reise bis Hamburg verlief ziemlich programmmässig. Nur bei Hitzacker hatte ich einen unfreiwilligen Aufenthalt von mehreren Stunden. Ellida hatte einen Fehler: — wer hätte den nicht? — sie konnte nicht dicht halten (ebenfalls ein häufiges Zeichen weiblichen Geschlechts), und so musste ich denn an Land und nach dem Vorbild des Dichters Hanne mit Leinwand und Gummilösung die aufgeplatzten Nähte des gelöteten Aluminium-Schwertkastens dichten und den ganzen vielseitigen Inhalt der Ellida zum Trocknen aufhängen. Beides ist eine trockne, langweilige Arbeit.

In Hamburg fand ich eine grosse Zahl der zur Feier befohlenen Schiffe aller Herren Länder und auch viele Privatdampfyachten und Segler waren in tadelloser Pracht an den Bollwerken vertäut. Guirlanden und allerlei elektrischer Firlefanz versuchte das schöne einheitliche Hafenbild zu zerstören; denn hier sollten in wenigen Tagen die Festlichkeiten beginnen. Ich entfloh dem aufgeregten Treiben im Hafen und kam mit der Ebbe flott gegen die kabbelige See vorwärts, die durch den enormen Schleppverkehr manchmal recht unangenehm wurde.

Bei Blankenese stattete ich der armen alten „Athabaska" meinen Besuch ab. Schon vor vier Jahren im engen Fahrwasser gesunken, machte dieses Wrack noch immer die Strasse höchst gefährlich und hatte auch schon einen Leidensgefährten gefunden, der seinen zerstückelten Rumpf düster und traurig aus dem Wasser reckte.

Von nun an wird das Fahrwasser breiter und breiter, so dass von meinem niedrigen Sitz aus das jenseitige Ufer nur schwer zu erkennen ist. Der Wind frischte immer mehr auf, meine „Ellida" stampfte gewaltig gegenan und zerstäubte die Schaumwellen über mich mit ihrem kräftigen Busen. Das schmeckt schon nach Nordseewasser! Dazu noch setzte die Tide um, so dass ich gegen die harten Böen und gegen die Flut von Brunshaupten an zu arbeiten hatte. Dort lag wieder mal ein mächtiges Vollschiff am Grund, dessen noch stehende drei Masten als Warnungszeichen von den Wogen umbrandet wurden. Da hier die Dünung von der Nordsee her platt den Strom herauflief, musste ich die flachere nördliche Küste zu erreichen suchen. Eine einzige falsch genommene Welle kann hier das Wiederauftauchen vergessen machen, also Ruhe und Geschicklichkeit und physische und moralische Kraft zusammengenommen! — Hier bestand die „Ellida" ihre Feuerprobe und die neuerdachte Pumpe und die kleinen Leinwand-Persennings wurden eingeweiht.

Froh war ich, zwischen den Sandbänken der Pinnaumündung mich etwas verschnaufen zu können und von einem gastfreundlichen Ewerschiffer, in dessen Kabine ich die durchnässten Glieder wärmte, wurde ich mit Kaffee und Brot gestärkt. Der brave wetterharte Holsteiner konnte wegen des hart entgegenstehenden Nordwestwindes nicht aus den Sandbänken herauskreuzen und musste hier das Wetter vor Anker abreiten. —

Ich hatte gehofft mich bis zum Abend noch bis Glückstadt durchzuarbeiten; allein das Tageslicht und meine Muskelkraft verliessen mich bei dem kleinen Marschdorfe Kollmar, wo ich „Ellida" auf die jetzt zur Zeit der höchsten Flut fast unter Wasser stehende Wiese vor dem Deich zog und mich in einen Gasthof zum Schlafen und Trocknen begab.

Hier war ich mitten im echt holsteinischen Marschland, dessen fruchtbare Weide- und Ackerfluren, von schmalen Entwässerungsgräben durchfurcht, etwas ungemein anziehendes für mich haben. Die Koppeln stehen voll der schönsten glänzenden Pferde, die feisten Kuh'herden ziehen unter melodischem Glockengeläut mit Gebrüll den krüppeligen Weideweg entlang dem strohgedeckten Obdach zu und die Einwohner sind bescheiden und freundlich. Die Mädchen haben die schlanke, elastische Figur der Angelsächsinnen und den sinnigen Ausdruck in den blauen Augen, wie sie der Idealist meist erfolglos bei der deutschen Maid sucht. Wie gern wäre ich hier einige Tage geblieben; allein das unbeständige Wetter trieb mich rastlos weiter, um möglichst bald die schützende Kanalmündung bei Brunsbüttel zu erreichen. —

Das liebliche Wirtstöchterlein hatte pünktlich um sechs Uhr des nächsten Morgens den Tagesproviant und meine notdürftig am Herd getrocknete Kleidung bereit; indessen noch zwei Stunden musste ich warten, bis ich meine „Ellida", welche jetzt bei noch steigendem Wasser fast zwei Meter über Wasserspiegel auf der Wiese lag, gefahrlos flott machen konnte. Beim feierlichen Klang der Sonntagsglocken gings am Glückstädter Leuchtfeuer vorbei; immer längs der nördlichen Küste, welche mir einigermassen gegen den

Der Eichenhof
Nach einer Radierung

Nordwest Schutz gewährte. Die ganze Gegend zeigt das Gepräge ständigen Kampfes mit den Elementen. Hohe Steindämme schützen das tiefliegende Flachland, aus welchem die einsamen Horste und wetterzerzausten Baumriesen emporragen. Zahlreiche kleine Leuchttürme und Baaken und Bojen jeglicher Gestalt weisen das verästelte Fahrwasser.

Als ich auf den Bänken der Störmündung war, überholte mich in einer undurchsichtigen Hagelböe die „Cobra" aus Hamburg, welche ihre tägliche Fahrt nach Helgoland machte; trotzdem ich vor den gefürchteten steilen Wellen ihrer Seitenräder mit aller Kraft entfloh, wurde ich doch recht unsanft erfasst und tüchtig untergetaucht.

Vor mir lag die schaumbedeckte Nordsee, welche ihre grünen Fluten in grossen, langen Wellenbergen in die Elbmündung presste und todesmutig überkletterte meine kleine „Ellida" mit manchmal bedenklichen Neigungswinkeln die schäumenden Spitzen. Endlich gegen zwölf Uhr winkten mir die Leuchttürme des Brunsbütteler Schleusenhafens, dessen eichenlaubgeschmückte Rostra phantastisch in die Lüfte ragten. Vor mir gähnten die riesigen Schleusentore, der Eingang zu dem Cyclopenwerk, welches gerade jetzt der Mittelpunkt des Interesses für die ganze seefahrende Welt war und welches in wenigen Tagen durch die Auserlesenen der Nationen dem öffentlichen Verkehr übergeben werden sollte.

Nur wenigen Bevorzugten hatten sich bis jetzt diese Pforten geöffnet; mir armen, ganz gewöhnlichen Mittel-Europäer in einem Behälter, den man hierzulande überhaupt nicht für ein Wasserfahrzeug ansieht, war natürlich das Paradies verschlossen und wie ein Cherub mit flammendem Schwert stand der Schleusenmeister auf hoher Quaimauer, mir den Eingang verwehrend.

So dicht am Ziele meiner Wünsche wieder zurückgestossen zu werden in die Finsternis eines rechtlosen Erdenmenschen, das ist hart, sehr hart und grausam! —

Und doch, wer eine Stunde später auf den tadellosen Dämmen des Nord-Ostsee-Kanals lustwandelte, konnte mich ganz vergnügt meine Schmetterlingssegel entfalten und in sausender Fahrt die herrliche Wasserstrasse durchfurchen sehen. Dies verdanke ich in erster Linie meinen hohen Stiefeln und der sehr dienstlich aussehenden Seglermütze, die ich mir bei Verhandlungen mit Beamten jeglicher Art stets aufsetze — eine Ruderermütze zieht nämlich absolut nicht, aus Mangel an einer Kokarde. Zweitens waren damals die guten Schleswig-Holsteiner dem tückischen Mundwerk des Grossstädters, noch nicht gewachsen. Ich suchte mir also unter der Flotte der Stein-Ewer, welche noch immer Material zum Kanalbau durch die Schleuse zu bringen hatten, denjenigen Schiffer aus, der den „gutmütigsten" Eindruck machte, hängte meine „Ellida" an sein Heck und befahl ihm mit dienstlicher Kürze, mein Boot mit durch die Schleuse zu ziehen und gut aufzupassen, dass ihm nichts geschehe. Wortlos gehorchte er, und ich begab mich eilends zum Schleusen-Cerberus. Diesen verwickelte ich in ein derartig interessantes Gespräch über Wind und Wetter und andre Themata, die seinem Herzen nahe lagen, dass er in dem Getümmel der vielen Schiffe, welche gleichzeitig das enorme Schleusenbassin füllten, die kleine „Ellida" gar nicht entdeckte. Auch stellte ich mich so auf, und bannte ihn mit scharfem Blick, dass er nach der der Schleuse entgegengesetzten Seite sehen musste. Ein Auge auf den Schleusenmeister gerichtet, dass andre auf die Vorgänge in der Schleuse, entdeckte ich, dass mein Freund, der Stein-Ewer, das innere Tor passiert hatte und „Ellida" noch heil hinter ihm her den Kanal hinaufbummelte. Ohne eine Miene zu verziehen, verabschiedete ich mich pomadig vom ahnungslosen Cerberus und als er sich umdrehte, gallopierte ich mit Volldampf hinter der „Ellida" her. Der Ewerschiffer hatte inzwischen an den Duc d'Alben festgemacht und ich bestieg schmunzelnd mein Gefährt, um eilig dem gefährlichen Auge des Gesetzes zu entfliehen.

Jetzt kann ich wohl diese Tat ruhig berichten, denn hofffentlich ist sie verjährt. —

Eine Beschreibung des hundert Kilometer langen Kanals möchte ich Ihnen und mir ersparen; Tages- und Fachzeitungen haben dieses Thema genügend erschöpft in einer Weise, zu der ich teils keine Neigung, teils keine Kenntnis habe. Der günstige Wind und mein böses Gewissen trieben mich zu Anfang tüchtig vorwärts, bis mich Hunger und Schaulust zwangen, bei der Grüntaler Hochbrücke Halt zu machen. Die Kanalarbeiter befanden sich sowohl wegen des vollendeten Werks, als auch wegen der Sonntagsheiligung in gehobenster Stimmung, und nur mit Mühe konnte ich mich wieder aus der Kantine herauswinden, wo ich meine Einkäufe für den Abend gemacht hatte, da alle Nationen, welche am Bau beschäftigt waren, unter schnapsduftenden Umarmungen mit mir Brüderschaft trinken wollten.

Viel schneller als mir lieb, war der Abend hereingebrochen, und voller Besorgnis sah ich mich bereits auf der Karte nach einem bewohnbaren Orte, nach einem versteckten Plätzchen für mein Boot um, wo ich im Notfalle ein Biwak aufschlagen könnte. Ungefähr beim 45. Kilometerstein überholte mich ein Passagierdampfer vom Norddeutschen Lloyd, die „Fulda", welche vom Staate für die Eröffnungsfesttage gechartert war. Frech zeigte ich ihm meine Festmacheleine. Der Kapitän liess mir eine Trosse

zuwerfen und in Windeseile dampften wir weiter. Grinsend stand die Mannschaft auf dem Heck und riss Witze über den eigentümlichen Anhang, den sie gefischt hatten. Auf einmal plätscherte etwas längseit bei mir an einer Flaggleine; es war eine Flasche Bier, die der Steward auf mich zuschwimmen liess.

Im Meckelsee machte die „Fulda" fest und „Ellida" kam längsseit. Ein Fallreep wurde heruntergelassen und ich enterte auf. Mit dem Kapitän, dem Kanal-Lotsen und dem ersten Steuermann verbrachte ich bei ziemlich vielen Gläsern Grog den Abend, wobei die gewagtesten Garne gesponnen wurden. Ich liess die Geschichte meiner Durchschleusung vom Stapel, worauf der Kanal-Lotse seine Dienstmiene aufsetzte. In Anbetracht des guten Grog besänftigte er sich aber bald und erledigte die peinliche Situation mit dem Ausspruch: „Na ick wull nix gehört häwwen!" — Ich ahnte ja nicht, dass der Mann der Vertreter der Obrigkeit und Kanal-Polizei war! —

Der Steuermann griff zur Quetschorgel, auch Schifferklavier genannt und erfreute uns durch gefühlvolle Seemannslieder. „Hör' mal, Jan, sagte der Lotse nach einer Weile, dat is man baanig wabbelig, wat du do speelst!"

„Ach, dat versteihst du man nich, dat zieht zum Herzen, weisst du! — und weiter schluchzte die Ziehharmonika.

„Mach' keen faul Snack und gah nu en beeten bi de Wind!" schrie ihn der Lotse an, und drohte ihm das schöne Instrument zu entreissen. Der Grog und die schluchzenden Töne machten ihn melancholisch.

Der Steuermann wollte kein Spielverderber sein und spielte einen lustigen Yankee doodle und mehrere nigger songs. Als sein musikalisches Repertoir erschöpft war, ergriff er das Wort

und schwelgte eine Stunde lang in der Kleinmalerei seiner Erlebnisse am Nordpol und auf den Fiji-Inseln; die Schilderungen seiner Kämpfe mit den Seelöwen waren so packend, dass er mich beinahe dabei erwürgt hätte.

Nur mit der grössten Anstrengung gelang es uns endlich lange nach Mitternacht, die Schleusen seiner Beredsamkeit zu stopfen, und nachdem wir ihn nach einem allerletzten Grog zur Kajütentür herausgedrängelt hatten, hüllten der Kapitän und ich uns in die Wolldecken und träumten von Eisbären, Walrossen, Seelöwen, Skorbut und schönen Fiji-Insulanerinnen.

Am nächsten Morgen wurden wir erst gegen sieben Uhr aufgepurrt. Als ich den Kopf zur Luke heraussteckte, rieselte mir ein feiner Sprühregen in die verschlafenen Augen, und die nach Südost jagenden tiefhängenden Wolken versprachen uns noch mehr von der Sorte. Mit Freuden nahm ich daher das Anerbieten des Kapitäns an, mich in Schlepp bis Holtenau mitzunehmen; ich hatte also weiter nichts zu tun, als in mein Oelzeug eingehüllt, „Ellida" in den grossen Heckwellen der „Fulda" im Kurs zu halten.

Wie ein Spielzeug flog der eiserne Riesenarm der Eisenbahnbrücke bei Rendsburg, um uns durch zu lassen, zur Seite und legte sich rasch und geräuschlos hinter uns wieder über den Kanal. Im Schirnauer See wurden wir zu einer unfreiwilligen Musse von einer Stunde verdammt, da S. M. Y. „Hohenzollern" avisiert war und wir wegen der Enge des Fahrwassers das stolze Schiff an jener Ausweichestelle abwarten mussten. Darauf dampften wir weiter zwischen den einförmigen Kanaldämmen, welche für die Feier mit Tribünen und Guirlanden verziert wurden. Endlich hatten wir auch den Prachtbau bei

An der Kieler Föhrde
Nach einer farbigen Lithographie

Levensau hinter uns, und nun bequemte sich die Natur dazu, ein etwas interessanteres Gesicht aufzustecken; wenn nur der stetig herunterprasselnde Regen nicht gewesen wäre!

Unter fortwährendem Tuten und Pfeifen zogen wir um drei Uhr nachmittags in die von Dampfern und Schiffen wimmelnde Holtenauer Schleuse; die „Fulda" nahm ihre Schlepptrosse ein; ich tauchte unter in dem Gewühl der vielen Fahrzeuge und kam unangefochten von der hohen Obrigkeit durch. —

Hurra! die Ostsee — du liebe alte Bekannte von meinen Fahrten her mit der „Elfe", da bist du ja wieder mit deinen lehmgelben Küstenhängen, mit deinen prächtigen Buchenwäldern und idyllischen Fischerdörfern! Und gleich als ob sie sich meiner neuen „Ellida" von ihrer vorteilhaftesten Seite zeigen wollte, zog die gute Alte resolut den trüben Regenschleier vom Rücken und liess mich im schönsten Sonnenglanz bei meiner Einfahrt in den Kieler Hafen die ganze Pracht der Flottenversammlung unsres Erdballs mit einem Blick erschauen.

Die feierliche Eröffnung des Nord-Ostsee-Kanals hatte in manchem Kieler Hirn eine heillose Verwirrung, eine Art Delirium hervorgerufen. Eine Zeit des köstlichen Nichtstuns mit immerwährender goldener Ernte glaubte die Einwohnerschaft für sich jetzt angebrochen und die Fremden wurden in einer ganz unerhörten Weise geschröpft. Es gab nur Kanalzüge, Kanalfremde, Kanalbeafsteaks zu Kanalpreisen, Kanalpfeifen, Kanalbummler, auch viele Kanallieben, aus Hamburg und Berlin importiert; kurz, die ganze Stadt war von der sogenannten Kanalkrankheit ergriffen.

Veranstaltungen mit Böllerschüssen, Festessen, Festreden, Festtänzen, Festkonzerten mit elektrischen Beleuchtungseffekten können mir aber leider nicht die richtige Begeisterung entlocken. Ich war daher froh, als diese mit den üblichen Hurras und Lebehochs ausgeklungen waren und nun der Sportsmann in seine Rechte eintrat. Jeden Morgen pilgerte ich durch den Buchendom des Düsternbrooker Holzes bis zum „Probepfeil", dem Rennkutter eines mir befreundeten, stets fidelen Brüderpaares aus Berlin. Täglich rangen wir auf der Kieler Föhrde mit den Vertretern fast aller sporttreibenden Nationen um die Siegespalme, welche wir auch dreimal aus den Händen unsres Kaiserlichen Sportkameraden in Empfang nehmen durften.

Die Wettkämpfe vor Travemünde und und das ebenso anstrengende wie vorzügliche Frühstück im Ratskeller der Stadt Lübeck waren vorüber, und die Sehnsucht nach meiner kleinen „Ellida", welche ich während der Fest- und Regattawochen bei der Marine-Akademie in Kiel schnöde im Stich gelassen hatte, ergriff mich. Flugs wanderten die sieben Sachen wieder an die sorgfältig ausprobierten Plätze im Bootsraum, und auf der Karte wurde ein neues Feld für Arbeit und Abenteuer ausgesucht. Zuerst fand ich für mehrere Tage in Laböe am Ausgang des Kieler Hafens zur Ostsee bequemen Unterschlupf für mein Boot und eine Fülle der Arbeit für meinen Zeichenstift; dann wandte ich mich rückwärts, und zwar nach Neumühlen, gegenüber von Kiel, wo die Sventine nach beschwerlichem Lauf über Steingeröll und Mühlenwehre, durch Schilfbänke und Unterholz ihr Wasser der Ostsee übergibt.

Dieses Flüsschen wollte ich nun befahren, um das vielbesungene Holstein mit seinen poetischen Seeen und rauschenden Buchenwaldungen kennen zu lernen.

Gleich bei Neumühlen wurde mir der Eintritt in das gelobte Land durch ein grosses Mühlenwehr versperrt; ich nahm das Hindernis elegant unter Zuhilfenahme einiger Steinträger und der hier ausnahmsweise sehr anständigen und verständnisvollen Strassenjugend. In ruhigem Wasser, zwischen Schilf, Wiese und Wald geht die Fahrt das gewundene Strombett hinauf; liebliche Dörfer schmücken die Ufer, Kuh- und Pferdeherden begleiten mich eine Strecke weit, in deren Gehirn Furcht und Neugierde einen possierlichen Wettstreit auskämpfen. Lustig zwitschert die Lerche ihr Lied, die Sensen und Sicheln der erntenden Landleute klingen zu mir herüber; es ist eine Freude durch solch eine Gegend zu streifen.

Nach einer guten Stunde taucht links von mir Oppendorf auf, der vornehme Edelsitz der Familie Rantzau; das Flussbett verengt sich immer mehr und die Gegenströmung wird reissender. Nicht lange dauert es und ich schurre zum erstenmal über einen grossen Stein; Schilfkraut und Baumstämme setzen mir hartnäckigen Widerstand entgegen. Kurz vor der Brücke bei der Papiermühle, wo das Wasser der Sventine nach Uebersprigen des hohen Wehres in langer Stromschnelle durch spitzes Steingeröll schiesst, ging ich rekognoszierend an Land. Der Augenschein und die Aussagen der Eingeborenen ergaben die völlige Unmöglichkeit weiteren Vordringens für die nächste halbe Meile; ich verschaffte mir daher beim Mühlenpächter einen Heuwagen, vermittelst dessen „Ellida" und meine Wenigkeit über Berg und Tal bis nach der Brücke bei Rosenfeld befördert wurden, eine kleine Abwechslung in der Fortbewegung, welche eine knappe Stunde in Anspruch nahm.

Dort hatte ich wieder Wasser in Hülle und Fülle, so dass ich mit neuen Kräften fröhlich weiter stroman fahren konnte. Allein die Freude sollte nicht lange dauern; denn schon nach wenigen Minuten verbreiterte sich die Sventine in beängstigender Weise und der Strom gurgelte unruhig. Und richtig, mit einem tüchtigen Krach fuhr ich mich auf einem riesigen Stein fest. Sofort riss mich die Strömung breitseits und drückte mein Boot fast bis zum Kentern über. Wohlweislich hatte ich schon auf der ganzen Fahrt die Wasserstiefel nicht von den Beinen gezogen; ich sprang daher schleunigst über Bord, und nach mühevollem Kampf mit den gierigen Wassern kam ich wieder flott. Vorsichtig wand ich mich zwischen den Felsblöcken weiter, bis sich mir ein anderes Hinderniss in den Weg stellte: Das ganze Flussbett war mit zehn Fuss hohem Schilf bewachsen und zwischen dem Röhricht, stark wie Bambus, rauschte das Wasser mühsam hindurch. Zuerst versuchte ich nach Abschrauben der Ausleger mit dem Paddel die Strömung zu besiegen; als indes das Dickicht ganz undurchsichtig wurde, stellte ich mich mit dem Ruder stakend, aufs Achterdeck und presste die „Ellida" aufs Geratewohl vorwärts, da mir jede Aussicht benommen war. Zollweis rückte ich vor und manchmal meterweis rückwärts, um meine Arbeit an einer andren Stelle zu beginnen. Dass eine solche Fahrt zu den Annehmlichkeiten dieses Lebens gehört, wage ich nicht zu behaupten.

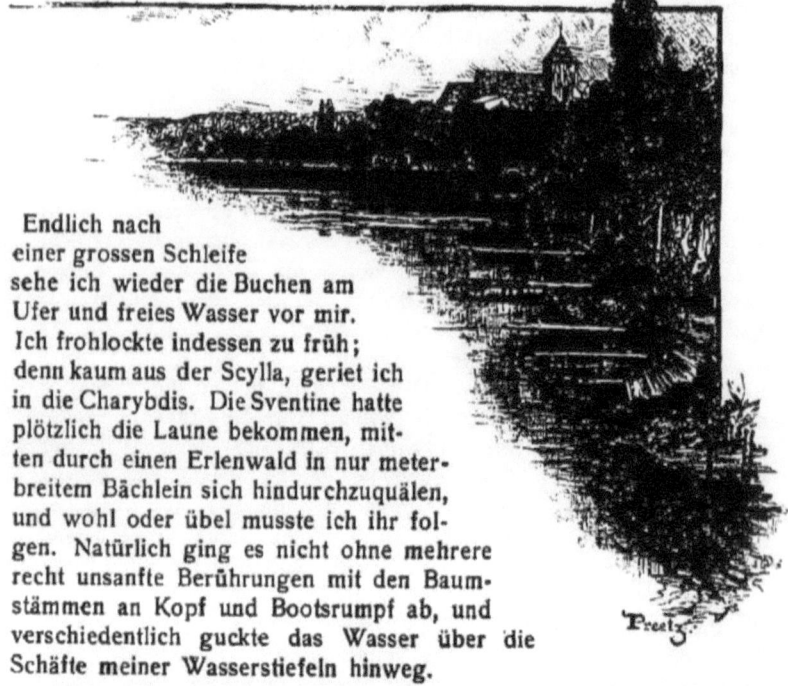

Endlich nach
einer grossen Schleife
sehe ich wieder die Buchen am
Ufer und freies Wasser vor mir.
Ich frohlockte indessen zu früh;
denn kaum aus der Scylla, geriet ich
in die Charybdis. Die Sventine hatte
plötzlich die Laune bekommen, mitten durch einen Erlenwald in nur meterbreitem Bächlein sich hindurchzuquälen, und wohl oder übel musste ich ihr folgen. Natürlich ging es nicht ohne mehrere recht unsanfte Berührungen mit den Baumstämmen an Kopf und Bootsrumpf ab, und verschiedentlich guckte das Wasser über die Schäfte meiner Wasserstiefeln hinweg.

Jedes Ding hat sein Ende und so auch diese Quälerei, die übrigens durch die äusserst malerische Gegend rücksichtsvoll überzuckert war. Kurz vor Rasdorf wurde das Flüsschen wieder zahmer; wahrscheinlich aus Ehrfurcht vor den hier hausenden Mönchlein, welche mit gewohntem Geschick überall da sich einnisten, wo das schönste Getreide, die fettesten Kühe und die leckersten Forellen zu finden sind.

Noch einige scharfe Biegungen, und die ernste Silhouette des Preetzer Klosters taucht vor mir auf, dessen Feierabendglocken friedlich über die fruchtbaren Felder zittern. Kräftig musste ich ausholen, um die rasende Strömung unter den weit überhängenden Baumriesen des Klosterparks zu überwinden; auch zwischen den Mauern von Preetz war die Passage sehr beschwerlich und abends um sechs Uhr fand ich am Garten des Hotel Driller einen wohlverdienten Ankergrund für mich und mein Boot.

Der durch einen stimmungsvollen Sonnenuntergang eingeleitete Abend verführte mich zu einem kleinen Verdauungsbummel, bei welcher Gelegenheit ich Preetz als ein urgemütliches kleines Nest kennen lernte, dessen holzgeschnitzten Häuserfronten und ehrwürdigen Bäumen man es sehr wohl ansieht, dass dieser Ort auf eine vielseitige Vergangenheit zurückblicken kann. Der weit ausgedehnte Klosterkomplex ist hochinteressant; nur wird leider der Eindruck des Doms durch die banalen kleinen Landhäuser, welche in allen erdenklichen Stilarten daran geklebt sind, beträchtlich herabgestimmt.

Von hier ging mein Kurs über den buchten- und inselreichen Lanker See. Kein Zeichen der Jetztzeit durchbricht die einsame Natur, die mannigfaltigsten Wasservögel schweben über der melancholisch brandenden Flut, und geheimnisvoll rauscht der Wind in den hohen Schilfbänken. Einige pfahlbaugleiche Heuschober lassen mich in die graue Vorzeit der Ureinwohner Deutschlands zurückträumen. Der See verliert sich in einem Labyrinth von Mündungen. Die Generalstabskarte liess mir mit charakteristischer Unparteilichkeit die Wahl zwischen zwei gleich grossen Wegen, und der Reiseführer, der ja nur für Landratten geschrieben war, behandelte selbstverständlich die Angelegenheit mit jener feinen Verachtung, welche sich am wirksamsten durch gänzliches Schweigen ausdrückt. Meinem guten Stern vertrauend, wählte ich aber wirklich die richtige Strasse.

Eine Seite des Aalfangs unter der Brücke bei Wahlsdorf war glücklicherweise hochgewunden und ich hatte gerade noch Raum genug, mein Boot mit den Händen gegen den gurgelnden Strom von Pfahl zu Pfahl vorwärts pressend, unter der niedrigen Brücke durchzukriechen. Dann gings durch den ganz verkrauteten Fuhlensee, dessen hügelige Ufer mit vorweltlichen Baumriesen geschmückt sind.

Hinter dem Kronsee sperrte abermals ein Aalfang das Flussbett; allein auch hier fand ich eine Lücke, gerade breit genug, um meiner schlanken „Ellide" den Durchschlupf zu ermöglichen. Die Sventine verbreiterte sich seeartig, die Strömung hörte auf und hinter der weit vorspringenden Halbinsel Wittmoldt breitete sich der kleine Plöner See vor mir aus; in der Ferne überragt vom Parnass und dem vielgegiebelten Schloss von Plön.

Es hätte mich gereizt, Wittmoldt als Studie für eine heroische Landschaft mit nachhause zu nehmen; jedoch das stürmische Wetter störte die Stimmung und verbot mir zu rasten.

Durch eine grosse Binsenbank fand ich den Weg unter dem Eisenbahndamm hindurch bis an das Stauwehr, welches mich vom grossen Plöner See trennte. Zufällig waren in der Nähe mehrere Fischer beschäftigt, die mir behilflich waren, meine schwimmende Habe über die Sperre zu tragen. Nach Passierung eines schmalen Baches befand ich mich auf der grossartigen Fläche des tobenden Plöner Sees. Rechts schimmerten die blanken Türme und Dächer von Ascheberg, links zog sich der grosse Park des Plöner Schlosses bis zu dem schmalen, wallartigen Landrücken, dem steinigen „Rift", welchen ich umschiffen musste, um dann hinter seinem Schutze gerade auf den Hafen der Kadettenanstalt zuzuhalten.

Wie jeder andre gewissenhafte Tourist, besichtigte ich nun die Stadt, das Schloss und den Park, bestieg den Parnass nebst Eisen-Aussichtsturm, ohne zu dichten, und kletterte wieder hinunter mit dem erhebenden Gefühl, von den laut Reisehandbuch vierzehn sichtbar sein sollenden Seen zehn gefunden zu haben.

Meine „Ellida" fand ich wohlbehalten wieder vor und fuhr weiter nach Fegetasche. Hier wurden in der guten alten Zeit den Reisenden die Taschen ausgefegt, wie die Chronisten vermelden. Diese Befürchtung ist jetzt zum Glück nicht mehr vorhanden, da man bei den freundlichen Gastwirten für wenig Geld gut aufgehoben ist und vollkommen umsonst die schöne Landschaft mit dem unvergleichlich malerischen Blick über den See auf Stadt und Schloss geniessen kann.

Hier musste Ellida sich wieder eine kleine Landreise von hundert Schritten gefallen lassen; zwei schnaufende Ackerknechte halfen mir Boot und Inhalt durch den Garten tragen. Der kleine Weiher hinter dem Gasthof steht durch ein Rinnsal mit dem Höftsee in Verbindung, welches ich vorauswatend mit Ellida im Schlepptau durchfuhr; von diesem lief ich in den Behler See. Bei meinem Herannahen an die den Ausgang verdeckende Insel erhob sich unter betäubendem Gekreisch eine Wolke von Möwen, so dass buchstäblich der Himmel von den zierlichen Fliegern verdeckt war.

Nach Passierung der Landenge bei Timmdorf segelte ich in flotter Fahrt über die ernsten Fluten des Dieksees. Steil fallen die dunkelgrünen Hänge ins Wasser und die Wipfel der Buchen-

Der Ukleysee
Nach einem Schabkunstblatt

wälder rauschen vereint mit dem Schilf und den Wellen auf steinigem Ufer.

In der fashionablen Villenkolonie und Hotelstadt Gremsmühlen schlug ich mein Nachtlager auf; indessen, die vielen Badegäste, Kellner und Hotelwagen liessen mich in dieser sonst so idyllischen Gegend nicht Wurzel fassen. Ich enteilte bereits am nächsten Morgen diesen allzu gasthöflichen Gestaden und fuhr, nachdem ich die den Fluss sperrende Mühle wieder per Achse umschiffte, durch das schmale Fliess zum Kellersee. Von stolzer Höhe blickt das Hotel „Holsteinische Schweiz", Haltestelle der Eisenbahn, renommierte Küche mit feinsten Weinen usw. herab. Mir grauste indessen vor den Segnungen der Zivilisation und ich fuhr eilig weiter, so schön das Land auch war.

Da steht ferner im Tagesbefehl der Touristen der Name Sielbeck, und mit goldenen Lettern: Der Ukleysee. Bei diesem Worte fängt ganz von selbst der Deutsche jeglichen Alters und Geschlechts an zu dichten und zu singen. Ich konnte und durfte es mir daher nicht versagen, die hypnotisierenden Eigenschaften dieser Gegend auf mich einwirken zu lassen. Ich bestätige zwar gern, dass die träumerisch den kleinen See beschattenden Buchen, das duftig schwellende Moos und die plätschernden Bächlein sehr poetisch, andächtig stimmend sind, indessen, da an jedem Baum zugleich ein Schild prangt, wieviel Minuten und Sekunden ich bis zum nächsten Gasthaus habe, und was für geistige und kulinarische Genüsse — und zu welchen billigen Preisen — mich dort erwarten, und da man zwischen grinsenden, die Serviette schwingenden Kellnern beständig Spiessruten laufen muss, so stellte sich bei mir leider die erwartete Begeisterung nicht ein.

Ich verliess daher diesen Ort und zog ein bisschen weiter fort. Die Sventine musste ich mir in der südlichsten Ecke des Sees, ganz unter Erlen und Weiden versteckt, aufsuchen, und unter diesem Blätterbaldachin krabbelte ich mühsam bis zur Fissauer Mühle weiter, die ich wieder durch Herumtragen des Bootes überwinden musste. Mit dem lustigen Müller schloss ich schnell Freundschaft, und in seine alten Eichen verliebte ich mich sogar. Die untergehende Sonne mahnte jedoch zur Eile; hatte ich doch noch ein gutes Stück Sventine zu absolvieren, bis Eutin erreicht war, und dieses Wasser hat, wie wir wissen, seine Mucken. Es ging jedoch ganz leidlich ab, und um acht Uhr abends landete ich am Vosshausgarten.

Was es zu sehen gab in und um Eutin: das Vosshaus, reich an Erinnerungen an den Schulmeister und Biedermeierdichter Voss, das schöne alte Schloss mit seinem prächtigen Park besichtigte ich am nächsten Tage. Dann hielt ich Kriegsrat mit mir ab, da das Wasser hier zu Ende, und der Ellida trotz meines heissen Wunsches noch immer keine Flügel oder Räder gewachsen waren.

Das nächstliegende Wasser war die Ostsee; und da eine bequeme gerade Chaussee von ungefähr zwei Meilen nach Neustadt führt, vertraute ich am folgenden Morgen meine Habe einem Heuwagen an, der mich nach dreistündiger Fahrt am Strande der Neustädter Bucht ablieferte.

Ein flotter Nordwest mit herrlichem Sonnenschein schwellte meine Schmetterlingsflügel, und zischend und schäumend flog ich mit den Möwen um die Wette über die kristallklare Salzflut

auf Scharbeutz zu. Dort erwartete mich am Strande meine Schwester im Kreise ihrer zahllosen Kinderschar, durch Postkarte von Eutin aus bereits vor meinem Herannahen gewarnt.

In der kleinen Badegesellschaft, in der ich zu meiner Ueberraschung noch mehrere andre Bekannte antraf, verlebte ich einen geselligen Abend und angenehmen Vor- und Nachmittag, bis es für mich höchste Zeit war, aufzubrechen, da ich noch zur Nacht Lübeck via Travemünde erreichen wollte.

Die See lag glatt wie Oel und die Sonne meinte es gut. In Travemünde gönnte ich mir nur kurze Rast für eine Tasse Kaffe im Strandpavillon und wurde bald darauf, als ich schon das Badestädtchen hinter mir hatte, von einem zweimal wiederkehrenden Gewitterregen gehörig durchgewaschen.

Leichtsinnigerweise hatte ich mir von der Trave bis Lübeck keine Karte angeschafft; ich täuschte mich daher bedenklich in der Entfernung. Und so wurde es später und später, der Magen knurrte unwillig aus Mangel jeglichen Proviants, und die Gewitterluft lag mir wie Blei in den Gliedern.

Die Ufer der Trave sind abwechslungsreich und erinnern teilweise an die Havel zwischen Pichelswerder und Potsdam; nur die vielen Baaken und Bojen, sowie die Schwärme von Möwen, welche sich an den tangbestreuten Ufern zur Nachtruhe niederlassen, zeigen die unmittelbare Nähe der See an. Auch die originell gebauten holsteiner Strohdächer, welche über die Dämme und aus dem Schilf hervorragen, erinnern daran, dass ich in fremden Landen weile. Bei Schlutup fuhr ich im Zwielicht vorüber; ich hielt die flachen Gebäude der Fischräuchereien mit den hohen Schornsteinen für Ziegeleien. Da Ziegelarbeiter im allgemeinen nicht meine Freunde sind, bleibe ich nicht gern an solchen Orten mit meiner Ellida. Bei Herrenfähre wurden mir jedoch Dunkelheit und Müdigkeit zu bedenklich; in einer geschützten Bucht zog ich mein Fahrzeug zwischen das Schilf und nach einigem Hin und Her nahm mich die gutmütige Fährmannsfrau gastlich auf. Ein Salon war zwar das Turmverliess mit dem vergitterten Fenster nicht gerade zu nennen, die Speisekarte war auch nicht sehr reichhaltig, und das Stroh knisterte in der quadratischen Bettlade die ganze Nacht; immerhin war es hier angenehmer, als in dem vom Gewitterregen durchnässten Boot zu kampieren.

eitig nahm ich am nächsten Morgen Abschied von dem mittelalterlichen Giebelhause unter schattigen Bäumen. Ein langer Weg Trave aufwärts lag heute vor mir, bis ich kurz unterhalb Oldesloe die Reise für einige Wochen unterbrechen konnte auf dem Gutshof meines Jugendfreundes. Durch die ungeheuren Holzstapel aus Finnland und Skandinavien hielt ich früh morgens meinen Einzug in die liebe Hansestadt Lübeck. Ich kenne kein schöneres Städtebild als den Anblick dieser altertümlichen Stadt vom Wasser aus, mit ihren roten Ringmauern, Türmen und Toren, mit ihren Giebeln und Wällen, deren prachtvoller Baumbestand sich in den breiten Wassergräben und Kanälen spiegelt. Nur kurze Zeit aber hielt ich mich diesmal hier auf, um die notwendigsten Angelegenheiten zu erledigen; dann setzte ich meinen Weg durch das anmutige Travethal fort.

Das Flüsschen verengte sich bald immer mehr, die Windungen und der Strom wurde stärker, und Aeolus bliess mir mit vollen Backen entgegen. Sehnsüchtig blickte ich nach Reinfeld aus, welches nur sehr langsam näher rückte, da auch Kraut und Untiefen mich sehr behinderten. Schon war Mittag vorbei, als ich endlich mein Boot im Kalkgraben der Bewunderung einer prächtigen Kuhherde überlassen konnte, um den Weg bis zum Gute meines Freundes zu Fuss zurückzulegen. Mit einem Heuwagen ausgerüstet, kehrte ich zu meinem Boot zurück, und im Triumph wurde es auf den Gutshof in eine Scheune eingefahren.

Hier nistete ich mich für einige Wochen behaglich ein, genoss Holsteins Gastfreundschaft in weitgehendstem Masse und zog mit Pinsel und Palette in der reizvollen Umgebung umher. — —

Der Kalender zeigte bereits den Monat August, mich zum Aufbruch mahnend. Und so brachte ich denn widerstrebenden Herzens meine Ellida wieder im Kalkgraben zu Wasser und gondelte die Trave hinunter bis Lübeck. Nach einem Aufenthalt von einigen Tagen, die der Besichtigung der interessanten Bauwerke geweiht wurden, passierte ich die Landenge zwischen Trave und Wackenitz unter Beihilfe von sechs stattlichen Lastträgern in Kniehosen und Schnallenschuhen und entdeckte nun auch letzteres Flüsschen bis zu seinem Ursprung, dem Ratzeburger See.

Ein köstlicher Sonntagsmorgen überstrahlte das sumpfige, malerische Flusstal, das Dorado für die Wasserjagd. Urwüchsige Fischergehöfte liegen versteckt in den Buchten und den schmalen schilfverwachsenen Flussarmen, und rechts und links ziehen sich die violetten Höhenzüge des Lübecker und Mecklenburger Landes in der Ferne entlang.

Bei Rothenhusen erreichte ich den Ratzeburger See, eine wunderbare Wasserfläche, von schönen abwechslungsreichen Ufern umkränzt. Nach etwa zweistündiger Fahrt lag vor mir das Inselstädtchen Ratzeburg, ein interessantes kleines Rattennest mit hochragendem Dom und vielen malerischen alten Rumpelbuden. Ich fuhr noch gleich etwas weiter, da ich am Ende des sich anschliessenden Kirchsees auf der Karte einen Ort verzeichnet sah mit dem verlockenden Namen „Waldesruh". Die Enttäuschung war leider gross, indem den ganzen lieben Sonntagnachmittag die Tanzmusik quiekte, Hunde kläfften, Kinder brüllten und mich redelustige Sommerfrischler belagerten. Man sieht, dass ich mich wieder Mecklenburg genähert hatte. Ich flüchtete daher in die naheliegenden Buchenwälder und bestellte mir dann für den nächsten Nachmittag das für die Chaussee nach Mölln einzig mögliche Fortbewegungsmittel, einen Heuwagen.

Die über eine Meile breite Wasserscheide zwischen Stecknitz und Wackenitz hatte ich nach gut eineinhalbstündigem Dauerlauf neben dem Wagen her glücklich überwunden, und konnte den Abend zum Studium der Tyll Eulenspiegelstadt verwenden.

Wer ein freundlich stilles Landstädtchen liebt, gern auf guten Wegen in schönen Laub- und Nadelwäldern an Fluss und See

entlangstreift, wer sich in herrlicher Luft erholen will und doch die Annehmlichkeiten geschmackvoller Villen nicht entbehren mag, der gehe nach Mölln. Das Skizzenbuch wird auch nicht leer nach Hause gebracht! —
In den offiziellen Werken der Hydrographie unsres Vaterlandes wird die Stecknitz kaltblütig als ein schiffbar gemachter Fluss aufgeführt. Nun ist zwar der Begriff der Schiffbarkeit eines Gewässers dehnbar entsprechend den Grössenverhältnissen eines Kanoes bis zu einer Panzerkorvette; ich möchte aber einem mehr als fünfzig Zentimeter tief gehenden Fahrzeug den Rat geben, sich um keinen Preis in das schleifenförmige, schilf- und krautbewachsene Flussbett der Stecknitz zu wagen, besonders aber zu versuchen, irgend etwas über die Reisedauer vorausbestimmen zu wollen. Die anno 1422 eingerichteten Schleusenwerke funktionieren nämlich nur, wenn es ihnen gerade passt, im günstigen Falle alle zwei Tage und auch dann nur mit patriarchalischer Langsamkeit unter Anwendung schweisstriefender Arbeit. Vom Standpunkte des Naturfreundes kann ich diesen Zustand nur billigen, in welchem die weissen Wasserrosen prächtig gedeihen, die Schilf- und Wiesenränder in urwüchsiger Ueppigkeit sich ausbreiten und das fliegende und schwimmende Wassergetier in vorweltlich-beschaulicher Ruhe sich vervielfältigen kann.

Nach einer vielgewundenen Fahrt von einer Stunde in herrlichster Morgenfrühe durch die bergige Umgebung Möllns erreichte ich die sogenannte Oberschleuse, und nun begann die interessante und muskelstärkende Arbeit, eine Brücke von dreizölligen Bohlen abzubauen, um sie nach Passierung wieder kunstvoll zusammenzustellen. Darauf wurde mit verschmitztem Handgriff eine Anzahl der das Wasser ungefähr einen halben Meter aufstauenden Nadelwehre entfernt, wodurch der unterhalb befindliche Wiesengrund bis zu dem fünfhundert Meter abwärts stehenden zweiten Wehr überflutet wurde; eine Prozedur, die fast eine Stunde in Anspruch nahm. Hierbei half mir der anwesende Wärter getreulich, für welche Leistung er tarifmässig den Betrag von zwanzig Pfennigen erhielt, eine Summe, welche in Anbetracht der dort noch seit dem fünfzehnten Jahrhundert herrschenden Zustände, indem ein Nachtwächter beispielsweise acht Pfennige Wochenlohn bekam, als ganz enorm bezeichnet werden muss.

Meine seemännisch-dienstlich aussehende Mütze, die bereits im Nord-Ostsee-Kanal so guten Eindruck gemacht hatte, flösste dem biederen Kartoffelbauer eine solche argwöhnische Hochachtung ein, dass er in mir einen sehr hohen WasserstrassenStaatsdiener vermutend, nicht zu bewegen war, auch nur das kleinste Extratrinkgeld für seine redlichen Bemühungen anzunehmen. Im Gegenteil, er begleitete mich sogar noch bis zur nächsten über eine halbe Meile entfernten Donnerschleuse, „da dort gerade kein Wassertag wäre". Das heisst nämlich, an diesem Tage durfte die Schleuse wegen Wassermangel überhaupt nicht gezogen werden, und da der über sie eingesetzte Befehlshaber gerade in privaten Geschäften abwesend sei, wollte mir dieser treffliche Hüter der Staatseinkünfte (die sich nach seiner Angabe auf ca. zehn Mark pro Jahr beliefen) bei der Ueberwindung dieser Schleuse durch Herumtragen des Bootes behilflich sein. Das tat er denn auch und wurde durch Händedruck ohne klingenden Inhalt belohnt.

Bei Gross-Berkenthin machte sich die fortschreitende Zivilisation durch Baggermaschinen und Rammwerke bemerkbar, welche das mittelalterliche Idyll durch Umwandlung in einen modernen **Schiffahrts-Kanal** zerstören wollten. Hier sperrte wieder eine Schleuse primitivster Konstruktion die Fahrstrasse. Trotzdem auch hier heute kein „Wassertag" war, gelang es mir bei dem über achtzigjährigen Schleusenmeister, die Erlaubnis zur Durchfahrt zu bekommen; sei es, dass der alte Knabe sich im Datum geirrt, oder dass ihm meine „Dienstmütze" so sehr imponiert hat, dass er meinem ahnungslos-bestimmt-freundlichen Wunsche, durchzuschleusen, nichts entgegen zu setzen hatte.

Das Wetter war meiner Reise nicht so hold gewesen, wie der umgängliche Gemütszustand der Vertreter der herrschenden Staatsgewalt. Mehr als einen Regenschauer hatte ich über mich ergehen lassen müssen bei meinem Schlangenwege durch die liebliche lauenburgisch-lübische Landschaft. Schon wurden die Schatten länger und die Luft war empfindlich kalt, mich zur Eile anspornend. Und vorbei trug mich der murmelnde Strom an manchem patriarchalischen Bauernsitz, an reichbesetzten Viehweiden, an schattigen Dörfern und rauschenden Wäldern, bis endlich in der Ferne die bekannten Wahrzeichen von Lübeck auftauchten, denen ich mich auf verschlungenem Pfade langsam wieder näherte.

Nasskalte, trübe Regenböen peitschten über die gezackten Giebel der malerischen Hansestadt, mir einen gesellig verbrachten Bummeltag auferlegend. Am nächsten Morgen schwamm ich vor dem stürmenden West die Trave wieder abwärts gen Travemünde. Bald hinter Schlutup hatten sich die schaumbedeckten Wellenkämme zu solcher Höhe aufgewälzt, dass es manchmal riesiger Anstrengung bedurfte, das galoppierende Boot in gerader Fahrrichtung zu halten. Bei einer ganz besonders agressiven Welle, die mich querwerfen wollte, brach mir das Backbordruder glatt am Holm durch. Auf der rollenden See raste ich schleunigst in Deckung, „Ellida" schnell zum Paddelboot umzufrisieren. So erreichte ich den schützenden Lotsenhafen von Travemünde und schwang mich auf das gerade bereitstehende Dampfross, um in Lübeck ein Ersatzruderpaar aufzutreiben, was mir auch glücklich in dem dortigen Ruderclub gelang.

Den ganzen nächsten Tag musste „Ellida" untätig im Lotsenhafen herumlungern; der Nordweststurm machte ein Auslaufen in See unmöglich. Indessen das lebhafte Badegetriebe und die ausserordentlich anheimelnden Motive, welche man im Fischerviertel findet, vertrieben mir die Zeit aufs angenehmste, so dass ich den unfreiwilligen Aufenthalt durchaus nicht bereute.

Der ganze Ort ruhte noch in tiefstem Schlafe, nur der Leuchtturmwärter rief mir gute Reise zu, als ich am nächsten Morgen mit abflauendem Winde der Sonne entgegenstrebte. Leicht rollend schwebte ich an der lieblichen Mecklenburger Küste mit meinen Schmetterlingssegeln entlang, die wenigen auslaufenden Fischerboote schnell hinter mir lassend. Bequem dehnte ich mich mit festgelegten Schoten platt vor dem Wind auf dem weichen Teppich meiner „Ellida", und im Wettlauf mit den graugelben zerfetzten Wolken überflog ich die glitzernden, rastlosen Wellen. So ganz allein, ohne Hindernis, ohne Weg und Steg, ohne Rücksicht auf bevormundende Polizeivorschriften, die am Lande auf

Schritt und Tritt den Erdenbürger mit einem drohenden Gitter umgeben! — Hier bestimme ich selbst mein Schicksal durch einen Fingerdruck auf das hin- und herschwankende Steuer, hier gehört mir die Welt und mein Leben! — Die flüchtigen Sonnenstrahlen tanzen wie Millionen Diamanten auf der grünlichen Flut, in gleichmässig anstürmenden Schaumkronen sprüht die eilende Welle über das Vordeck, und die graziösen Möven und Seeschwalben begleiten meine Fahrt mit einförmig klagendem Gekreisch. — So möchte ich in die Ewigkeit fortschweben, bis an ein fernes, nie gekanntes, langersehntes Land. —

Doch wozu all' diese Träumereien, aus denen man doch gar zu bald durch die gebieterisch sich aufdrängende Wirklichkeit gerissen wird; schon nach wenigen Stunden mahnte mich das Menschengekrabbel, welches ich am Strande durch mein Glas wahrnahm, dass ich mich noch recht nahe der poesiezerstörenden Menschheit befand, und auch die peinlich genau ausgearbeitete Seekarte verjagte alle sehnsüchtige Illusionen, ein etwa noch unentdecktes Glücksland auffinden zu können. Haarscharf bewies sie mir, dass jene Kirchtürme unwiderleglich zu Boltenhagen und jene schroff ins Meer abfallenden Lehmhänge zu der Klütz gehören müssten.

Die Brandung gerade voraus warnte mich noch rechtzeitig, dass auf der sogenannten Lieps, einer weit in die See ragenden Sandbank, nicht genug Wasser stand, um darüber hinwegschwimmen zu können; ich musste daher meinen Kurs abseits der deckenden Küste hart nordöstlich auf die Insel Poel zu ändern, und denn mit halbem Wind die aus der Wohlenberger Wiek steil heranrollende See übersegeln, eine kitzliche Prozedur, die zu Seekrankheit neigende Mägen nicht sehr willig hingenommen hätten.

Dem Cholerastationswächter auf dem „Walfisch" schwenkte ich meine Mütze zum Willkommensgruss, und dann lief ich wohlbehalten in das abgetonnte Fahrwasser auf Wismar zu.

Das Alter von sechs Jahrhunderten ist trotz aller „Verschönerungsversuche" diesem weltvergessenen Schwedenstädtchen untrüglich auf die massiven Tore und Kirchen geschrieben; besonders von der Wasserseite nimmt sich der Anblick der alten Hanseschwester mit den plumpen Holzschiffen und der buntfarbigen Fischerflotte recht malerisch aus.

Wo Schiffe sind, ist auch immer eine Anzahl Menschen, welche mit den Händen in den Taschen sich die Wolken besehen, ins Wasser starren, Tabak kauend, rauchend und spuckend; und von diesen stets zu Gesprächen aufgelegten Leuten erfuhr ich auch

leicht, wo der Ruderklub des Ortes sei, dessen Obhut ich meine „Ellida" anvertraute, um mich dem Studium von Stadt und Umgebung widmen zu können.

Der Handel wirkt auf die Romantik unsrer alten Städte ebenso brutal wie einst der Krieg und verunstaltet sie im selben Masse, wie jener sie zerstörte. Die Eisenbahnen legen ganze Stadtviertel nieder und manch ehrwürdiger Speicher muss der nüchternen modernen Häuserfront in Eisenkonstruktion, und die schön geschwungene Treppe in lauschiger Diele muss dem rasselnden Personenaufzug weichen. Trotzdem hat sich hier in Wismar noch manche Perle des Backsteinbaus aus früheren Jahrhunderten erhalten. Der Marktplatz mit seinem Brunnen und mannigfaltigen Giebeln wirkt noch heute so einheitlich mittelalterlich, als ob er aus vielhundertjährigem Dornröschenschlaf in unsrem Zeitalter der elektrischen Bahnen plötzlich wieder aufgewacht sei, und nichts kann uns schöner die Baukunst vergangener Zeiten vorführen, als das Fürstenhaus, das Tor am Fischerhafen sowie der Eingang im Osten der Stadt.

Auch ausserhalb der Stadt umweht uns die Luft des Mittelalters. Der Schweriner See steht hier mit der Ostsee durch einen von Wallenstein während des dreissigjährigen Krieges angelegten Kanal in Verbindung. Da ich mich von Wismar aus wieder land einwärts schlagen wollte, unternahm ich einen Entdeckungszug zu Fuss längs des Grabens, um ihn auf seine Schiffbarkeit zu untersuchen. Ich stiess dabei auf die reizendsten alten Mühlenräder, auf uralte Gasthöfe, auf verschlammte und verwachsene Gräben und wetterdurchfurchte, moos- und farrenbewachsene Brückenwölbungen. Es erwies sich jedoch als unmöglich dieses Ueberbleibsel einstigen Verkehrs mit einem Boot zu befahren und so musste ich denn zu dem oft bewährten Hilfsmittel des Heuwagens greifen.

Nach dreistündiger Fahrt bergauf, bergab fand ich in der Nähe von Hohen-Viecheln am Schweriner See eine Stelle, wo ich mein Boot wieder flott machen konnte und ich befand mich nun wieder auf bekanntem Wasser und hatte glatte Bahn bis Berlin. In der Ferne winkte die Pappelreihe von Paulsdamm und nach Passierung der Ziehbrücke, über den die den See halbierende Fahrstrasse führt, konnte ich auf den herrlichen Schweriner Schlossbau zuhalten.

Am frühen Morgen des fünfzehnten August verliess meine rastlose „Ellida" den bequemen Landungssteg des allzeit gastfreien Ruderclubs „Obotrit" und entführte mich zwischen den

vielen waldigen Inseln hindurch zum südlichen Ausfluss des Sees. Hier betrat ich das einsame Wald- und Wiesenland der Lewitz, welches von schnurgraden Kanälen durchzogen wird, deren Wasserspiegel durch Deiche aufgestaut, teilweise höher liegt, als das umgebende Land. Die Ziehbrücken, die Viehherden, die Windmühlen: alles erinnert an Holland, das Land der Kanäle und in grossen Abständen trifft man auf menschliche Behausungen.

Da der höfliche Wirt im sogenannten Fährhaus am Ausfluss des Schweriner Sees mir in zarter Weise bedeutet hatte, dass seine Eier, Butter und Käse zu schade für mich seien, so herrschte heute in dieser Einöde Schmalhans als Küchenmeister an Bord der „Ellida"; dazu kam noch, dass die Schleusen, deren ich mehrere antraf, ebenso wie die Ziehbrücken in jämmerlichem Zustande waren, und ohne jegliche Hilfe von mir allein bedient werden mussten. Ich war froh, gegen abend im Gasthof des gemütlichen Parchim, Moltkes Geburtsort, ein vorzügliches Unterkommen zu finden.

Im Begriff, am nächsten Vormittag das viel gewundene Strombett der Elde weiter aufwärts zu befahren, sprühte mir ein unangenehmer, nasskalter Herbstregen ins Gesicht. Ich einigte mich als kluger Diplomat mit dem Barometer auf gütlichem Wege, so dass er von Burowschleuse an nur noch in ganz schüchternen Tröpfchen seine gedrückte Stimmung anzeigte. Gegen Abend hatte das wankelmütige Quecksilber seinen Groll sogar schon ganz vergessen, so dass die gute Mutter Sonne freundlich lächelnd durch die sich langsam auflösenden Wolken herüber nickte zu dem eben über den Horizont schalkhaft hinwegschielenden Vollmond.

Zuerst konnte zwar der sanftmütige Herrscher der Nacht nicht so recht zur Geltung kommen gegen die alles vergoldenden Strahlen der westlichen Tageskollegin; als aber diese hinter der Wolkenbank für heute sich zurückgezogen hatte, zauberte der friedliche Geselle mir eine herrliche Silhouette vor aus Büschen und Hügeln, aus Türmen und Dächern.

Das war Lübz, und ich konnte es mir nicht versagen, nach dem Abendessen das sanft im Schlummer liegende Städtchen vom Vollmondsglanz beleuchtet, zu besehen. Wie in einem Zaubermärchen hob sich der epheuumrankte Wachtturm gespenstisch gegen den tiefvioletten, sternbesäeten Himmel ab; die leise umspülten Pfeiler der alten Ziehbrücke spiegelten sich zitternd in der mit dünner Nebelschicht überzogenen Wasserfläche. Aus den Ufern tönte unsichtbar ein betäubendes Gequake in allen Akkorden, eine Musik, wie sie an milden Sommerabenden nicht treffender Wohlbehagen und Zufriedenheit ausdrücken kann. Die Grille zirpt im taufeuchten Gras, die Fledermaus taumelt mit Blitzesgeschwindigkeit schrillpfeifend an mir vorüber und in der Ferne bringt ein Kettenhund dem Monde eine Serenade dar.

Wie anders heute als vor drei Jahren, als die Cholerafurcht hier ihr Gorgonenhaupt durchs Land trug und der Fremde sich wie ein Verbrecher vor den Bewohnern verstecken musste.

Ueber das Brückengeländer gelehnt, lausche ich dem Atemzuge der schlafenden Natur, bis auch mir die Augen zufallen. Ein solcher Abend mit seiner zufriedenen Ruhe rechnet für mich mehr als ein Jahr, auf die Gefahr hin, schon frühzeitig auf diese Weise ein Jubelgreis zu werden. —

Auf die wunderbar klare, aber kühle Nacht folgte ein grauer, undurchdringlicher Nebelmorgen, ein deutliches Zeichen des nahenden Herbstes. Schon um neun Uhr hatte jedoch die Sonne sich siegreich durchgearbeitet und glitzerte und flimmerte auf jedem Blatt der duftigen Laubwälder, auf jedem Grashalm der den Spirallauf der Elde einsäumenden Wiesen.

Bei jeder Krümmung des Flüsschens bot sich ein anderes Bild; bald saubere, freundliche Gutshöfe, bald malerisch schmutzige Bauerndörfer. Für kurze Zeit umschattet mich ein prächtiger Laubwald, dann wieder windet sich mein Lauf durch hügelige Aehrenfelder und von Kuhherden emsig begraste Weideplätze. Mehrfach sperren Schleusen den Weg; die gemütlichen Hüter der Schiffahrt sind stets freundlich und redselig und versichern mir mit übereinstimmender Ueberzeugung, dass heute ein sehr heisser Tag sei.

Trotzdem mir dies auch bereits aufgefallen war, musste ich jedesmal die gleiche Ueberraschung heucheln über diese feine Beobachtung, und schliesslich bewirkte die Einmütigkeit, mit der mir der Zustand der Witterung zu Gemüte geführt wurde, dass ich mich schauderhaft trocken im Gaumen fühlte. In Plau, im kühlen Schatten eines echt mecklenburgischen Gasthofes, kehrte ich daher zur Behebung dieses Uebelstandes während der Zeit der grössten Tageshitze ein. Dann ging ich wieder Anker auf, um Bad Stuer einen Besuch abzustatten, dessen landschaftliche Schönheiten mir verschiedentlich gerühmt waren.

Es war schon schummrig, als ich mein im Schilf verstecktes Boot verliess und durch einen schön gepflegten Park auf ein Gebäude zuschritt, welches mir ein Hotel zu sein schien. Der Hausknecht, dem ich meine Handtasche gab, mit dem Ersuchen, sie auf mein Zimmer zu tragen, empfing mich mit der etwas indiskreten Frage, wie ich denn überhaupt hierhergekommen bin.

Als ich ihm bedeutete, dass ihn das gar nichts anginge, liess er mich beleidigt stehen und rief die Küchenmamsell sowie einige andre dienstbare Geister herbei, welche mich im weiten Umkreis argwöhnisch anglotzten.

Allerlei seltsam kostümierte Gestalten beiderlei Geschlechts huschten an mir vorüber, mich neugierig von allen Seiten betrachtend. Auf die etwas dringlichere Wiederholung meines Wunsches, ein Zimmer zu erhalten, wurde mir ängstlich erwidert, dass der Herr Inspektor nicht anwesend sei.

„Sonderbare Zustände!" dachte ich mir; und da ich hungrig und durstig war, bestellte ich eine Flasche Mosel und ein Stück Fleisch.

„Hier gibt's nur Wasser, und alle andren Patienten haben schon gegessen!" ward mir zur Antwort.

„Ja, wo in Teufels Namen bin ich denn hier eigentlich hingeraten?" fuhr es mir heraus.

Und so erfuhr ich denn zu meiner nicht geringen Ueberraschung, dass ich mich in einer Kaltwasserheilanstalt befand, und dass man schon nicht übel Lust hätte, mir ob meines rebellischen Wesens die Zwangsjacke anzulegen.

Stockfinster war es und ein Hotel weit und breit nicht bei der Hand; ich hielt es daher für ratsam, andre Saiten aufzuziehen, damit ich aus Gnade und Barmherzigkeit für die Nacht hier ein Unterkommen fände. Der inzwischen zurückgekehrte Herr Inspektor hatte Verständnis für meine Lage, sehnte sich vielleicht auch mal nach Unterhaltung mit einem Menschen, dessen Nervensystem noch intakt ist und öffnete mir gastlich sein Haus.

Nachdem ich meinen Durst an dem mit so grossartigem Erfolge angewandten Brunnenwasser gestillt, und meinen Magen durch möglichst wenig aufreizende Gerichte befriedigt hatte, begab ich mich in meine Isolierzelle, wo ich auf dem Tische die Hausordnung vorfand.

„Morgens um 6 Uhr kalte Dusche mit Abreibungen."

„Morgenandacht. — Um 7 Uhr drei Glas Wasser" etc. etc.

Weiter kam ich nicht; ich verrammelte meine Tür, fest entschlossen, mein Selbstbestimmungsrecht am nächsten Morgen so teuer wie möglich zu verkaufen. Mit diesem Vorsatz entschlummerte ich bis zum späten Sonntag Vormittag.

Glücklicherweise ging jedoch die Sache recht glimpflich ab; ausser der mir als Extragratifikation gewährten Tasse Kaffee trank ich aus freien Stücken den mir prächtig mundenden „Pumpenheimer" und schied mit dankerfülltem Herzen vom Herrn Inspektor.

Nach einem genussreichen Spaziergang in der lieblichen Umgebung sattelte ich wieder meine „Ellida" und erreichte die Mündung der Elde wieder bei Lenz. Bevor ich mich aber an die Durchquerung des Fleesen- und Kölpinsees sowie des grössten Binnensees Deutschlands, der Müritz, wagte, liess ich es mir nicht nehmen, in Malchow bei Bühring nach gewohnter Weise einzukehren, trotzdem ich mich nicht einmal durch Mittagessen entschuldigen konnte. Wer aber mal an so einem echt mecklenburger Ideal-Frühstückstisch gesessen, wie der da, von dem man erst spät nachmittags gerüttelt voll wieder aufsteht, wird diese meine ausnahmsweise Völlerei gern verzeihen.

Es war im höchsten Grade anerkennenswert vom Gotte Aeolus, dass er mir nach dieser kulinarischen Leistung in zuvorkommendster Weise das Rudern ersparte, indem er mir einen gemütlichen Westwind sandte, der mich ohne Anstrengung über die beiden grossen Seen und bis in die Arme meiner Sonntagnachmittags-Kaffee schlürfenden Warener Freunde blies, welche mich mit donnerndem Hip, hip, Hurrah begrüssten. Natürlich musste ich hier wieder einige Tage Rast machen; einesteils lockte die Geselligkeit, welche mein nun bald dreimonatliches Zigeunerleben angenehm unterbrach, andrerseits gab es am Müritzsee so manchen interessanten Winkel, den ich gern im Skizzenbuch nach hause nahm.

Glatt wie Oel lag der Spiegel der Müritz; über dem silbrigen Horizont schwebten einige violette Pünktchen — Baumkronen vom jenseitigen Ufer — und der eintönige Singsang der ihre Netze einholenden Fischer scholl von weit her über die einsame Fläche.

Da die Passierung quer über die Mitte der Müritz heute gänzlich gefahrlos war, verschmähte ich es, das Ufer wie sonst ängstlich auszufahren. Der Taschenkompass mit dem Kurs $S1^1/_2O$ auf Boltermühle wurde mittschiffs gelegt und nun genau darauf geachtet, dass die Magnetnadel immer auf N zeigte; so musste ich die Einmündung des Kanals, welcher die mecklenburgische Seenplatte mit dem Havelgebiet verbindet, sicher finden.

Ich war stolz auf meine nautischen Fähigkeiten, als ich genau die Einfahrt fand nach einer Fahrt von zweieinhalb Stunden über dieselbe Anzahl von deutschen Meilen! —

Sengend brannte die Sonne auf meinen Scheitel, und vor mir lag noch ein tüchtiger Weg durch Seen und Kanäle mit Brücken und schlecht handlichen Schleusen. Hoffte ich doch heute noch die Grenze von Mecklenburg und Preussen zu erreichen; ich gab daher „Ellida" tüchtig die Sporen. Allein die Sonne war beharrlicher als ich; bei Mirow hatte ich die Temperatur eines Bratapfels; ich flüchtete daher in den Schatten der Baumriesen des alten Schlossparks und zu Selter und Mosel in den Gasthof der Stadt.

Von meinen früheren Fahrten war mir die Gegend genügend bekannt, jede Bucht, jeden Hügel grüsste ich als guten alten Bekannten; all die kleinen freundlichen Dörfchen Diemitz, Canow, Strasen mit den ebenso gemütlichen Schleusenmeistern und ungemütlichen Schleusen konnten meinen Lauf nicht aufhalten. Auch nicht die poetische Steinhavel, die ich schon früher mit der Studienmappe abgegrast; denn auf jeden Fall wollte ich heute Abend mein müdes Haupt unter dem gastlichen Dache von „Tante Wegert" in Fürstenberg zur Ruhe legen.

Pechfinster war es schliesslich, als ich vor dem Tore der Fürstenberger Schleuse Halt machte; die mecklenburger Schleusengewaltigen nehmen es aber nicht so genau wie ihre preussischen Kollegen in bezug auf die Arbeitszeit und man liess mich noch durchschlüpfen. Im sicheren Hafen des Hotelgartens fand ich meinen Stammplatz, und ich war froh, die Haustür noch nicht verschlossen zu finden.

Von Tante Wegert wurde ich in gewohnter herzlicher Weise empfangen. Man sieht der lieben Dame tatsächlich die Freude an, einen Gast bewillkommnen zu können. Die vornehme Gleichgültigkeit eines Weltstadt-Oberkellners hat zwar auch seine angenehmen Seiten; aber wenn man in der entsprechenden Stimmung ist, wirkt so ein echt provinzialer Empfang erwärmend und anheimelnd. Und provinzial ist dieser Gasthof im besten Sinne des Wortes, ohne sich darüber schämen zu müssen; von der Vorzüglichkeit und Billigkeit der Verpflegung bis zum gänzlichen Mangel an Hotelglocken, Oberkellnern, Piccolos, Portiers und sonstigen Schrecknissen. Während die Wirtin in der Küche eigenhändig ein Souper bereitet, als ob ein ausgehungertes Regiment von Gourmets abzufüttern sei, sorgt das blitzsaubere Mädchen für Alles für Waschwasser und Handtuch, donnert mit den kräftigen Fäusten auf die riesigen Federbetten, die später doch wegen Alpdrücken über Bord fliegen, zupft die billigen aber peinlich weissen Gardinen in die richtigen Falten und plaudert mit mir über allerlei ihr höchst wichtig erscheinende Stadt-Neuigkeiten. Hat man dann als kleine Vorspeise ein Beefsteak vertilgt und darauf noch ein zartes Rebhühnchen nebst köstlichen Kompotts und Salat den Weg alles Fleisches gesandt, so ist in der Sofaecke bei einer duftenden Zigarre bald wieder alle Müdigkeit vergessen. —

anchmal scheint es, als ob Sonne, Mond und Sterne in unsrem lieben Deutschland so mit Kummer und Sorge überladen seien, dass sie wochenlang nicht zum Vorschein kommen. Dann aber wieder gibt es Zeiten, in denen sie sozusagen in die Sommerfrische gehen, jegliche Trübsal abstreifen und mit einer Beharrlichkeit sich der Menschheit widmen, welche wahrlich einer besseren Sache würdig wäre.

Solch eine Zeit schien seit einigen Tagen hereingebrochen zu sein; denn auch heute funkelte die liebe Sonne unentwegt vom azurblauen Aether, als ich, später als sonst üblich, mich händeschüttelnd von Wirtin, Dienstmädchen und „Grossvater" verabschiedete. Trotzdem meine „Ellida" nun schon den Stall witterte, und mich landschaftliche Schönheiten in den öden weidenflankierten Kanälen der Oberhavel durchaus nicht fesselten, schlug ich wegen der tropischen Hitze ein nur mässiges Tempo an, und kam an diesem Tage auch nur bis Zehdenick, einem Städtchen, welches hiermit zum erstenmal die Ehre hatte, mich in seinen Mauern beherbergen zu dürfen.

In einem derartigen Falle, besonders am späten Abend, ist stets die Hotelfrage äusserst misslich zu erledigen. Ist nur ein Gasthof im Orte, so ist alles gut und schön, da man dann sicher ist, den besten herausgefunden zu haben; sind aber deren mehrere, so hat man nachher stets den grössten Aerger mit sich und anderen. Fragt man einen Eingeborenen, so nennt er mit Sicherheit den Namen seiner Stammkneipe, und da kommt man dann manchmal schön an; man muss also seinem guten Stern vertrauen.

Ich will nicht verraten, wo ich diesmal reingefallen bin — es gibt, wenn ich nicht irre, einen Gesetzesparagraphen über die üble Nachrede, und ich habe eine Abneigung gegen Eingesperrtwerden — schön war's nicht! — Doch was tut das; war es doch höchstwahrscheinlich die letzte Nacht fern von den langentbehrten mütterlichen Fleischtöpfen, die mir hierdurch nur um so erstrebenswerter schienen.

Die traurige Einförmigkeit der Wasserstrasse nordwestlich von Berlin hat wenigstens das Gute, dass sie einem das Scheiden von diesem Amphibienleben leicht macht. Besonders von Malz an nichts wie gleichmässig breite, mit Weiden bepflanzte Kanäle, die jede Aussicht benehmen, mit gleichmässig aussehenden Lastkähnen, die den Weg versperren, deren Führer sich gegenseitig in den anmutigsten Ausdrücken beschimpfen und mir stets dieselben sinnigen Scherze zurufen. Dazu noch die Sonnenglut und eine Schleuse nach der andren; das hilft abgewöhnen! —

Zuletzt ereilte mich ein im allgemeinen zwar langersehntes, aber doch recht störendes Gewitter, von einer solchen Ausdauer, dass nicht nur in meinem Boot, sondern auch am ganzen Körper kein trocknes Fleckchen übrigblieb. Nachdem mir also auf diese drastische Weise „der Staub von den Füssen geschüttelt" war, wurde ich wieder Landratte. Zwar nicht auf lange; denn mit unwiderstehlicher Macht zieht es den, der einmal den Reiz und die Poesie gekostet hat, die auch im Ertragen von allerlei Unannehmlichkeiten und im Ueberwinden von Schwierigkeiten liegt, wieder hinaus zu neuen Abenteuern, zu neuer Stählung der Muskeln und Nerven in frischer Luft und schöner Natur. —

Zweiter Teil.

er Winter wollte im Jahre 1896 gar kein Ende nehmen. Die Amsel im Weidenbaum vor meinem Fenster hatte schon ihr melodisches Frühlingslied geflötet, aber die Ufer der Spree waren noch mit fussdickem Eise eingeschlossen. Schliesslich hackte ich eine Rinne durchs Eis, um in die offene Strömung zu kommen. Diesem heroischen Beispiel folgte endlich auch die Natur und sie sträubte sich nicht länger, ihren Schoss den warmen Strahlen der Sonne zu öffnen. Die Wiesen bezogen sich mit samtigem Grün, die Blätter sprossten an den sonnigen Ufern und mit Macht zog es mich mit „Ellida" in die Ferne hinaus auf das Lieblingsrevier meiner Jugend, nach Teupitz, um hier einige Wochen ungestört zeichnen und malen zu können. Indessen die Eindrücke vom Leben auf der unendlichen See, die ganz neue Welt, die mich dort im vorhergegangenen Jahre umgeben hatte, und der neue Charakter der malerischen Motive klangen doch zu mächtig in mir nach. Fortan genügte mir das Süsswasser allein nicht mehr, auch nicht die kleine „Ellida".

Als ich daher von befreundeter Seite eine Einladung für die Kieler Woche erhielt, liess ich mein braves Schifflein im kleinen Stralower Hafen sorglich verpackt zurück, und wagte zum erstenmal, selbständig ein Boot im Wettkampfe der Nationen zu führen.

„Lunula", so hiess der kleine Renner, den ich in Kiel mit klopfendem Herzen tummelte an Stelle des Eigners, der sich seiner grösseren Yacht „Luna" widmete, und nie kam ich ohne Preis nach Hause.

Unsere Heimat hatten wir an Bord der „Luna", und gar manche Nacht voll Freud und Leid hatten wir in der traulichen Kajüte zu zweit, zu vier, ja sogar zu fünf Personen manchmal zugebracht. Zu Ehren der Wannsee-Klubfarben im allgemeinen und der Halbmondflagge des Eigners im besonderen hatten wir in Cuxhaven und mit beiden Yachten in Kiel um die gleissenden Silberschätze der Hansestädte gerungen, und nun sollte die Seefahrt beginnen zu fernen Landen mit der grösseren „Luna".

Unser kleiner Satellit, die „Lunula", wurde daher auf der Eisenbahn zum Heimatsstrande am Wannsee geschickt und unter der Mannschaft beider Yachten eine fürchterliche Musterung gehalten, um die Spreu vom Weizen zu sondern.

Als am Morgen des zweiten Juli um vier Uhr der hohe Eigner gefolgt von zwei Hausdienern, welche unter der Last zweier Waschkörbe keuchten, gefüllt mit allen möglichen Delikatessen, von Bellevue an Bord kam, war die Situation folgende: Unter dem fertig stehenden Grosssegel fand er nur noch die beiden „Lunululatsche", Topmüller und meine Wenigkeit — wie man zu sagen pflegt, wenn man sich für die Hauptperson hält — sowie einen Dampferkapitän, welcher die uns noch ungewohnte Navigation besorgen sollte. Unter den aufgetuchten Vorsegeln kauerte die ständige Mannschaft der Yacht in Gestalt des Bootsmannes, mit dem Kosenamen „Charly", und eines noch nicht ganz stubenreinen Jungen.

Zur rechten Zeit, um 5 h 5' a. m. durchschnitten wir den Pulverdampf des Startschusses bei Laböe, und mit Vierkant-Topsegel stürmten wir, dicht gefolgt von unsrer Konkurrenz, in den prächtigen Sommermorgen hinaus. Hinter der Glockenboje bekamen wir den Wind achterlich; wir liefen eine ganz ausgezeichnete Fahrt mitten zwischen den Seglern der höheren Klasse und trugen anfangs den grossen Flieger noch gut.

Von Norden her lief indes eine ziemlich grobe See und dieser waren unsre Rundhölzer und das stehende Gut auf die Dauer nicht gewachsen: plötzlich brach mit dumpfem Ruck die Gaffel kurz vor der Klau, und während wir noch überlegten, wie dieser Schaden der das Grosssegel zu zerreissen drohte, zu reparieren sei, sprang mit Kanonendonnerschall die Belegklampe des Renners über unsre Köpfe hinweg durch das Grosssegel. Selbstverständlich folgte in demselben Augenblick die Stänge nebst Topsegel und Flieger, der zu Wasser ging, und das ganze stehende und laufende Gut hing in unentwirrbarem Chaos um uns herum und schleifte leewärts im Wasser hochaufschäumend neben uns her.

Da war es nun aus mit der Wettsegelei! — Unsre Konkurrenten, denen wir schon fast ausser Sicht gelaufen waren, stellten sich bald wieder mitleidig lächelnd bei uns ein und nun hiess es „Alle Mann zum Bergen und Kappen!" — Als waidwunde Streiter zogen wir aus der Schlacht und setzten Kurs SSO auf Fehmarn Sund. Fahr' hin du stolze Siegeszuversicht, ade du schöner Meteorpokal! —

So gut es ging, würgten wir unsre Enttäuschung hinunter, indem wir uns an den vielseitigen Inhalt der Konservenbüchsen und des Weinschrankes hielten, bis wir in arg zerzaustem Zustand nachmittags an den Travemünder Landungsstegen festmachten. Zu unserem Troste erfuhren wir, dass wir noch viele Leidensgefährten hatten, die auch mit Havarien aus dem Strausse mit Wind und Wellen hervorgegangen waren. Geteilter Schmerz — halber Schmerz! —

In fieberhafter Eile wurden die Schäden während des nächsten Tages beseitigt, eine neue Topstenge, neue Gaffel aufgebracht und das Grosssegel geflickt, und Sonntag traten wir wieder auf den Plan. Diesmal hielt alles, trotzdem der Gischt bis auf die Saling flog, und zwar so gut, dass wir nachher unsren wohlverdienten Silberhumpen beim fröhlichen Schmause kreisen lassen konnten.

Für den nächsten Morgen war der Start nach Utgrunden-Feuerschiff im Kalmarsund angesetzt. Galt es doch nun eine Fahrt quer über die Ostsee, und es war ungewiss, ob wir in drei oder erst in acht Tagen den Fuss an Land setzen würden.

Noch immer brauste der regenschwere West im Takelwerk und fegte in schwarzen Böen über die schnell auslaufende Trave. Das Wetterglas machte aber ein etwas hoffnungsvolleres Gesicht, als am Tage vorher, und so beschlossen wir, die Fahrt anzutreten, welche für unsren im Verhältnis zu den Konkurrenten recht kleinen Kutter ein reichlich kühnes Unternehmen war.

Die vorhergegangenen Sturmtage hatten unter der Zahl der Angemeldeten gehörig aufgeräumt, es machten sich daher von den elf im Programm stehenden Yachten nur sechs segelklar. Pünktlich um 10 h 5' a. m. brummte der Startschuss über die wild erregte Lübecker Bucht, und pünktlich, als ob es sich um ein Rennen handle, wo Sekunden entscheiden, sausten wir zwischen dem Startdampfer und S. M. Y. „Hohenzollern" hindurch. Gewitzigt durch die üblen Erfahrungen auf der Strecke von Kiel nach Travemünde, hatten wir nur kleine Segel gemacht, da die „Luna" in dem zu erwartenden Seegang nicht wieder Haare lassen sollte. Sehr schnell zog die Riesen-Yawl „Comet" mit vollen Untersegeln majestätisch an uns vorüber, dicht gefolgt von dem imposanten Schoner „Elisabeth", der, mit einer ungeheuren Breitfock ausgerüstet, sich hartnäckig an die Fersen der ehemaligen Kaiseryacht heftete. Eine gute Weile hielten wir uns dicht zusammen mit „Elli" und „Johanne", bis wir in höhere Dünung kamen und langsam zurücksackten. Nur noch „Hela", ein tüchtiger norwegischer Seekutter, zog Bord an Bord mit uns den Kurs nach ONO.

Ein stetiger WNW trieb uns mit ungefähr 7½ Meilen Fahrt rüstig vorwärts, und über dem dreimal gerefften Grosssegel setzten wir an der gestrichenen Stänge unser Dreikanttopsegel. So ging es eine schöne Strecke ohne Unterbrechung weiter. In der Ferne über Steuerbord konnten wir die hügelige Küste von Mecklenburg, sowie die kahle Insel Poel eben noch ausmachen; vor uns, an Backbord und achteraus nichts als die gleichmässig rollende See. Eine tüchtige Mannschaft hat jedoch stets etwas zu tun, und da sich das diesige Grau der Luft etwas aufgehellt und zerteilt hatte, stellten wir neben dem auf dem Kajütsdeck dicht zusammengelegten und festgezurrten Faltboot sämtliche des Trocknens sehr bedürftige Schuhe und Stiefel auf und dekorierten mit unsren nie ganz trocken gewordenen Reserveanzügen, Hemden und Strümpfen alle verfügbaren Fallen und Stage. Auch die Decken und Matratzen, die längst der Lüftung und der Sonnenstrahlen bedürftig waren, verzierten bald das Heck und die Wassergänge. Wer nicht mit der standesgemässen Beschäftigung des Stiefelputzens beschäftigt war, konnte sich alsbald bequem darauf ausstrecken und in die jagenden Wolken starren.

Sehr bald stellte sich, wie gewöhnlich in frischer Luft und beim Nichtstun, der seebärenmässige Hunger ein und der im Zubereiten köstlicher Speisen Berühmteste von uns verschwand in der Kajüte, um bald mit einer Schüssel herrlich duftender Kotelettes aufzutauchen. Allein, noch bevor wir der vorhergegangenen Fleischbrühe die gebührende Ehre angetan, zog mit unvorhergesehener Schnelligkeit eine gewaltige Regenböe über uns friedfertige Seefahrer her, welche die Idylle mit grausamer Rücksichtslosigkeit zerstörte.

Während Matratzen, Stiefel, Strümpfe, Anzüge in fürchterlichem Chaos in die Kajüte hagelten, stürmte ein Teil der Mannschaft an die Fallen, um manchmal bis an die Knie ins Wasser

tauchend, das Topsegel zu bergen und die Piek, die in solchem Falle nie kommen will, zu werfen.

Die See war ziemlich hoch geworden und „Luna" schwer im Kurs zu halten; in der Bö war der Wind nach SW gedreht, so dass es nun möglich wurde, die Ballonfock als Spinnaker zu führen, wodurch das Fahrzeug nicht mehr so stark gierte. Gjedser Riff-Feuerschiff zeigte uns die Nähe der dänischen Inseln an und Darsser Ort Leuchtturm erblickten wir am Horizont um 4 h 45′ p. m. Unsre grossen Gegner waren voraus verschwunden, „Hela" hatte nicht mehr mit uns Schritt halten können, seit wir die Ballonfock gesetzt hatten, und so waren wir jetzt allein auf der Wasserwüste. Nur zeitweilig begegnete uns ein Frachtdampfer oder Segler, nach Lübeck bestimmt, mit denen wir fröhliche Grüsse austauschten. Mit dem scheidenden Tage flaute der Wind etwas ab und die Wolken zerteilten sich. Hier und da lugte bescheiden ein Stückchen blauer Himmel zwischen den tiefgrau-violetten Wolkenfetzen hindurch; endlich zwängte sich ein Sonnenstrahl nach dem andern durch die Lücken und zauberte uns feierlich-schöne Stimmungen vor die Augen, wo eben noch trostloses Grau in Grau gewesen. Glänzend goldig verbrämten sie die zackigen Ränder der Wolken und grossen feurige Lava

auf unser brodelndes Kielwasser. Rosige Ballen flogen vor uns
her und über uns wölbte sich die azurblaue Unendlichkeit. Ein
solches Scheiden der Sonne prägt sich unverwischbar im Gedächtnis ein und demütig muss sich der Mensch vor dem grössten
aller Maler im Bewusstsein seiner Ohnmacht beugen. —
Die Sonne versank nur allzuschnell hinter einer festen
Wolkenbank am nordwestlichen Horizont und zerstörte damit
selbst ihr herrliches Gemälde; dafür aber zündete sie uns den
Sternenhimmel an und diesem Beispiel folgend, blitzte bald in
der Ferne das feuerige Wahrzeichen der Insel Möen und rechts
von uns erst der Lichtergruss von Dornbusch auf Hiddensöe
und dann der von Arkona zu uns herüber.

Gleichmässig gurgelt und perlt das schäumende Nass an der
dünnen Aluminiumhaut entlang, in gleichmässigen Schwingungen
kollert man in der knapp bemessenen Koje von rechts nach links,
und klagend knarren die Spieren am Mast. Ein verirrter Windstoss findet durch die Luke seinen Weg nach unten, hebt die
Vorhänge des Lagers und schreckt den Halbschlummernden auf;
endlich gewöhnt man sich an die mannigfaltigen Töne und ein
neuer an ein Sägewerk erinnernder fügt sich in die nächtliche
Sinfonie ein. —

„Reise, Reise!!" — —

Mit oft eingeübtem Sprung schlängelt man sich aus der
niedrigen Koje, schlüpft in die Bordschuhe, schnallt den Leibgurt fester und klettert verschlafen ins Cockpit hinauf, wo sausender Wind und kalte Nebeltropfen uns entgegenfahren.

„Alle Mann klar zum Halsen!" — „Fier weg Ballonfockfall
und Ausholer!" — „Heiss auf Spinnakerbaum!" — „Hol' an die
Dirk!" — „Fier' weg Piekfall!" — „Hol' an Grosschot!"
— „Achtung auf Backstage und Renner!" — „Baum kommt über!"
— „Beleg' Steuerbordbackstag!" — „Fier' ab Grossschot!" —
„Schift Spinnakerbaum!" — „Heiss' auf Ballonfock!" — „Hol
aus!" — So schwirrt es in blitzschneller Folge dem Schlaftrunkenen um die Ohren, der in der Stockfinsternis auf dem
schlüpfrigen, auf und nieder schwankenden Deck von Tau zu
Tau stolpert, um das schwierige Manöver des Halsens auszuführen.

Nachdem der Baum gut nach vorn und achter gestützt ist,
wird mir das Ruder in die Hand gedrückt und das Fahrzeug
wieder auf den richtigen Kurs gebracht; dann geht die erste
Wache zur Koje und nur der Lotse und ich bleiben an Deck.
Ersterer wickelt sich in seinen grossen Mantel und legt sich im
Cockpit lang; ich starre mit einem Auge auf die ewig vibrierende, schwach beleuchtete Kompassrose und beschreibe gleich-

mässige Segmente mit der Ruderpinne. Mit dem andren Auge beobachte ich scharf die Lieken; denn in dem hohen Seegang ist stets Gefahr des unfreiwilligen Halsens vorhanden und ich spähe ängstlich nach roten und grünen Lichtern aus.

So geht es weiter, rastlos weiter durch die rauschende Einöde in pechfinsterer Nacht. Der kleine schwarze Strich an der inneren weissen Kompasswand verschwimmt vor den krampfhaft aufgerissenen Augen, der Lotse schnarcht in vollen Akkorden trotz des herniederrieselnden Sprühregens; das ist die richtige Hundewache! — Plötzlich nickt auch mein Kopf kraftlos vornüber und ich beisse mich auf die Zunge; zu meinem Glück; denn eben wollte wieder mal der Baum überkommen und wehe dann dem Mann am Ruder!! —

Nun tauchen Lichter auf. Erst ein rotes an Steuerbord. Es verschwindet, und ein grünes in entgegengesetzter Richtung laufend, an Backbord — bald scheint es mit Windeseile näher zu kommen, bald ist es, wie mich verspottend, unsichtbar. Endlich taucht ein schwarzes, hochbordiges, planschendes Ungeheuer mit zahllosen flappenden, tiefbraunen Segeln und Tauen dicht an Steuerbord hinter uns aus der Finsternis und durchfurcht unser von seinem grünen Seitenlicht gespenstisch erleuchtetes Kielwasser.

Der fliegende Holländer! — Da heisst es scharf wahrschauen; denn wir sind jetzt vor dem vielbefahrenen Teil des Sundes, nur wenige Meilen von der schwedischen Küste entfernt. Allmählig graut der Morgen — unsre nordischen Sommernächte sind nicht lang — die Frühwache tritt an und ich übergebe dem Eigner das Ruder mit kurzem Bericht über Kurs und mutmassliche Fahrtgeschwindigkeit. Es wollte nur langsam Tag werden und die dicke regnerische Luft gestattete keinen weiten Ausblick. Morgens 5 Uhr 15 Min. peilten wir die beiden Sandhammer Feuertürme an der schwedischen Küste in Linie in ungefähr sechs Meilen Distanz. Hammeren Feuer auf Bornholm war nicht sichtbar. Da wir nun hierdurch ein sicheres Besteck hatten, setzten wir Patentlog aus und steuerten Kurs $ONO^1/_2O$ auf Utklipporna Leuchtfeuer.

Unsre treue Begleiterin vom Tage vorher, die „Hela" war weder vor- noch achteraus, noch seitlich zu erspähen. Eine Zeitlang gewahrten wir die hohe schwedische Küste durch die nebelige Regenluft und manchmal passierten wir Frachtschooner und Briggs, welche nur unter Marssegel laufend, mühsam gegenan stampften. Mit zunehmendem Tage hatte der Wind, der wieder mehr südlich geworden, und damit auch der Seegang beträchtlich an Stärke zugelegt, so dass wir mit Steuerbordhalsen ohne

Spinnaker mit unsrem dreifach gerefften Zeug gerade genug hatten und gleich einem Korken über die hohen langen Wellen hinweggaloppierten.

„Süden-Winker ist ein Westen-Stinker!" orakelte unser Lotse alle fünf Minuten kopfschüttelnd, und diese aesthetische Wetterregel mussten wir in den folgenden Tagen mit pünktlich innegehaltenen Intervallen stets wieder als etwas ganz Neues und fein Beobachtetes aus seinem seebefahrenen Munde hören.

Zwar rannte der Klüverbaum bei jeder Talfahrt bis zum Stewen in die voranlaufende See, um wenige Sekunden darauf in schwindelnder Höhe über dem kochenden Schaum in der Luft zu ragen; doch hatten wir ein leidlich trockenes Deck, so dass wir uns des Oelzeugs entledigten und uns an die Vertilgung des sehr willkommenen Frühstücks machten. Darauf aber hatten die tückischen Elemente gerade wieder gewartet. Die Brecher, welche vorher durch den Regen etwas niedergeschlagen waren, stürzten jetzt wieder in gieriger Hast wie hungrige Wölfe hinter uns drein, und ehe ich etwas Böses ahnte, hatte ein besonders grosser vom Heck aus das Cockpit vollgefüllt und das Fahrzeug quergeworfen. Der nächste Wellenberg stürzte brüllend quer über, bis hoch ins Grosssegel, die arme „Luna" gänzlich in Schaum begrabend und bedenklich nach See krängend.

Ich war vom Ruder weg auf den Boden des Cockpits geschleudert und krabbelte mich pustend wieder aus dem Wasserschwall heraus. Langsam richtete sich der Kutter wieder auf, der Baum kam frei von der See und das Fahrzeug gehorchte wieder dem Ruder. In gurgelnden Strömen schoss das Wasser über Heck hinunter und schwappte, langsam durch die Speigatten abfliessend, im Cockpit hin und her.

Verwundert kroch Topmüller aus der offenen Luke, durch die natürlich auch ein Wasserstrahl den Weg in seine Koje gefunden hatte, in der er sich arglos ausgestreckt hatte, um die mangelhafte Nachtruhe zu vervollkommnen. Als er sah, dass wir noch alle lebend an Deck waren, tauchte er, wilde Verwünschungen ausstossend, wieder hinab und suchte sich ein andres, wenn auch wenig trockneres Plätzchen in der Kajüte.

Mittlerweile näherten wir uns mit rauschender Fahrt dem Punkte, wo wir — richtigen Kurs und richtige Gissung unsrer Geschwindigkeit vorausgesetzt — Utklipporna Feuerturm sichten mussten um die Einsegelung zwischen der Insel Oeland und dem schwedischen Festland in den Kalmarsund zu finden. Wir nahmen unser Patentlog an Bord, welches nach Ablauf von sieben Stunden 52'0 anzeigte, demnach eine Fahrt von nahezu $7^1/_2$ Knoten ergab. Im starken Seegang von achtern überschätzt man gewöhnlich die Geschwindigkeit, besonders in niedrigbordigen Fahrzeugen; während man an Deck oder auf der hohen Brücke eines Seedampfers stehend, meist verwundert ist über die Langsamkeit der Fortbewegung. Auch unser Lotse, der sich sonst nur auf Dampfern zu betätigen gewohnt war, behauptete unser Log müsste eingerostet sein, auch setzte er starken mitlaufenden Strom voraus und geriet in grosse Sorge, dass wir bei dem unsichtigen Wetter Utklippen bereits überlaufen haben könnten. Wir liessen uns also bestimmen, unsern Kurs um 1 h. p. m. auf N zu setzen, um Land in Sicht zu bekommen.

Nach ungefähr einer Stunde Fahrt gewahrten wir plötzlich allerlei Pricken, der Nebelvorhang zerriss und in goldigem Dunste lag eine hohe Küste mit grossen Gebäuden vor uns. Sofort drehten wir bei und ein Blick auf die Karte liess es uns zur Gewissheit werden, dass der vor uns liegende Ort Karlskrona sein müsse. Ein eifrig uns zuwinkender schwedischer Lotse kam uns entgegen und nach einigen Schwierigkeiten in dem hohen Seegang zu uns an Bord. Nicht ohne Mühe machten wir ihm klar, um was es sich für uns handle, nämlich Utklipporna an Backbord lassend, möglichst rasch nach Utgrunden Feuerschiff zu kommen. Dann drehten wir die Nase an den Wind, um den soeben gekommenen Weg hart gegen die See anzupauken. Wir waren vorher auf ganz richtigem Kurse gewesen, und nur wenige Minuten des ferneren Ausharrens hätten genügt, die so lange vergeblich erspähten und gefürchteten Klippen zu finden.

Kaum hatte sich so die Situation geklärt, als auch die „Hela" hinter uns aufkam, welche etwas nördlicheren Kurs über Nacht gelaufen hatte, und uns einfach nachgesteuert war, als sie uns auf unsrem Abstecher nach Karlskrona erblickte. So hatten wir denn wenigstens einen Leidensgefährten, und trotzdem durch den Verlust von zwei Stunden jegliche Aussicht auf einen Preis verloren war, entspann sich sofort zwischen uns und der anhänglichen Reisebegleiterin ein erbittertes Rennen, welches schliesslich, als der himmelanstäubende Gischt der Utklippen glücklich hinter uns lag, und wir wieder vor den Wind abhalten konnten, um wenige Minuten sich zu unsren Gunsten entschied. Mit donnerndem Willkomm und weithinschallendem Hurra wurden wir abends halb acht am langersehnten Ziel von der Besatzung S. M. Schulschiff „Gneisenau" begrüsst. Wenige Minuten nachher, als die Segel beschlagen, sausten wir in Schlepp eines schwedischen, reich beflaggten Bugsierdampfers weiter den Sund hinauf bis Kalmar. Auch hier noch lief trotz abflauender Brise, eine tüchtige See in die sich „Luna", die an zehn Knoten Geschwindigkeit nicht gewöhnt ist, ärgerlich hineinbohrte, so dass stets das ganze Deck unter Wasser stand. Unsre dicke Schlepptrosse klang wie eine Harfe und mit fürchterlichem Puff sprang sie endlich entzwei. Flugs wurde uns ein andres Tau von Armesdicke zugereicht und dann gings weiter, die letzten zweiundzwanzig Meilen bis Kalmar. Man konnte inzwischen in Ruhe in die Kajüte sich zurückziehen, um sicher vor Wassersnot sich landfein zu machen.

Das tat wohl, nach der vierzigstündigen Badereise mal wieder trocknes Zeug auf dem Leibe zu haben, und die nun wieder sichtbare schwedische Küste gaukelte dem hungrig bellenden Magen die pikantesten Vorspeisen mit den berühmten Feuerwassern als Erwärmungsmittel für die steifgefrorenen Glieder vor! — Und siehe da: Plötzlich plätschert am Heck unsres Schleppers an einer Leine ein merkwürdiges Etwas, gleich einem zappelnden Fisch, und kommt, zwischen Holzscheite gebunden, langsam unter dem fröhlichen Gelächter der Dampfergäste auf uns zugeschwommen. Mit einem Haken wird die rätselhafte Sendung eingefangen, und zu unsrem freudigen Erstaunen entpuppt sich aus der eigenartigen Verpackung eine Flasche wirklichen echten Swenska Punsch's! —

Nun ging ein „skol"-Trinken los, mit Hurra und Mützenschwenken! — Einen so warmen Empfang in diesen kühlen Breitengraden hatten wir uns nicht träumen lassen und wir waren äusserst angenehm berührt durch die Herzlichkeit, mit der das wohl noch nicht dagewesene Erscheinen einer Berliner Binnenyacht an Smålands schärenreicher Küste gefeiert wurde.

Bei vollkommener Dunkelheit schwenkten wir in gewundenem Lauf ein in den geschützten Hafen von Kalmar, dessen originelle Silhouette uns schon lange von den letzten Strahlen der untergehenden Sonne gezeigt war und mit schwankendem Seemannsgang suchten wir ein freundliches Gasthaus auf, um uns den Luxus einer trockenen Schlafstätte auf Sprungfeder-Matratzen zu leisten. —

Bis weit in den hellen Vormittag hinein hatten wir geschlafen, und neugestärkt machten wir uns bereit, Land und Leute zu besehen. Letztere in erster Linie erregten gleich unser besonderes Interesse, da die Bedienung in einem schwedischen Gasthof fast ausnahmslos aus weiblichen Wesen in kleidsamer Nationaltracht besteht, die unter anmutigem Knicksen, beständigem Lächeln und schönen Höflichkeitsphrasen vor sich geht, von denen wir leider kein Wort verstanden. Jedoch, wozu ist die Zeichen- und die Augensprache erfunden? Von Topmüllers Erfolgen im besonderen will ich lieber schweigen; man würde es mir einfach nicht glauben, wenn ich verriete, welche Verheerungen er in den Herzen der schönen Töchter Schwedens anrichtete.

Das Nächstinteressante waren die Gebäude aus der Zeit Gustav Adolfs, besonders das trotzig in die See ragende Schloss, dem wir gleich noch vormittags einen, leider nur sehr eiligen Besuch abstatteten, da unser Reeder mit dem Mittagszuge in die Heimat musste. —

Unter strömendem Regen geleiteten wir den Eigner zum Bahnhof. Den Nachmittag verbrachten wir mit Einkäufen in schwedischen Schmucksachen und Kleidern und auch die unvermeidlichen Ansichtskarten, die schon bis hierher ihren Siegeszug durch die Welt gefunden hatten, wurden von uns massenweise verschickt.

Da es noch am achten Juli mit unverminderter Heftigkeit aus SW wehte, beschlossen wir, nicht in See zu gehen und vertrieben uns die Zeit durch einen ausgedehnten Bummel im Beiboot zu Wasser und zu Lande in der Umgebung des Städtchens. Aber für den nächsten Tag hatte ich Ordre gegeben, dass, falls See und Brise auch nur einigermassen anständig sich verhielten, gleichviel aus welcher Richtung sie käme, wir frühzeitig vom Jungen aufgepurrt werden sollten. Und richtig, unsre Hoffnung schien in Erfüllung zu gehen; denn bei mässiger südwestlicher Brise konnten wir um neun Uhr mit vollen Untersegeln den Hafen unter Beistand eines Lotsen verlassen, den wir schon nach wenigen Minuten bei Grimskär-Leuchtfeuer wieder absetzten. Dann ging es Schlag vor Schlag den Sund hinab, uns vorsichtig an die Pricken und Seezeichen haltend, die wir stets auf der Karte absetzten.

Ohne Zwischenfall ging es bis Mittag weiter, als der Wind immer mehr abflaute, so dass wir, um gegen See und Strom besser anzukommen, Topsegel setzten. Das Wetter war sonnig und klar, und trotzdem wir nur geringe Fortschritte machten, freuten wir uns, heimwärts steuern zu können; denn zu Hause harrte sehnsüchtig die Braut, die ich mir neben der „Ellida" angeschafft hatte. Nur garzu schnell verfinsterte sich jedoch wieder das sonnige Bild; rasch wurde Topsegel geborgen, schliesslich zwei Reff ins Grosssegel gesteckt, und als wir mehrere Schläge hartnäckig gegen die steil einlaufende kabbelige See gemacht hatten und die Luft mit Regenböen immer unsichtiger und stürmischer wurde, drehten wir vor Christianopel bei und setzten Lotsenflagge.

„Süden-Winker — — —" unkte der Lübecker Lotse. —

Nach langem Warten kam der Helfer heraus und führte uns in den elenden kleinen Hafen, wo wir unter dem Staunen der gesamten spärlichen Einwohnerschaft an dem Faschinenbollwerk festmachten.

Ich graste die Gegend nach malerischen Reizen ab, und Topmüller stürzte sich mit Hausfraueneifer in die Küchenangelegenheiten. Triumphierend schleppte er einen Eimer mühsam erhandelter Kartoffeln herbei, und während diese prächtig brodelten, schuppte er mit dem Bootsmann zusammen eine stattliche Anzahl Schollen, deren lieblich nach Butter duftende Wohlgerüche durch das halbgeöffnete Oberlicht dem atemlos zuschauenden Publikum in die Nase zogen. Das Mittagessen schmeckte köstlich, während draussen der Sturm heulte und der Regen auf das Aluminiumdeck trommelte. Nachher klarte es ein wenig auf und wir machten einen weiten Gang durch das melancholische, felsenbesäte Flachland, das mit seinen Kiefernwaldungen und den weissen Dünen täuschend an unsre märkische Heide erinnert. Nur, wenn sich plötzlich ein weiter Blick auftut über die schärendurchsetzte See, oder wenn man auf die zerstreut im Walde liegenden, knallrot angestrichenen Kiefernblockhäuser stösst, merkt man, dass man fern von der Heimat ist.

Als wir am nächsten Morgen sehr früh den Kopf zur Luke hinaussteckten, schaute es zwar noch recht trübe aus; allein der Wind war flauer und schien eine Kleinigkeit mehr westlich gelaufen zu sein. Eilig sprangen wir in die eiskalte Flut — unsre gewöhnliche Morgentoilette — kochten unsren Kaffee und gingen um acht Uhr unter Segel. Vorsichtshalber hatten wir vom Tage vorher die zwei Reef im Segel gelassen; als wir aber ohne Mühe die Ausfahrt gefunden und freies Wasser vor uns hatten, welches ganz manierlich aussah, schütteten wir die Reffe aus und kreuzten wacker vorwärts mit kurzen und langen Beinen.

Genau wie am vorhergehenden Tage flaute die Brise unter Mittag mit Sonnenschein ab. Um 12 h 15" p. m. passierten wir die Landmarke von Utlängan quer ab und die freie Ostsee lag wieder vor uns. Der nächste Unterschlupf wäre nun die Insel Bornholm in fünfzig Meilen Entfernung gewesen; aber sollten wir jetzt hier schon unser Tagewerk beenden und tatenlos im Schutz

In den schwedischen Schären
Nach einer Kohlezeichnung

einer Schäre vor Anker gehen? Rund herum war die Kimm sichtig, nur im Osten lag gelblicher Dunst; vielleicht war das Glück uns günstig, indem der Wind über Norden langsam nach Osten herumgehen konnte. Wir kreuzten daher unentwegt den bald in Sicht kommenden Utklipporna Leuchtturm an und passierten ihn um 1 h 30′ p. m.

Frei von jeder Deckung rollte uns nun die hohe Dünung entgegen; noch ungefähr zwei Stunden setzten wir, trotz der uns zur lieben Gewohnheit gewordenen Prophezeiungen des Lotsen wegen des Süden-Winkers, hartnäckig den Kampf gegen den wieder auffrischenden Südwest fort, bis wir fast garkeine Fahrt mehr vorausmachten. Die stets über uns fortstäubenden Seen durchnässten uns bis auf die Haut, trotz Oelzeug und Gummistiefel, und die Aluminiumhaut der „Luna" dröhnte wie eine Pauke. Schliesslich taten wir uns selber leid und resigniert gingen wir vor den Wind, um hinter Schutz von Longören, eifrig lotend, uns bei dem Fischerdörfchen Ungskär auf acht Faden Wasser einen leidlich geschützten Ankergrund zu suchen.

Oede und verlassen lagen die baum- und strauchlosen Granitklippen im roten Nachmittagssonnenschein, von der schäumenden See umbrandet und wild durcheinander gewürfelt, wie nach einer Titanenschlacht. Auf besonders vorspringender Klippe ragten zwei rotgemalte Richtungsbaaken in die Luft und auf den nackten, oben vom Eise flach geschliffenen Felsblöcken klebten winzige, tiefrot gestrichene Blockhäuschen ohne Fenster, welche den Anschein hatten, als könnten sie jeden Augenblick von dem heulenden Wind heruntergeweht werden.

Während ich mich wieder in die malerische Melancholie dieses ärmsten aller schwedischen Landstriche vertiefte, sorgte der Feinschmecker der Mannschaft, in so lange andauernder Weise für die Herbeischaffung des dringend nötigen Mittagmahles, dass ich schliesslich, vor Hunger fast ohnmächtig, die Wurstvorräte plünderte. Endlich nach zwei Stunden kam er glückstrahlend an, mit einem elenden Gericht Flundern, die wir mit Inbrunst vertilgten. Dann begaben wir uns mit Lebensgefahr in unsrem Faltboot an Land und bewunderten in der Nähe die eigenartige Bauart der Blockhäuschen, in denen die Fischer genügsam mit Familie, Kuh und Schwein hausen. Wir versuchten, Nachricht an die Heimat zu geben; es gab aber nur ein Telephon für Seeunfälle nach Karlskrona und unser Deutsch wäre zwecks Weitergabe von dort aus per Telegramm nicht verstanden worden. Briefmarken oder Postkarten waren nicht aufzutreiben am Orte.

Es war winterkalt, trotz doppelter und dreifacher Bekleidung; und als wir nach Herzenslust von Fels zu Fels umhergesprungen waren, ruderten wir zurück zu unsrem Kutter, der als Sehenswürdigkeit von den Booten der Fischer umkreist wurde.

In der behaglichen Kajüte brauten wir uns einen möglichst steifen Grog von aus Kalmar mitgenommenem schwedischen Punsch und krochen bald in die Koje, da der heulende Sturm durch jede Türfuge drang. Oftmals steckte ich den Kopf zur Luke hinaus, in der Befürchtung, dass der Anker in dem steinigen Grund nicht halten würde und wir auf die Felsen geworfen würden; allein er hatte sich gut eingebissen.

Um drei Uhr morgens weckte mich die Tageshelle; der Wind summte nur leise durch die Wanten, und das Wasser gluckste lieblich gegen den Bootsrumpf. Da hielt es mich nicht länger in der Koje und ein Blick auf den Kompass zeigte mir, dass unser Steven jetzt rein nach Westen zeigte; wir konnten also Bornholm mit diesem Winde glatt anliegen. Der brave Lotse wollte mich zwar vom Gegenteil überzeugen und war nicht aus den Federn zu bringen. Da er in sehr gutem Tagelohn stand und die Verpflegung an Bord in jeder Beziehung verlockend war, lag ihm viel an der grösstmöglichen Verlängerung der Reise; allein es half ihm nichts. Während der Kessel für das Frühstück summte, setzten wir eilig Segel und liefen um vier Uhr mit leichter Brise aus.

Nach einer knappen Stunde peilten wir die beiden Türme auf Utklipporna in Linie und konnten nun hart am Wind Kurs SW$^1/_2$S auf Bornholm nehmen. Die Sonne beschien freundlich unsre flotte Fahrt und spendete lange entbehrte Wärme und Trockenheit. Mit zunehmendem Tage raumte die Brise immer mehr nordwärts, so dass wir die Schoten etwas fieren konnten und somit wurde dem Lotsen jede Aussicht entrissen, seine geliebte Redensart fürder an den Mann zu bringen. Allgemein herrschte an Bord die zuversichtlichste, friedlichste Stimmung bis es dem Lotsen, der keine Minute ohne zu spucken existieren konnte, gelungen war, ein umfangreiches Erzeugnis seiner Speicheldrüsen auf meine Stiefel zu schleudern. Dies hatte naturgemäss zwischen uns eine längere freundschaftliche Aussprache zur Folge, gelegentlich der ich ihn für die Ausübung seiner Lippenkunst auf das uns so ausgiebig umgebende Meer hinwies.

Mittags lagen wir in ziemlicher Flaute und benutzten diese Gelegenheit, um im Cockpit abzukochen und nach Tisch dem Jungen und dem Lotsen die Führung des Kutters zu übergeben, die bei der völligen Windstille jetzt wenigstens keinen Schaden anrichten konnten. Wir andren leisteten uns ein Schläfchen im Schatten des Grossegels an Deck.

Schon mehrfach hatten wir in der Ferne von Osten her dumpfes Brummen vernommen; wir erklärten es uns als Schiessübungen der schwedischen Marine auf hoher See, da der Himmel wolkenlos klar war. Das Schiessen klang immer lauter und bald stieg von Nordosten her mit grosser Geschwindigkeit wild zerfetztes Gewölk auf, welches einem ungeheuren Eisberg gleich, in grotesken Formen von der Sonne grell beschienen, in erschreckender Eile auf uns zuschob. Sofern liess ich Topsegel und Stagfock bergen, ein Mann stand klar bei der Piek, damit wir für alle Fälle gerüstet dem Unwetter begegnen konnten. Es herrschte eine sengend heisse Gewitterstimmung auf der toten See, in der wir steuerlos umherstampften, und in Erwartung der Dinge, die da kommen sollten, hüllten wir uns dicht in Oelzeug. Dieselbe Stimmung legte sich auf unsre Gemüter; aber es kam nichts! — Die bedrohliche Wand zerteilte sich, als sie fast über uns stand, schnell und spurlos nach rechts und links und brachte uns nur leisen Zug aus NO. Sogleich erschien Spinnaker an Backbord; bald mussten wir wieder halsen und setzten Topsegel. Allein nicht lange dauerte es, bis der Spinnaker back schlug und eiligst geborgen werden musste, da plötzlich fast nördliche Brise mit Regen aufkam. Allein auch dieses Vergnügen dauerte nicht lange, und als die Wolken sich verzogen, lag in sechs Meilen Entfernung die Insel Bornholm gerade voraus.

Mit diesem Regen war auch wieder jeglicher Luftzug verschwunden und so trieben wir in Sicht der herrlichen Küste, der wir so gern einen Tag der Besichtigung geschenkt hätten, volle fünf Stunden umher. Alles wurde versucht, noch vor Abend Allinge anzulaufen; allein umsonst; wenige Meilen von der Küste, als wir schon mit dem Glas einzelne Häuser unterscheiden konnten, blieben wir liegen:

„Stumm liegt der See, als ob die Glut
Der Rache wieder schliefe."

Als es dunkelte und wir das Abendessen bereitet hatten, sprang endlich eine stetig zulegende Brise auf, welche uns bei Christiansöe, der kleinen, Bornholm im Osten vorgelagerten Schärengruppe, vorbeitrieb. Es wäre zu gefährlich und auch nutzlos für uns gewesen, wenn wir jetzt noch versucht hätten, in der Dunkelheit einen der uns vollkommen unbekannten Häfen anzulaufen, und da der Wind der denkbar günstigste für die letzten neunzig Meilen nach Swinemünde war, beschlossen wir, die Nacht, die durch prächtigen Vollmond äusserst genussreich zu werden versprach, durchzusegeln.

Bei Swaneke halsten wir gegen Mitternacht und ich ging zur Koje und liess mich in festen Schlaf schaukeln, bis ich von

Kommandorufen und Hin- und Hertrampeln auf Deck aufgestört wurde; Freund Topmüller witterte die mütterlichen Fleischtöpfe Swinemündes und liess Spinnaker an Steuerbord ausbringen, da die immer steifer werdende Brise direkt von achtern einkam.

Beim Morgengrauen machten wir eine rasende Fahrt über die einsame, schäumende See, und die als goldiger Feuerball hinter uns aus den Fluten tauchende Sonne beschien die weissgemähnten Rosse des Poseidon. Gegen acht Uhr sichteten wir Land querab an Backbord, das wir für die Küste bei Horst ansprachen. Nach ferneren zwei Stunden winkte der Streckelsberg bei Heringsdorf im Sonnenglanz gerade voraus; unser seebefahrener Lotse wurde jedoch wieder mal nervös und behauptete steif und fest, dies sei Dievenow. Obgleich Topmüller versicherte, dass er sein Heimatland gut kenne, beugten wir uns trotz der vielen Enttäuschungen vor dem alten Seebären, nahmen Spinnaker fort und luvten nach Westen an, bis es unzweideutig durch das Auftauchen der Greifswalder Oie klar ward, dass wir im Rechte gewesen. Also „durch den Wind!" — Hops — hops — überliefen uns ein paar Seen; dann zogen wir an der mit Villen lieblich geschmückten Küste der Insel Usedom entlang auf den weithinragenden Leuchtturm von Swinemünde zu.

Noch ein paar tüchtige Grundseen, die uns böse umherschleuderten, und wir hielten vor der Glockenboje ab, zwischen die von hochsprühender Brandung überschütteten Molen der Swinemünder Einfahrt! —

Um zwölf Uhr mittags machten wir am Bollwerk beim Zollamt fest, um nach hochnotpeinlicher Untersuchung die Schleppfahrt nach dem Heimathafen Wannsee anzutreten.

Meine erste grössere Ostseefahrt war zu Ende.

„HEVELLA"

Durch die Schwedenfahrt mit der „Luna" war ich „auf den Geschmack gekommen" und da ich ausserdem in Kiel Blut geleckt hatte durch die vielen schönen Silberschätze, die durch meine Führung dem Eigner der „Lunula" zugefallen waren, träumte ich Tag und Nacht von einer eigenen seegehenden Segelyacht.

Der Zufall und mein angeborener Leichtsinn halfen etwas nach, und eines Donnerstags nachts oder Freitags früh kam ich in sehr gehobener Stimmung heim aus der Vereinssitzung und stellte mich meiner besseren Hälfte als Yachteigner vor. Die Gardinenpredigt, die darauf folgte, war eine von der besten Sorte, trotzdem ich immer und immer wieder versuchte, meiner Frau klar zu machen, dass die Yacht so gut wie geschenkt sei und die Unkosten durch die vielen Preise, die ich gewinnen würde, mehr als dreifach wieder einkommen würden, mithin also die beste Kapitalsanlage sei. Frau Tilly meinte zwar, dass man in Kiel wohl kaum Tragekleidchen für unser Jüngstes und einen neuen Sommerhut für sie als Preis aussetzen würde; auch würde ich wohl bei der ewigen Wettsegelei keine Gelegenheit finden, durch Bildermalen das tägliche Brot für mich und die Meinen zusammenzuscharren. Mich hatte es aber gründlich gepackt und ich war taub gegen die unglaublich vernünftigen Argumente meiner gramdurchfurchten Gattin.

„Wannseat", so hiess wenig melodisch die Yacht, welche im Jahre 1898 auf Vereinskosten gebaut und gesegelt worden war, und welche nun einen Besitzer aus der Mitte der Mitglieder erhalten sollte. Da nach einem so grossen Rennboot, welches keinerlei Bequemlichkeiten bot und mit allem Raffinement der Yachtbaukunst erbaut war, sich keine Nachfrage in unsrem Verein zeigte, war es mir gelungen, die schöne Yacht allerdings sehr billig zu „schiessen". Den Winter verbrachte ich damit, das Boot umzubauen; wer täte das nicht, und wenn er auch einen noch so vollendeten Kauf gemacht hätte? —

Zum Erstaunen der Weltweisen waren die Veränderungen nicht mal eine „Verböserung"; denn wie ich hier gleich vorweg nehmen will, war mein Schiff für Jahre das erfolgreichste ihrer Klasse, trotzdem ich sogar mich nicht gescheut hatte, ihm einen andren Namen zu geben. Dies ist, oder war früher im Seemanns-Comment streng verpönt, da Umtaufen Unglück bringt. Nach ihrem Heimatflusse nannte ich sie „Hevella", die Havel; und das Malerwappen wehte stolz im Top als Rennflagge, für die eine Anzahl meiner Klubfreunde jederzeit aufopfernd durch Dick und Dünn ging. —

Nach mancherlei Fährnissen war ich mit meinem Bootsmann Stäwen in Hamburg eingetroffen. Ich hatte es mir so idyllisch und bequem vorgestellt mit der grossen „Hevella", eine Faulenzertour von vier Tagen elbabwärts hinter einem Schlepper zu machen, ohne, wie mit „Elfe" und „Ellida", im Schweisse meines Angesichts „pullen" zu müssen. Ich sollte arg enttäuscht werden; denn die schwachen Planken und Rippen der „Hevella" entgingen manchmal nur durch Opferung der eignen Gliedmassen dem Zerquetschtwerden zwischen Brücken, Schleusen und Frachtkähnen. Keine Ruh' bei Tag und Nacht; um zwei Uhr weckte uns schon die unbarmherzige Dampfpfeife, denn „um zween jraut der Dag und um dreien zeigt sich schonst 'ne Blenke" erklärte mir mein Nachbar auf der mit uns herunterschleppenden Zille. Und die langen Sommerabende wurden nach Möglichkeit ausgenutzt, so dass wir gewöhnlich erst nach zehn Uhr zur Nachtruhe vor Anker gingen.

Das Gesamtergebnis dieser Reise war eine eingedrückte Reeling und der Stossseufzer „Einmal und nicht wieder!" —

Ein schneidiger Yachtmatrose trat in Hamburg als zweite Hand mit vertrauenerweckender Verspätung an und begann seine schätzbare Tätigkeit durch Anlage eines kräftigen Vorschusses, um sich in würdiger Weise für seinen Dienst an Bord der „Hevella" ausrüsten zu können. Die Werftbarkasse von Oertz lag stundenlang bereit, der zur Begleitung durch den Zollhafen nötige Beamte verlangte bereits zum zweitenmal Frühstück und die Ebbe war schon halb abgelaufen, als mein gewandter Yachtmatrose endlich an Bord von seiner Expedition zurückkehrte. Der Abschied von seinem geliebten Vaterlande schien ihm höllisch schwer geworden zu sein. Als wir bei Oevelgönne ans Segelsetzen gingen, klammerte sich der seebefahrene Mann schreckensbleich an den nächsten möglichst festen Gegenstand.

Eine Musterkarte von Kraftausdrücken konnte ihm aber nicht in der Eile die erforderlichen nautischen Kenntnisse beibringen; Stäwen musste die Sache allein machen und die Folge davon war, dass wir in dem engen Fahrwasser das Grosssegel nicht schnell genug hochbekamen und hilflos in der Wendung stecken blieben. Mit rauschender Fahrt setzte sich „Hevella" in den Schlick.

Glücklicherweise herrschte sehr frische Brise, etwa zehn Meter in der Sekunde, so dass uns das möglichst schnell gesetzte Grosssegel und back geholte Vorsegel soweit überkrängten, um uns trotz des rasch fallenden Wassers freizusegeln. Durch die Unordnung, welche infolge der unangenehmen Ueberraschung an Bord herrschte, war ich nicht imstande, auf die Karte zu sehen. Ich verwechselte daher beim nächsten Schlage die Fahrwassertonnen und setzte uns wieder, und zwar schlimmer, fest. Eine mitleidige Böe, die uns fast flach aufs Wasser legte, errettete uns nach angstvollen Minuten auch von diesem zweiten Verhängnis und dann ging's mit dem Rest der Ebbe Schlag vor Schlag elbabwärts mit mühsam eingesteckten zwei Reffen, während der gewandte Yachtmatrose tatenlos vom Heck aus zusah, wie sein Kamerad auf dem Vorschiff sich mühte.

Bei Mojenhören setzte die Tide um; wir liefen hinter eine kleine Insel und ich liess mich an Land setzen, um einen Ersatz für meine Perle von Yachtmatrosen aufzutreiben. Ein blonder Germane, der Sohn des dortigen Grosskaufmanns und Pontonwärters, erbot sich für die Reise; in einer Stunde war er segelklar samt seinem Gepäck an Bord, und der flotte Yachtmatrose degradierte zum Kartoffelschälen und Kleiderputzen.

Um acht Uhr abends kreuzten wir gegen die letzte Flut mit kleinen Segeln wacker stromab. Mit vermehrter Dunkelheit legte der Nordwest noch zu; wir bargen den Klüver und nahmen noch ein Reff ins Grosssegel; schliesslich stellte sich der übliche Hamburger Sprühregen ein; ich beschloss daher, unter der Grauer-Ort-Schanze, wo leidliche Deckung war, zu Anker zu gehen.

Dort fand ich bereits „Luna", das Schiff, auf dem ich in den letzten drei Jahren mir die seglerischen Sporen verdient hatte. Sie war schon vormittags von Oevelgönne aufgebrochen und ankerte hier schon seit Stunden. In angemessener Entfernung oberhalb und etwas dichter an Land liess ich Anker fallen, kochte mir mein Abendessen und ging totmüde um halb elf zur Koje, da mit „Luna" wegen See und Strom keine Verbindung herzustellen war.

Schaurig brüllte der Sturm im Takelwerk, der Regen klatschte auf das dünne Deck und die harte See lief gegen den Strom, das breite Heck der zitternden „Hevella" peitschend. Ich hatte daher wohl kaum geschlafen, als ich plötzlich schnurren hörte, rasseln, stossen; wie der Blitz war ich im spärlichen Nachtgewande an Deck und sah, dass wir längsseit der „Luna" lagen und wir uns gegenseitig böse im Seegang bearbeiteten. Da gab's Spähne bei „Hevella" und Löcher in die Aluminiumhaut der „Luna", und mit verzweifelter Anstrengung versuchten wir uns mit Händen und Füssen von einander frei zu halten; natürlich umsonst. Noch ein paar fürchterliche Stösse, und mein schleppender Anker fasste die Kette der „Luna", wodurch sich zum Glück meine Yacht wieder gegen den Strom drehte, so dass wir mit dem Ruder wieder von einander freischeeren konnten.

Die grösste Gefahr war nun beseitigt; ich konnte meine vom Regen bebenden Glieder in ein passendes Gewand hüllen, und nun hiess es an Deck aushalten, bis der erste Tagesschimmer uns ein Arbeiten an unsrer Befreiung ermöglichen würde.

Da unsre Anker unklar waren, musste „Luna" die Kette des ihrigen zu uns herübergeben und dann trieb sie vor Top und Takel gegen zwei Uhr quer ab nach der Mitte des Stroms, wo sie hinter ihrem schweren Reserveanker sich hinlegte. Sehr bald ging die Strömung herum und der Wind sprang nördlicher; wir waren daher schutzlos dem hohlen Seegang ausgesetzt. Die Brecher überliefen uns manchmal gänzlich und drohten, entweder das Ankergeschirr zu zerstören oder das Fahrzeug leck zu schlagen. Also, Anker auf! —

Mit unsrem Anker wurden wir mit vieler Mühe fertig, nachdem wir ihn von der Kette der „Luna" klariert hatten; aber mit dem Anker der „Luna" wollte es uns nicht glücken, da dieses gewichtige Exemplar daran gewöhnt war, mit Handspeichen herausgebrochen zu werden. Meine drei Mann arbeiteten mit Lebensgefahr auf dem Vorschiff, manchmal bis an die Brust ins Wasser; aber alles vergebens! —

Also unsren Rettungsring an eine Leine, diese an die Kette gesteckt und dann über Bord mit dem ganzen Kram! — „Heiss auf Stagfock!" — und in rasender Eile gings stromauf, um einen geschützteren Platz zu finden; „Luna" machte unser Manöver nach, wobei sie ihren letzten Anker auch noch opfern musste. Sie lief gleich bis Hamburg zurück, um sich beim Yachtdoktor Oertz die recht ernstlichen Wunden des Kampfes verbinden zu lassen; ich verschnaufte mich hinter Juels-Feuer, um meine Schäden erst mal festzustellen, die sich zum Glück als nicht lebensgefährlich erwiesen. Ein parr Splitter, eine eingedrückte Reeling, verbogene Bugstagspreitzen und Stampfstock; das konnte ich mir auch in Mojenhören reparieren lassen.

„Na büst all wedder doar?" — das war alles, was die Einwohner für ihren Landsmann übrig hatten, ohne eine Antwort zu erwarten. Viel überflüssige Worte macht man nicht im Kehdinger und Budjadinger Land.

Am Tage darauf suchten wir unter Grauerort nach unsren Ankern, leider ohne Erfolg. Waren sie schon von Fischern gehoben, oder hatte die Tide meine Boje unter Wasser gezogen? — Ohne weitere Zwischenfälle erreichten wir mittags Brunsbüttel und vertäuten im Lotsenhafen, von wo der gewandte Yachtmatrose sich wieder in sein Vaterland Hamburg zurückverfügte.

Den Bericht über die nun folgenden Regatten bei Cuxhafen und Kiel versage ich mir, trotzdem ich gern mich mit der Reihe von Siegen gebrüstet hätte, die „Hevella" an ihre Flagge heftete. Ich will jedoch meine Konkurrenz nicht neidisch machen. Nur soviel will ich davon erzählen: In Kiel stand beim Festessen ein riesiger Kaiserpreis vor mir, der auf einen Wink des hohen Spenders mit sieben Flaschen Sekt gefüllt wurde und die Runde machte. Damals wars noch gemütlich in der Marine-Akademie, die Segler rückten dicht zusammen und nur Segler sassen mit an des Kaisers Tisch.

Natürlich musste ich mit meinem Humpen nachher jedem kräftig Bescheid tun, und das Ende der Festlichkeit sah mich auf dem Tische sitzen und mit den Beinen baumeln, den Humpen selig umklammernd.

„Mensch, jeh'n Se nachhause, Sie fallen uff!" sagte Hans Bohrdt wie gewöhnlich auf hochdeutsch zu mir.

Ich goss den Rest des Inhalts seitwärts in das Gebüsch des Düsternbrooker Holzes, in welches ich mich schlug, um unter nicht geringen Schwierigkeiten an Bord der „Hevella" mit meiner teuren Last zu turnen.

Aber morgens um vier begann der männermordende Kampf schon wieder. Auf See verfliegt ein Kater schnell und auch das Schlafen gewöhnt man sich während der Kieler Woche so ziemlich ab. Kiel—Travemünde, Travemünde—Warnemünde; damit war der heilige Hunger nach Silber vorläufig gestillt und ich begab mich zurück nach Travemünde, wo „Muttern", besänftigt durch den Erfolg, meiner harrte.

Odysseus lag in den Armen seiner Penelope! —

Es herrschte eine nur zu gemütliche Damenbrise aus allen möglichen Richtungen, als wir am Sonntag morgens acht Uhr das für eine Frau und Familienmutter verhältnismässig recht leichte Gepäck meines Ehegesponstes verstaut hatten. Auch die Schönwetter- und Schlechtwetter-Kopfbedeckungen des Schiffsarztes (meines Schwagers), der für die Reise verpflichtet war, hatten endlich ein Plätzchen gefunden, wo sie mein Seemannsauge nicht mehr beleidigen konnten, und so gings denn Anker auf in den Morgennebel hinein.

Da ich das dringende Verlangen hatte, meinen neuen Bordgästen die ganz ausserordentliche Bequemlichkeit der „Hevella" zu beweisen, folgte ein schlemmerhaftes Mahl — richtig warmes Essen!! — nach dem andren; dazwischen wurden im Schatten des Grosssegels die üppigsten Schlummerpfühle ausgebreitet. Trotzdem behaupteten meine beiden Landratten schon nach zwei Stunden, dass sie steife Beine bekämen! —

Wir beeilten uns durchaus nicht mit dem Vorwärtskommen; wir wollten nach Laböe, um eine Freundin meiner Frau — „das Radieschen" — abzuholen; „auf dass mein Haus voll werde". Das Radieschen war eine Schönheit — ich habe es im Ehekontrakt, dass meine Frau nur Schönheiten als Freundinnen haben darf — und mein Schwager war unbeweibt; es lag daher nahe, dass „Hevella" das schmückende Beiwort „Das Verlobungsschiff" von missgünstigen Freunden und Freundinnen erhielt. Es wurde aber leider nichts daraus.

Als wir Fehmarnsund passiert hatten und Heiligenhafen in Sicht war, neigte sich die Sonne schon stark dem Horizont zu. Da die Unterdecks-Einrichtungen der „Hevella" zwar tadellos, aber schliesslich doch nicht für den Nachtaufenthalt eines Ehepaars nebst Schiffsarzt und zwei Matrosen zugeschnitten war, beschlossen wir Heiligenhafen anzulaufen. Bis in die späte Nacht träumten wir auf der freiliegenden Terrasse des Hotels, die Sterne

spiegelten sich in der ölglatten See vor uns und das zierliche weltvergessene Städtchen schlummerte ein im Glanze des wunderbaren Abendrot.

Eine sengende Sonnenhitze und leiser Zug aus SO war unser Reisewetter am nächsten Morgen, und langsam schlichen wir mit Spinnaker über die Hohwachter Bucht. Die Stimmung war friedlich, schläfrig, die Hauptbeschäftigung Essen und Trinken. Der Doktor wurde in die Kunst des Nach dem Kompasssteuerns eingeweiht und in die Tücken des Spinnakers, der jeden unbewachten Moment zum backkommen benutzen will. Meine Frau Gemahlin versuchte diese ihre „erste grosse Seereise" zur Aufbesserung ihres Wirtschaftsgeldes schriftstellerisch zu verwerten — ihr schwebte wohl Lady Brassy an Bord der „Sunbeam" vor — allein schon die ersten paar Sätze schmeckten derartig nach „Wilhelmine Buchholzen", dass sie bald von ihrem löblichen Tun abliess.

Unter Mittag brauten sich schwere Gewitter über Land zusammen und verhüllten uns zeitweilig den Blick auf die Küste. Wir sahen und hörten Blitz und Donner, während uns die Sonne röstete. An Land waren starke westliche Böen, wir trieben ein paar Meilen davon entfernt mit leichtem östlichen Zug. Schliesslich erbarmte sich unser eine auffrischende Brise und brachte uns nachmittags in den Laböer Hafen. —

Am Dienstag bei der Abfahrt von Laböe, dasselbe Bild wie tags vorher. Wir waren nun ein fideles Vierblatt, zwei Männlein und zwei Weiblein und unser Schiffsarzt bekam für seinen persönlichen Gebrauch eine Extra-Kabine, die Segelkammer, angewiesen, aus der er jedoch beim An- und Auskleiden, — auspruchsvoll wie derartige studierte Leute zu sein oftmals sich berechtigt glauben — stets mit dem Kopfe heraussah.

Unser Reiseziel für heute war Kappeln an der Schlei, das Heimatland meiner Frau und des Schiffsarztes. Als Bülker Feuer querab war, sprang ein munterer Ost auf, und viel schneller, als bei der prächtigen Seebrise mit Salzgeruch und Sonnenschein uns lieb war, brachte er uns schon um elf Uhr nach Schleimünde und platt vor dem Winde laufend, durch das enge Fahrwasser der Schlei eine Stunde später an den bedeutsamen Hafenort Kappeln. —

Holsteinisches Fischerdorf
Nach einer Kreidezeichnung

Kappeln

Das war ein Wiedersehen! — Die ganze Einwohnerschaft stand auf dem Kopf und wallfahrtete zu unsrem kleinen Kutter. Sämtliche Busenfreundinnen wurden besucht, sowie die historischen Stätten, wo meine Frau das ABC gelernt, ihre Stiefel machen liess, ihre Bonbons gekauft hat, durch pietätvolle Pilgerfahrt gebührend gewürdigt. Im Strandhotel, dem Ideal der Jugendträume meiner besseren Hälfte, logierten wir uns ein. Die folgende Zeit wurde durch Besuche in der prächtigen Umgebung, besonders der befreundeten Gutsfamilien ausgefüllt.

Als wir endlich weiterfuhren, hätte dringend die Kunst des Schiffsarztes bei einem Teile der Passagiere in Tätigkeit treten sollen, um die Folgen der verschiedenen Wiedersehensfestlichkeiten zu bekämpfen; aber leider gehörte der Doktor zu den am schwersten betroffenen Patienten und war daher unfähig seinen segensreichen Beruf auszuüben.

Wir nahmen Kurs auf Sonderburg, wo wir schon um 10 Uhr vormittags anlangten. Die ernstliche Krankheit meiner Reisegesellschaft legte sich rasch auf festem Lande und wir bestiegen die weltgeschichtlichen Düppeler Schanzen.

Mittags setzten wir die Fahrt nach Glücksburg fort. Eine köstFahrt! — Bei frischem Ost an den bergigen Buchenwäldern Schleswigs vorbeizufliegen, bei steter Abwechslung der Szenerie sich sorgenlos dem Genusse der Natur hinzugeben und von geschickten Damenhänden bereitete Malzeiten zu vertilgen! —

Um halb sech Uhr nachmittags gingen wir vor dem Strandhotel bei Glücksburg zu Anker und schwelgten während der folgenden Tage in den Schönheiten des Angelner Landes. Flensburg, Wassersleben, Gravenstein, jeden Winkel der herrlichen Föhrde durchsuchten wir nach Jugenderinnerungen und nur schwer rissen wir uns am fünfzehnten Juli los von diesem köstlichen Fleckchen Erde, um nach Laböe zurückzusegeln, da unsre Damenfahrt nun ein Ende nehmen musste. Es hatte alles so musterhaft geklappt mit dem Wetter und der Windrichtung; es wäre frevelhaft gewesen, noch länger die Götter zu versuchen.

Programmässig stellte sich zur Ausreise aus der Föhrde ein leichter West ein, und um zwei Uhr hatten wir schon wieder Schleimünde querab. Dann aber verliessen uns die Windgötter, nachdem wir noch abwechselnd eine Backe voll aus Süden und eine aus Osten bekommen hatten.

Da sassen wir nun bei der westlichen Stollergrundboje und rührten uns nicht von der Stelle. Nach einer Stunde des Ausharrens machten wir das Beiboot flott, um zu bugsieren. Ausserdem riemten wir mit dem langen ruderartigen Staaken, der an der Waterkant stets verächtliche Belustigung erregt und doch so praktisch ist. Als wir schon fast bei Bülkfeuer um 8 h 45″ p. m. angekommen waren, erwischten wir noch eine leichte Abendbrise von Land her, welche uns um 10 Uhr abends in den Laböer Hafen hineinblies.

Dort luden wir unsre Damen aus und ich setzte mit dem Schiffsarzt am nächsten Morgen die Reise fort. Faul wie die Sünde, lungerten wir an Deck und tranken die Strahlen der Sonne, wir schlürften die würzige Seeluft in vollen Zügen und glitten dabei in Gemächlichkeit über die Hohwachtbucht. In Sicht der Insel Fehmarn lagen wir stundenlang in völliger Windstille, bis gegen Sonnenuntergang leiser Zug aus Norden durchkam, der uns vereint mit der günstigen Strömung, in stockdusterer Nacht durch die Enge des Fehmarn-Sundes brachte. Der Himmel hatte sich vollkommen bezogen und kein Stern war während der ganzen Nacht zu sehen. Ein Kunststück war es daher, durch die nur fünfzig Meter breite Rinne hindurchzufinden! —

Um Mitternacht passierten wir die östliche Ansegelungsboje und setzten unsren Kurs auf Darsser Ort. Die Brise legte über Nacht etwas zu, so dass wir ganz hübsch vorwärts kamen, und als am Morgen die östliche Kimm sichtig wurde, lag Giedser Riff an Backbord voraus. Damit war's aber wieder für eine Weile zu Ende und wir drehten uns hilflos um uns selbst bei toter See und völliger Windstille.

Eine lustige Tümmlerherde vertrieb uns durch ihre brillanten Kopfsprünge und Taucherkunststücke unter unserer Yacht hindurch die Zeit, und ein paar neugierige Seehunde rollten sich behaglich in der öligen Flut, den glotzenden Kahlkopf hebend, wenn wir pfiffen.

Auf Alsen
Nach einer Radierung

Mit solchen Scherzen und mit Essen, Trinken und Schlafen verging sehr schnell der schöne Sommertag; aber schon am Abend bemerkten wir zu unsrem Schreck, dass unsre Vorräte fast ganz aufgezehrt waren. Leichtsinnig hatten wir diese Fahrt begonnen, ohne uns klar darüber zu werden, dass die Windgötter keine Aufträge mit versicherter Lieferfrist annehmen, und mit eiserner Strenge schnitt mein Leibarzt die Wurstscheiben dünner und dünner. Die letzten Schinken-Ueberreste wurden ökonomisch behandelt wie Kaviar; Butter war ein nur mit Gold aufzuwiegender Artikel, und nur noch zwei Portionen Konservenfleisch waren an Bord. Kurz, die Schrecken einer herannahenden Hungersnot zerwühlten das für das Leben seiner Mannschaft verantwortliche Gehirn des Kapitäns. Nur an verschiedenen Flaschen länglichen, völligen und auch eckigen Formats war noch kein Mangel; aber der Leibarzt behauptete, Alkohol sei Gift für Seeleute und hielt den Pfropfenzieher unter schärfstem Gewahrsam.

Um möglichst rasch einen rettenden Hafen zu erreichen, wurde der Klüverbaum noch durch den Spinnakerbaum verlängert und hieran der Sturmklüver als Flieger über der Ballonstagfock gesetzt. Eine gute Weile ging es so ganz leidlich mit geschrickter Schot, bis abends Dornbusch-Feuer querab war. Dann aber drehte der Wind nach Osten und wir hatten gegen eine steile tote Dünung und Strom die ganze Nacht anzukämpfen, bis wir uns endlich um 2 Uhr morgens um Arkona herumdrücken konnten.

In den ersten Strahlen der Morgensonne leuchteten die mir so wohlbekannten Kreidefelsen von Stubbenkammer. Ja ja, da bin ich wieder, kennt ihr mich noch? — Ich bin gewachsen, seit ich mit „Elfe" zu euren Füssen um mein Leben rang. Jetzt kann mir so leicht kein Wetter mehr schaden und spielend überwinde ich Entfernungen, die mir damals unmöglich gewesen — und doch der grössere Genuss, der höhere Triumph war damals mein, als ich mit der Nussschale den Elementen trotzte, und wenn auch langsam, so doch stets dahin kam, wohin ich wollte. —

Swinemünde war schnell erreicht, um 1 h 30″ p. m. warfen wir bei der Glockenboje aufatmend den Wurstknebel nebst Strippe als letztes Proviantstück über Bord und machten im Hafen fest.

Wie ausgehungerte Wölfe stürzten wir uns in den nächsten Gasthof; dann erst meldeten wir uns bei der hohen Zollbehörde. Mangels jeglichen Proviants ging alles glatt ab und nachdem in aller Eile letzterem Uebelstand durch fürsorglichen Einkauf eines köstlichen Abendessens abgeholfen war, gingen wir durch die Kaiserfahrt unter Segel, um wenn möglich, noch heute Stettin zu erreichen.

Doch „mit des Geschickes Mächten — —", als wir die Nase ins Haff steckten, kam uns ein Gewitter direkt aus SO entgegen, so dass wir gegenan kreuzen mussten, um bereits nach einer halben Stunde wieder in Windstille und toter See herumzustampfen. Nachdem wir weidlich geflucht, stellte sich jedoch der alte Wind wieder ein, sagte, es sei nur Spass gewesen und beförderte uns mit acht Knoten Fahrt am Ziegenort Feuerschiff vorbei in die Odermündung.

In flotter Fahrt zogen wir nun die Oder aufwärts, zwischen saftigen, duftenden Wiesen, deren Geruch uns nach der langen Seereise doppelt reizvoll erschien, vorbei an friedlichen Dörfern und malerischen kleinen Städten. Es herrschte ein Verkehr auf dem Wasser, wie wir ihn lange auf einsamer Meerflut entbehrt hatten, und das Auge wurde nicht müde, die unendliche Mannigfaltigkeit der Boots- und Schiffstypen, die an uns vorbeizogen, zu bewundern. In einem unbefahrenen Arm der Oder gingen wir für die Nacht zu Anker und beendeten die letzten Meilen bis Stettin in stiller Morgenfrühe, wo die Yacht auf einem Eisenbahnwaggon nach Berlin verladen wurde.

Die Frühlings-Fahrt der Susanne.

„Den Seinen gibt's der Herr im Schlafe."
Ich schlief zwar nicht gerade, aber „döste" so recht traumverloren an einem regnerischen Sonntagsvormittag im Monat März durch den Tiergarten, dessen kahle Baumwipfel im Winde klagten. Wie gewöhnlich, träumte ich vom Segeln im allgemeinen und von meinen beiden neuesten Schmerzenskindern „Mimosa" und „Wannsee II" im besonderen und war gerade mitten im heissen Wettkampf auf der lieben Ostsee, als ich plötzlich einem wohlbekannten Berliner Sportsmann vor den Bug lief.

Natürlich drehte ich nach dem üblichen Flaggengruss sofort auf und legte mich neben ihn an. Nachdem wir eine Seemeile nebeneinander hergelaufen, signalisierte mir der wohlbekannte Sportsmann herüber: „Wollen Sie mit Ihrer Frau im Mai an Bord meiner „Susanne" eine Frühlingsfahrt auf acht Tage mitmachen?" —

Ich konnte nicht gleich den richtigen Antwortwimpel finden, machte das Schlusszeichen mit dem Hut und hielt ab auf den Heimatshafen, um mit „Muttern" die Sache zu überlegen.

Als die Bäume grün wurden, tat ich zunächst meine Pflicht als Skipper an Bord der „Mimosa", von der ich aber nicht viel Nettes zu berichten weiss, und der „Wannsee", über die und deren Nachkommenschaft ganze Bücher zu schreiben wären. Das tue ich später vielleicht noch mal. Als beide Schutzbefohlene fertig getrimmt an ihren Gummibojen im Wannsee lagen, fragte ich bei dem Eigner der stolzen Yawl an, ob die Frühlingsfahrt noch im Programm stände, oder ob ich nur geträumt hätte.

Ich hatte nicht geträumt, wir wurden ordnungsgemäss angemustert für den zehnten Mai, an welchem Tage „Susanne" von Kiel aus, nach Kopenhagen und Bornholm bestimmt, in See gehen sollte.

Vom ersten Mai an klopften wir beide abwechselnd halbstündlich an das hartnäckig in der Gegend von „Viel Regen" feststehende Wetterglas; leider immer ohne den gewünschten Erfolg. Trotzdem stiegen wir in den D-Zug nach Kiel und der Eigner und das angeheuerte Ehepaar fanden sich pünktlich in Krupps feudalem Logierhaus am Kieler Hafen ein.

Die Garderobe bestand aus einer reichlichen Auswahl übereinander anzuziehenden Wärmehüllen; ja sogar ein Blechbehälter, der mit einer Wärmeflasche verdächtige Aehnlichkeit hatte, wurde unter dem Gepäck zufällig entdeckt. Mit solchen Vorsichtsmassregeln konnten wir also vertrauensvoll in die Zukunft blicken.

Am Sonntag 8 h 35″ a. m. Anker auf. Leichte nördliche Brise. Setzen Dreikant-Topsegel. 11 h 40″ a. m. Glockenboje querab; setzen grossen Flieger. Man sieht, wir übereilen uns nicht. Darauf kommt etwas frischere Brise durch und „Susanne" neigt sich anmutig zur Seite, und schiebt fröhlich mit Ballonstagfock durch den leichten Seegang. Schon entsteigen liebliche Düfte vielverheissend dem Kombüsenschornstein und in Erwartung des leckeren Mahles schweben wir an Holsteins blauer Küste im Sonnenschein entlang.

Lange aber dauerte die Freude nicht; denn als der Koch das Diner fertig meldete, klappten die Segel träge mittschiffs und „Susanne" schlingerte planschend in toter See.

Nicht jedem behagt bei solchen Bewegungen unter Deck die Magenbeschäftigung, und seien es auch die köstlichsten Gerichte.

Doch auch auf der Treppe sitzt es sich ganz bequem und die Niedergangskappe ist, wenn man will, auch ein Tisch.

Um fünf Uhr p. m. machten wir eine neue Bekanntschaft: „Fehmarn Belt" lasen wir um diese Zeit in Riesenlettern an einem Feuerschiff, dessen Existenz uns in unsrer langjährigen Praxis bisher nicht aufgefallen war, und über welches sich sowohl die neueste Seekarte, wie das Handbuch verächtlich ausschwiegen. Auch gut, wir liessen es links liegen.

Bei der Nachmittagszigarre begann uns die Frage der Nachtruhe zu beunruhigen; denn es gibt Leute, die trotz des besten Gewissens nachts nicht schlafen können, wenn's „schunkelt". Da die Brise nördlich stand, hielten wir auf die Insel Laaland zu, um unter ihrem Schutz für die Nacht zu ankern. Mit dem letzten ersterbenden Lufthauch hatten wir gerade den roten Sand angelotet, um dort auf sieben Meter Wasser vor Anker zu gehen, als die Brise nach WSW umsprang und unsre Hoffnung, auf einen ruhigen Ankergrund zunichte machte. Also halsen mit Kurs auf Giedser Riff-Feuerschiff. Mit der Nachtruhe war's aus, und da die tückische Abendbrise uns sehr bald verliess, gelang es uns erst morgens um fünf das Feuerschiff zu passieren.

Mit wechselnden Brisen schlichen wir an Falster entlang und wohlig brannte die Sonne an Deck. Mal Spinnaker an Steuerbord, mal an Backbord; auch Bugsprietspinnaker und Flieger kamen an die Reihe, als Vorübung der Mannschaft für die Kieler Woche. Mal zog der Kombüsenrauch nach vorn, mal nach rechts und mal nach links; ja sogar bis in den Schatten des Besahnsegels verirrte er sich, und fluchend kutschierte der Eigner, der sonst so friedliche, mit seinem Decksstuhl bis in die entferntesten Winkel seiner siebenundzwanzig Meter langen Yacht, um der Gefahr zu entgehen, wie eine Ostseeflunder geräuchert zu werden.

Als nach üppigem Mahle die Sonne die Kreidefelsen von Moen beschien, beschlossen wir, dicht am Leuchtfeuer zu ankern, um Depeschen aufzugeben. Das war nicht so leicht, da eine Telegraphenstation nicht vorhanden. Aber nachdem die eingerostete Telephonleitung eigens zu diesem Zweck ausgebessert war, gelang es mittelst der Buchstabierkunst, die daheim in Wannsee für das Leben des Eigners zitternde Gattin zu beruhigen, dass „Susannes" Vater noch am Leben sei.

Immerhin hatte diese Prozedur zwei Stunden gedauert, und da keine Aussicht war, Kopenhagen noch an demselben Tage zu erreichen, liefen wir dicht unter den gigantischen Kreideklippen von Moën entlang — den Zwillingsschwestern von Stubbenkammer — und hinein in die Kjöge-Bucht, da wir nicht noch eine Nacht auf dem feuchten Ozean umherschunkeln wollten.

Kjöge präsentierte sich uns von der See aus als Weltstadt mit elektrischem Licht und wir waren sehr gespannt auf die Wunder, die sich uns am nächsten Morgen erschliessen würden. Wir genossen die ungestörte Nachtruhe in ausgiebigem Masse. Als wir aber morgens schön ausgeschlafen an Deck erschienen, rieselte uns undurchsichtiger Regen bei winterlicher Kälte entgegen. Oelzeug und Gummiröcke wurden hervorgeholt und das Beiboot flottgemacht zur Erforschung des Landes und seiner Eingeborenen. Lange dauerte diese Beschäftigung nicht; nach zehn Minuten schon kannten wir die Weltstadt Kjöge wie unsre Tasche.

Ansichtspostkarten gab's natürlich auch hier schon in Menge und wurden als Dokumente der fortgeschrittenen Zivilisation in alle Winde verschickt; indessen scheinen Eisen- und Stahlwaren in diesen Gegenden noch ziemlich unbekannt und daher hoch im Preise zu stehen, da mit grosser Schwierigkeit aufgetriebene „Säkerheets-Nodeln" (zum Aufstecken der pfützenaufsaugenden Kleiderröcke) hierzulande noch mit 10 (ti) Oere das Stück bewertet werden.

Die Dänen sind ein höfliches, weltgewandtes Volk, aber ihren Vorteil wissen sie wahrzunehmen.

Nachdem unser Wissensdrang gestillt, schifften wir uns wieder ein und segelten bei grimmiger Kälte und unentwegtem Regen langsam aber sicher auf Drogden-Feuerschiff zu.

Gegen Mittag lockten uns wärmende Sonnenstrahlen und auffrischende Brise an Deck; wir halsten bei Drogden und liefen platt vor dem Wind in den Oeresund ein. Erwartungsvoll schauten wir hinüber auf die in der Ferne winkenden Türme und Kuppeln von Kopenhagen; da jagte eine schwere Hagelböe aus SW. heran und das Deck der „Susanne" verwandelte sich in eine schräge Eisbahn. Topsegel und Besahn, zuletzt Stagfock wurden geborgen und wir kämpften schwer arbeitend durch den fliegenden Schaum; aber „Susanne" lässt sich nicht so leicht einschüchtern: um vier Uhr nachmittags ankerten wir im schützenden Hafen des nordischen Paris.

Reizvoll ist das leichtlebige Treiben in dieser schönen Seestadt. Die geschmackvollen Bauten früherer Jahrhunderte gemahnen an die hervorragende Rolle, die Kopenhagen einst im Welthandel gespielt hat; die altehrwürdigen Schlösser und Kirchen erzählen noch von den Reichtümern, die hier aufgehäuft waren. Aber wie alle Ostseestädte, hat auch diese alte Hanseschwester nicht Schritt halten können mit den für den Welthandel vorteilhafter gelegenen Häfen.

Die Bewohner jedoch sind grossstädtisch und genusssüchtig geblieben, es pulsiert eine prickelnde Lebensfreude und amüsante Pikanterie in den schlanken blondhaarigen Schönen des Nordens und die Herren der Schöpfung sind liebenswürdig, weltmännisch und vor allem ganz ungeheuer trunkfest. —

In unsrem Frühjahrsprogramm stand nun noch verführerisch lockend: Bornholm! —

Trotzdem böse Zungen behaupteten, dass in der Nacht Eis gefroren sei, gingen wir mit jugendlicher Begeisterung am Mittwoch, den vierzehnten Mai auf die Weiterreise. Es wehte mächtig aus Süden, dazu lief uns starker Strom im Sund entgegen. Schlag vor Schlag quälten wir uns durch die enge Fahrrinne, von Spritzern ständig überstäubt.

Unsre Dame hatte es sich in der Kajüte mit Polstern und Decken so warm und bequem wie möglich gemacht, der Eigner sah nur noch mit der Nasenspitze aus der Niedergangsluke heraus, emsig mit dem Putzen der immer von neuem angefeuchteten Brillengläser beschäftigt, während ich neben dem Mann am Ruder stehend, einen wütenden Kampf mit der widersprechenden Seekarte aufführte. Lag mir doch die Ehrenpflicht ob, „Susanne" durch das Labyrinth der roten und schwarzen Baaken, Spieren und Tonnen zu führen, und da „Susanne" in bezug auf Wassertiefe etwas anspruchsvoll ist — unter 3,75 m tut sie's nun mal nicht — musste ich meine gespannte Aufmerksamkeit dem Fahrwasser zuwenden. Hat man sie mal aufs Trockne gesetzt, lässt sie sich nicht mit dem Spinnakerbaum wieder abschieben, wie man dies wohl anderswo gewohnt ist. Als schliesslich die Feuchtigkeit gar zu lebhaft in Gestalt einer dunklen Regenböe über uns herprasselte, war unsre Reiselust und unsre Sehnsucht nach Bornholms zackigen Felsgestaden inmitten des Baltischen Meeres für heute genügend gekühlt. Resigniert packten wir die Seekarte von Bornholm dahin, wo der Schrank am tiefsten ist und kehrten bei Nordre Röse um, unsren Kurs nordwärts lenkend.

Kopenhagen kannten wir genügend, wir sausten daher mit schnaubender Fahrt vorbei und hielten auf die Insel Hven zu, den Alchymistensitz des seligen Tycho Brahe, welche bald auch, in geheimnisvolle Regenschleier gehüllt, vor uns auftauchte.

Schroff fallen die kahlen Küsten rings herum in die kochende See, die in melancholischem Rhythmus brandend sich überstürzt. Weissschäumend jagen die Rosse des Neptun mit brausendem Orgelklang neben uns her, unsre „Susanne" wie einen Spielball hebend und senkend. In dunklen Umrissen taucht die schwedische Küste aus dem Nebelgrau; bald erkennen wir Häuser und einen trotzigen, massigen Wartturm. Das ist Helsingborg, die schwedische Beherrscherin der engen Sundeinfahrt.

Kurz vor der Hafenmole drehen wir in den Wind, zwölf kälteerstarrte Hände kämpfen erbittert mit dem Grosssegel, das durch die Nässe steif wie ein Brett geworden ist; mit Mühe ist es endlich mit den Zeisingen gebändigt, und vor dem Klüver laufen wir zwischen die Molen, über welche die Brandung brüllend hinwegleckt.

Unter Deck ist's nun doppelt angenehm; der Koch hat sich nicht lumpen lassen. Nirgends in der Welt fühlt man sich doch molliger und so recht mit sich und allen Menschen zufriedener, als in behaglicher Kajüte nach schwerer nasser Arbeit! —

Trotz Sturm und Regen begaben wir uns nach Tisch auf die Entdeckungsreise. Mit imponierender Gewissenhaftigkeit beaugenscheinigten wir jedes Gebäude, jedes Schaufenster der kleinen Stadt, und als sich hinter einem solchen auch endlich mal eine sehr smucke pige zeigte, mussten wir — natürlich auf dringenden Wunsch meiner Frau — gerade dort Einkäufe machen in schwedischen Landeserzeugnissen.

Es wird mehr und mehr zur Seltenheit in den Ländern, die in regem Geschäftsverkehr mit der grossen Welt stehen, Erzeugnisse zu finden, welche eine volkliche Eigenart, ein eigenes Kunstgewerbe, bewahrt haben. Zum Glück ist dies noch in Schweden der Fall, und die bunten aber harmonischen Stickereien, die hochkünstlerischen Holzschnitzereien und die eigenartigen Silberarbeiten sind liebe Erinnerungen an das schöne Land und ihre mannigfach begabten Bewohner. —

Auch diese Weltstadt kannten wir bald wie unsre Tasche. Tatenlustig, wie wir nun aber mal waren, ratschlagten wir, womit nun die Zeit so nützlich und lehrreich wie möglich zu verbringen sei. Mit Recht sagten wir uns, dass, wer ferne Lande durchstreift, auch die Ernährungsweise ihrer Insassen ausprobieren muss. Mit dieser löblichen Erkenntnis begaben wir uns in das schönste Gasthaus der Stadt und bestellten das Nationalessen: „Sexa". Erwartungsvoll setzten wir uns, um sogleich wieder aufzustehen, da an einem Nebentisch ein messingblitzender Weihkessel mit vielen Ausflusshähnen uns magnetisch anzog. Eine Prüfung des Inhalts ergab mehrere Sorten des in allen Lebenslagen so ermutigenden Feuerwassers.

Nach dieser Grundlage glaubte uns der Kellner genügend gefestigt, um den Anblick einer Batterie von Tellern, Tassen, Schüsseln, Schalen, Büchsen und Näpfen vertragen zu können, die mit dem Köstlichsten gefüllt waren, was die Phantasie eines Gourmets ersinnen könnte. Gewissenhaft wie wir Deutsche nun mal sind, vergassen wir auch keine einzige der Delikatessen zu prüfen; dazwischen schöpften wir zur Aufmunterung der Magennerven aus der Quelle des Alkohols, und zwar nicht etwa nur wir Herren der Schöpfung. Nachdem wir diesen ernsten Studien so ungefähr zwei Stunden obgelegen hatten, fühlten wir das unabweisbare Bedürfnis, in der Kajüte der „Susanne" noch einen Schlummerpunsch zu vertilgen, worauf jedermann sich in sehr gehobener Stimmung zur Koje begab.

Das Erwachen war nicht so animiert, wie der Beschluss des vergangenen Tages; man klagte über Kopfschmerz, Magendrücken und andre Beschwerden, so dass der Apotheker Helsingborgs ein reicher Mann wurde. Kulinarische Studien sind oft etwas anstrengend und kostspielig. —

Es wehte mit ungeschwächten Kräften aus Süd, die Regenböen peitschten durch die holprigen Strassen; alle Auslagen des Ortes hatten wir mindestens schon zweimal angesehen, also was nun tun? — Neben uns lag einladend die grosse Dampffähre nach dem gegenüber auf dänischer Seite liegenden Helsingör. Ueber den schmalen Sund winkte Hamlets Terrasse und die schlanken Türme der prächtigen, sagenberühmten Kronborg; also avanti! —

Infolge des Bindfadenregens zeigte sich aber leider kein Geist auf der historischen Warte, auch von der Fernsicht war keine Spur zu geniessen; wir flüchteten daher in die Bildergalerie des Schlosses, Kunstinteresse heuchelnd, bis der Platzregen vorüber war.

Marienlyst mit dem sogenannten Grab Hamlets zog uns darauf an; besonders die Hoffnung auf ein Frühstück, welches erst mit grossen Schwierigkeiten zu erlangen war, da die dortige Gegend zu dieser Jahreszeit noch nicht auf Fremdenbesuch zugeschnitten ist.

Der Abend sah in bezug auf die Witterung etwas hoffnungsreicher aus; wir begaben uns frühzeitig zur Koje, um am nächsten Morgen so früh wie möglich aufzubrechen nach dem Heimatlande. Der Tag begann recht vielversprechend und friedlich. Zwar stand die Brise noch immer im Süden fest, war aber ganz manierlich und auch die liebe Sonne brachte sich wieder in empfehlende Erinnerung. Bald nach sechs Uhr gehen wir daher auf die Reise und kreuzen über den herrlichen Sund nach Süden, uns diesmal an der lieblichen dänischen Küste haltend. Wir freuen uns der abwechslungsreichen Bilder, welche die zahllosen Fahrzeuge jeder Art und Grösse boten, und unser unverwüstlicher Optimismus liess uns bereits berechnen, wann wir in Sassnitz sein würden, als wieder mal mit stetig zunehmendem Wind die altgewohnten Regenböen heranjagten. Stampfend und schäumend schleifte „Susanne" das halbe Deck durchs Wasser, und mit Mühe und Not erreichten wir mittags den Hafen von Kopenhagen.

Zwei Anker mussten wir ausbringen, um bei dem Orkan im Hafen sicher zu liegen; resigniert schnürten wir unser Bündel und drehten der ungastlichen See den Rücken; denn zu hause schrien die Kinder nach Brot und der Urlaub war beinahe zu Ende.

Die profane Eisenbahn und der unsportmässige Dampfer Gjedser—Warnemünde übernahm unsre Beförderung nach Hause. Mit brennenden Backen und in trocknen Kleidern sassen wir an reichbesetzter Tafel im D-Zuge nach Deutschland und schlugen uns die kühnen Pläne und Hoffnungen auf Bornholm für diesmal aus dem Sinn, indem wir die soeben durchlebte schöne Zeit im Geiste an uns vorüberziehen liessen. Der Schiffer und die Besatzung brachten „Susanne" einige Tage später bei besserem Wetter in den Heimatshafen Kiel. —

Wenn die Kieler Woche zu Ende ist, laufen die Eigner von Rennyachten entweder himmelhoch jauchzend oder zu Tode betrübt umher.

„Susanne" hatte sich mit einer staunenswerten Hartnäckigkeit tagtäglich vom ungalanten „Commodore" verhauen lassen; man sollte also meinen, dass bei dem Besitzer dieser so schimpflich behandelten Yacht eine recht deprimierte Stimmung nur erklärlich gewesen sei. Als ich aber dem bewussten Herrn zufällig in den schattigen Wegen des Düsternbrooker Holzes lustwandelnd begegnete, sprach sein Antlitz nur von völliger Zufriedenheit und Seelenruhe, wie man es selten zur Zeit der Kieler Woche bei einem Yachteigner sieht.

Statt mir in beweglichen Worten sein Leid zu klagen über Brisenpech und böse Konkurrenten, lud er mich lächelnd ein zu einer Fahrt nach England, und auch meine Frau solle wieder mit von der Partie sein! — Nach den Erfahrungen auf der „Frühlingsfahrt" zeugte dies von einer seltenen Vorurteilslosigkeit.

Meine Penelope war aber leider allzusehr mit Kinderhüten beschäftigt, um schon wieder sich den wilden Wogen anvertrauen zu können. Ich bekam daher nach längerer Rücksprache allein Urlaub bewilligt, und mit den nötigen Ermahnungen versehen, nistete ich mich nach der Wettfahrt vor Warnemünde an Bord der „Susanne" ein und bezog die wohlbekannte zweischläfrige Damenkajüte. Das zweite Bett wurde aber nur von meinen Koffern und sonstigen Habseligkeiten in Anspruch genommen.

Da es indessen nicht gut ist, dass der Mensch allein sei, lud ich mir einen Leidensgefährten in bezug auf Beruf und Leidenschaft ein, welcher in der Eignerskabine sein Heim aufschlug.

Der hohe Eigner hatte mir beim Abschied das Programm für die Wettfahrt von Helgoland nach Dover in die Hand gedrückt und die Flucht ergriffen, um etwas weniger wässrigen Vergnügungen nachzugehen. Alles übrige überliess er in unerklärlichem Vertrauen meinem Scharfsinn.

Da der Schiffer der „Susanne" zwar ein braver Mann, aber mit der Nordsee noch keine nähere Bekanntschaft gemacht hatte (nur war er mal als Schiffsjunge beinahe darin ertrunken), so musste ich mir vor allem einen tüchtigen Lotsen verschaffen. Mein Fachgenosse, der sich — glaube ich — mehr auf Nordseeschleppern, als in seinem Atelier — natürlich studienhalber — aufhielt, wusste mir denn auch so ein Exemplar zu verschaffen. In Brunsbüttelschleuse sollte er an Bord kommen; aber es war gar nicht so leicht, erst dorthin zu gelangen.

In Warnemünde war ich, wie gesagt, an Bord gegangen über die schwankende Laufplanke; so zwischen Mitternacht und Morgen nach unzähligen „kalten Enten" als Abschiedstrunk von verschiedenen Seglern, die ich nicht weiter nennen will, um ihnen keine Unannehmlichkeiten zu machen. Unter jedem Arm hatte ich einen grossen Silberpokal; beide mussten vor Ablieferung zu Hause ausgebeult werden. Der Grund ist mir heute noch unerklärlich.

Gegen fünf Uhr morgens hatte ich die Mannschaft aufgepurrt und mit leichter südlicher Brise liefen wir aus den Molen. Mit dieser kamen wir ungefähr bis querab Brunshaupten; dort aber drehte sie plötzlich in einer schweren Böe nach SW und W, gegen die es unmöglich war anzukreuzen. „Susanne" legte sich bis an die Niedergangskappen weg und kam nicht mehr vorwärts. Es waren zwar zwölf Mann ausser dem Koch und dem Schiffer an Bord; aber alles zusammengewürfelte, nicht mit einander eingespielte Leute, so dass der Schiffer ihnen die Arbeit nicht zutraute, bei dem Wetter zu reffen. Als endlich der drei Zentimeter starke Stahlstropp an einem der Grossschotblöcke wie ein Bindfaden entzweiplatzte, flüchteten wir zurück in den Hafen von Warnemünde.

Im Laufe des Tages reparierten wir diese Havarie und als gegen Abend das Wetter etwas nachliess, liefen wir wieder aus. Draussen wars noch recht ungemütlich; wir hatten zwei Reff eingebunden und Sturmsegel gesetzt, kalte Regenböen peitschten durch die pechfinstere Nacht und der Schiffer wäre am liebsten noch mal wieder umgekehrt. Ich blieb jedoch unbarmherzig die ganze Nacht an Deck und liess nur bei Marienleuchte auf Fehmarn kurz nach Mitternacht unter Schutz der Küste für eine Stunde beidrehen, um wenigstens Kaffee kochen zu können; denn während der Fahrt konnte sich kein Mensch unter Deck auf den Beinen halten.

Als es hell wurde, liess der Sturm etwas nach; wir banden die Reffe los. Kaum aber war dies getan, sprang der Wind in starker Böe nach Nordwest, so dass wir schwer arbeitend erst um neun Uhr morgens Stollergrundfeuerschiff passierten und dann mit etwas aufgefierter Schot in rasender Fahrt um zehn Uhr an der Heimatboje in Kiel anlangten.

Bei Bülk war ein Ewer gekentert und die Mannschaft ertrunken. Wenn der Wind einen solchen Trog umwehen kann, muss er schon nicht gewöhnlich sein.

In Kiel liefen uns vor allen Dingen gleich drei Matrosen fort, denen Nasswerden unsympathisch war. Es hielt schwer in der Eile Ersatz zu bekommen. Dann wurde überflüssiges Inventar an Land gegeben. Das Wasserboot kam längseits, um die Tanks zu füllen, und der Koch erschien mit dem bis an den Rand mit Proviant gefüllten Boot eines Shipshandlers.

Es war fast sechs Uhr nachmittags, als wir endlich nach Holtenau versegeln konnten, wo wir bis zum nächsten Morgen festmachen mussten, da der Nachmittagsschleppzug schon fort war.

Um vier Uhr morgens, hiess es, sollte die Schleppfahrt durch den Kanal losgehen. Mein Wecker ermahnte mich an die Pflicht, und ich stöberte die Mannschaft aus den Hängematten. Es dauerte aber noch bis nach sieben, bis die Reise anfing.

„Susanne" sah recht mitgenommen aus durch die Kieler Woche und bedurfte dringend eines neuen Kleides. Ich liess daher die ganze Mannschaft mit Schrubbern und Sandpapier antreten; dann kamen die Lackpinsel zum Vorschein. Die Sonne interessierte sich zum Glück eingehend für unsre nützliche Tätigkeit, und wie neugeboren traf die Yacht am Abend um sechs Uhr vor der Brunsbütteler Schleuse ein.

Hier fand sich der Lotse ein und Sonntags, den 13. Juli, um acht Uhr morgens verliessen wir unter Trysegel die Schleuse, um nach Cuxhaven hinunter zu kreuzen. Die Ebbe zog gut mit, so dass wir schon um halb elf im neuen Hafen am Bollwerk vertäuen konnten.

Dort lagen bereits der „Meteor" seiner Majestät, sowie „Lasca" und „Clara", die drei Schoner, die unsre Gegner in der Fahrt über die Nordsee sein sollten, und wir verbrachten den Tag durch einen ausgiebigen Bummel zur „Alten Liebe".

So sagt der gebildete Mitteleuropäer zur „Oll' Liewe". Die Oll' Liewe hat aber absolut nichts mit der Liebe zu tun, wenigstens ihr Name nicht; trotzdem auf ihr sowohl von den Badegästen, wie von den Eingeborenen bei Tag und bei Nacht sehr stark dem Gotte Amor gehuldigt wird. Auch blickt von hier aus wohl manche Seemannsfrau oder Braut sehnsuchtsvoll nach dem Schiffe, das den Geliebten trägt in die grause Mord-See, und manches Fernrohr schaut ungeduldig aus nach den Fischerflotten und den gebrechlichen Krabbenfahrzeugen, die auf den gefürchteten Bänken ihrem schweren Handwerk nachgehen.

De Oll' Liew' ist weiter nichts gewesen, als ein dicht am Strande gesunkenes Schiff. Es hiess „Olivia" und die Fischer gingen hinaus von Ritzebüttel, um bei niedrigem Wasserstande die Ladung soweit möglich zu retten. Das Schiff spülte sich immer fester ein in den Elbschlick. Schliesslich wurde ein Steg angelegt zum Wrack vom Lande aus und Steine wurden herangeschafft, um eine feste Schutzwehr zu bauen. So entstand ein prächtiger Landungsplatz und ein geschützter kleiner Fischerhafen. Die Landungsbrücke aber behielt seit Jahrhunderten den Namen „Oll' Liewe".

Cuxhaven ist ein Lieblingsort für mich; landschaftlich zwar ohne Reiz, aber das Fischerleben! — Das Herz lacht einem im Leibe über die braungeteerten Segel der stolzen Finkenwärder und Oevelgönner Fischerewer, wenn sie hereinkommen mit ihrer köstlichen zappelnden Beute; wenn die wettergebräunten Gestalten in ihren malerisch-verschossenen Sweatern und Pudelmützen ihre Last entleeren in die geräumigen Fischhallen, und die zierlichen Krabben, wie aus rosa Glas gesponnen, die gleich im Boote geräuchert werden, ihr feines Aroma verbreiten. Da liegen die Feuerschiffe der Nordsee in Reserve, und fabelhaft grosse Anker und Bojen allerlei Konstruktion lagern vor den alten Speichern der Hüter der Seefahrt. Die kräftigen Lotsenschoner und Dampfer laufen aus und ein; mit schwerfälligem Gang in hohen Seestiefeln, ihr schwarzes Bündel über dem Rücken, entsteigen ihnen die sturmerprobten Männer, welche Tag und Nacht, in Sturm und Eis, in Sonne und Regen ihres verantwortungsreichen Amtes walten müssen.

In einem andren Teile des geräumigen Hafens liegt, gleich einer Schar beutegieriger Wölfe, eine Torpedobootsflottille, jederzeit bereit, mit heiserem Bellen in Windeseile sich auf den nahenden Feind zu stürzen. An der „neuen Liebe" legen die Leviathaus des Ozeans mit lustiger Bordmusik an, um ihre Weltreisenden nach wochenlanger Fahrt hin aufs feste Land zu setzen. Tücherschwenken, Freudentränen empfangen die Ankömmlinge aus der Neuen Welt, die hier den Sonderzug nach Hamburg besteigen. Der von seinen Fahrgästen entleerte Ozeanriese schwenkt wieder graziös auf den Strom und die Klänge seiner Bordkapelle verhallen langsam auf der Weiterfahrt stromaufwärts. Rastlos, ewig ruhelos rauscht es um die mächtigen Strompfähle hinaus ins freie Meer, und den ewigen Gesetzen der Naturkräfte folgend, strömt nach Ablauf von sechs Stunden die Wasser hunderte von

Kilometern flussaufwärts, bis es sich langsam im schmalen Elbbett aufstaut und zurückebbt. Und nun erst im Winter, wenn die Schiffe, dicht beeist und voller Reif bis in den Flaggenknopf, von draussen hereinkommen und sich mühsam ihren Weg durch die mächtigen Schollen bahnen, welche flussabwärts treiben. Tausende von Möven und auch Krähen machen die wirbelnde Reise mit, auf bequeme Art jede Gelegenheit erspähend, um über Bord geworfene essbare Gegenstände zu erhaschen, oder einen Fisch oder eine Qualle aufzuspiessen. Das schiebt und knirscht und drängt sich zusammen meterhoch an den Steinwällen und stürzt mit Donnergepolter zurück in die schwärzliche Flut. Wie in Niflheim brauen die Nebel und nur als unbestimmte, glasige Scheibe kämpft sich für kurze Zeit die Sonne durch die düsteren Schwaden. Dann hat der alte Lotsenausguck bei Bahlsens altem Gasthaus seine guten Tage, und der dampfende Grog im rauchgeschwärzten Schankraum sucht die finsteren Nebel dort draussen noch zu überbieten. —

Wir gingen frühzeitig zur Koje, um am nächsten Morgen um fünf mit leichtem Südwest kurz vor dem Einsetzen des Ebbstroms den Hafen zu verlassen.

Draussen bei den Feuerschiffen stand noch eine hohe, steile Grundsee; „Susanne" kletterte aber ganz gemütlich über sie weg und zog stetig ihre Bahn auf Helgoland zu. Schnell wuchs das phantastische Felseneiland am Horizont in die Höhe und schon gegen elf Uhr sichteten wir die Sathurnboje, in deren Nähe wir beidrehten, da dort der Startschuss um drei Uhr für das Rennen nach Dover fallen sollte. Die Brise war immer mehr abgeflaut und die See war heruntergegangen; wir konnten daher die Zeit gemütlich mit einem Vormittagsschläfchen und einem opulenten Mittagessen verbringen.

Helgoländer Fischer hatten uns frisch gefangene Hummern und „Dwarslooper" (riesige Taschenkrebse) an Bord gebracht, welche die Matrosen erst einen Kampf auf Leben und Tod aufführen liessen, bevor sie in dem Topf mit siedendem Wasser ihr Leben aushauchten. In buntgemischtem Kreise wurden die Kämpfer umlagert von der Mannschaft, dem Lotsen und dem weissgekleideten Koch, und mit hocherhobenen Scheren gingen sie auf einander los. Morituri te salutant! —

„Ick sett' tein Penn up den Groten!" —

„Nee Korl, ick häv' mehr Fiduz up den Lütten; der is bannig fuchtig," behauptete Jan.

„O kiek mol, nu hät he em all bi den Flunk! Hello, go on old boy! Warschau dinen Steert. Hurra! mien sein zippt den Ollen an den Snurrboort." —

Der Kampf wogte hin und her, die Schwänze schnellten zusammen und die augenverdrehenden Streiter pressten sich gegeneinander. Ein gar zu eifriger Zuschauer wurde bei den Hosen gepackt und fiel vor Schreck fast mitsamt dem wütenden Krustentier über Bord. Als der Kleine sich in eins der vielen Beine des Gegners so verbissen hatte, dass es geknickt am Leibe herunterbaumelte, machte Jan der Sache ein Ende, indem er mit dem Marlspiker die gewaltige Schere des Wüterichs auseinanderbrach.

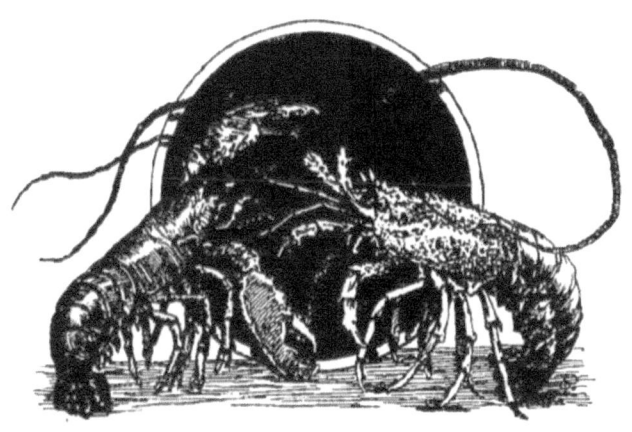

Von Bremerhaven her kam „Navahoe", von der Jade traf „Comet" noch rechtzeitig ein, und nachdem eine Marinepinass uns instruierende Papiere, die wohlversiegelte Handikap-Tabelle, englische Einladungsbriefe und die für uns auf der Insel eingetroffene Post übergeben hatte, erdröhnte der Startschuss.

„Susanne" als erste jagte über die Linie, dicht gefolgt vom „Meteor", mit dem wir gleich einen erbitterten Luvkampf aufnahmen. Das gab zwar Hohngelächter; aber der grosse Schoner musste doch in lee an uns vorbei.

Es war sehr flau geworden; lang und glatt rollten uns die perlmutterfarbenen Nordseewogen entgegen; dazu zog der Strom ziemlich hart in die Elbmündung hinein und stundenlang verloren wir die rotstrahlenden Klippen der Insel nicht aus den Augen. „Navahoe", „Comet", „Meteor und „Clara" hielten etwas südlicher; nur „Susanne" und „Lasca", die uns als die bedeutend grössere auch bald überholte, steuerten hart am Wind nach Westsüdwest.

Eifrig wurden die Stromkarten studiert, jede Möglichkeit sorgfältig im hohen Rat erwogen, und jeder erging sich in den gewagtesten Wetterprophezeiungen. Ist doch die Navigierung in einem Fahrwasser mit so verwickelten Stromverhältnissen, wie die Nordsee, so grundverschieden von der auf der Ostsee, dass es wirklich einer jahrelangen Erfahrung bedarf, um alle mitsprechenden Faktoren richtig einsetzen zu können. Unser Lotse, ein alter Seeschlepper-Kapitän, der sich Zeit seines Lebens zwischen Hamburg und dem atlantischen Ozean mit seinem Bergungsdampfer herumgetrieben hatte, verstand denn auch sein Handwerk meisterhaft. Es war bewundernswert, mit welcher Genauigkeit er, ohne die Karten und Tabellen zu Rate zu ziehen, uns den Kurs angab, den ich mir nur nach umfangreichen Studien und Berechnungen zurechtkonstruiert hatte.

Feierlich versank das Tagesgestirn rotglühend im fedrigen Gewölk am Abendhimmel, immer mehr glättete sich die durchsichtige Wasserfläche, die wir nur noch langsam in wiegender Bewegung zerteilten. Wir lagen bequem nach gemütlichem Mahle mit der Abendzigarre an Deck, sahen in die immer zahlreicher auftauchenden Sterne und lauschten der Schilderung der abenteuerreichen Fahrten des Lotsen. Nicht immer ist eine Fahrt über die Nordsee so bequem wie heute; aus den so selbstverständlich klingenden Erzählungen von Sturm und Not in Eis und Schnee bekamen wir Sommersegler einen tiefen Einblick in den rauhen, beständig vom Tode bedrohten Seemannsberuf, der oft in höchster Gefahr die schönsten Beweise unbeugsamen Mannesmutes und aufopfernder Nächstenliebe hervorbringt.

Der Mond war noch nicht aufgegangen und es war für eine Sommernacht recht dunkel. Hie und da schoss ein einsamer Wunschstern durch den unendlichen Weltenraum; manchmal rauschte eine etwas höhere tote See an unserer Bordwand entlang und perlte wie Sektschaum für kurze Zeit auf, um wieder in der Dunkelheit zu versinken.

Plötzlich begann rund um die Yacht ein phantastisches Leuchten und Flimmern, jeder Wellenkamm erstrahlte in grünlichem Weiss, wie von elektrischem Lichte beleuchtet, und zog leicht rauschend am kräftigen Rumpf der „Susanne" in feinem Silberstreifen entlang, um sich am Heck in eine breite wirbelnde Bahn zu vereinigen. Wir hatten ein herrliches Meerleuchten, welches stundenlang unsere Blicke fesselte.

Als wir gegen elf Uhr nachts in den Bereich der auf Land zu setzenden Flutströmung kamen, gingen wir über Stag und lagen Kurs NzW an, bis wir um ein Uhr morgens auf leichten Nordwind trafen, mit dem wir nordwestlich steuernd unsren geraden Kurs auf Terschelling-Feuerschiff zuliefen. Grosser Flieger und Ballonstagfock wurden schleunigst aufgebracht, und

freudig genossen wir das günstige Fortschreiten. Leider nicht für lange; denn sehr bald erstarb die leichte Brise und knarrend und schlagend hing die Segellast schlaff auf und nieder, bis sich bei Sonnenaufgang schwacher Zug aus Osten einstellte.
„Spinnaker!" —
Blendende Helle, ölige See, im fernen Morgendunst ein grell beschienener Gegner am Horizont vor uns. Sonst nichts auf der weiten Fläche. Eine riesige Raubmöve schwebt auf uns zu, umkreist uns mit abstossendem Gekreisch und stösst auf eine umhertreibende Konservenbüchse. Die schlanken Flügel schüttelnd, erhebt sie sich wieder und ist schnell unsren Blicken entschwunden. Wir sind wieder allein, und ringsum ist's still; so still, dass wir selbst nur leise flüstern, um die grandiose Ruhe nicht zu stören.
„Da kommt etwas Brise angereist!" — „Von Süden auch!" — „Vor uns liegt auch schon eine Katzenpote!" —
Aber stets war es nur ein Nebelschatten, der von der Sonne bald aufgefressen war.
Endlich um halb zehn kommt eine nette Südbrise durch; wir laufen mit allem aufzubringendem Tuch unsre fünf Meilen und passieren um 10 h 10" a. m. Borkum-Riff-Feuerschiff in Rufweite. Unter Mittag ging Blasius wieder schlafen für ein Stündchen; dann aber eilte er neugestärkt aus Osten hinter uns her. Wir fingen ihn mit dem grössten Spinnaker ein und sichteten um vier Uhr am Horizont den endlos hochgereckten Feuerturm auf der Insel Amelang. Hier war's wieder aus mit dem flotten Tempo; nur schleichend und von der günstigen Strömung geschoben, näherten wir uns Terschelling-Feuerschiff.
Im Vorbeilaufen um 8 h 15" p. m. schrie uns die Wache durchs Megaphon in einem Gemisch von deutsch, holländisch und englisch die Reihenfolge und Entfernung unsrer Gegner zu. Da wir bei weitem die kleinsten waren, hatten wir noch Aussicht auf einen Preis; also wacker jede Gelegenheit ausgenutzt! —
Um halb elf peilten wir das Feuer von Texel Eiland in SOzS querab. Und dann ward's still. —
Von den Begebenheiten der Nacht weiss ich nichts zu berichten, als dass ich ganz herzhaft schlief und erst am hellen Morgen wurde ich durch Brausen und Zischen und gleichmässiges Schlingern aus dieser sündenlosen Beschäftigung gerissen. Strömung und Wind mit uns, dazu jagende Wolken über uns und das Frühkonzert der gleich einem Kiefernwald im Sturm erbrausenden Schaumwellen um uns; das erfreut des Seglers Herz und des Künstlers Auge. Haaks Feuerschiff vor der Rheinmündung

hatten wir nicht zu Gesicht bekommen, schätzten es aber gegen halb fünf Uhr morgens querab und setzten SWzW ab.

Dann kam der feierliche Moment der Eröffnung der uns in Helgoland versiegelt an Bord gegebenen Handikap-Tabelle, die ehrenwörtlich nicht vor Haaks Feuerschiff eingesehen werden durfte. Ihr Inhalt drückte sich durch eine bedenkliche Verlängerung des Unterkiefers aus; denn sie hiess so:

„Meteor", 361 Tons gross, vergütet an:
„Clara", 185 2 Stunden,
„Navahoe" 232 2
„Lasca" 225 3
„Comet" 170 4
„Susanne" 59 6

Ein Frachtdampfer, der unsren Kurs kreuzte, zeigte uns an, dass wir querab der Scheldemündung sein mussten. Der Dampfer- und Segler-Verkehr wurde lebhafter, ein Beweis, dass wir uns der Kanalmündung näherten, von der aus strahlenförmig die Wege nach allen Häfen der nordischen Welt auseinanderlaufen.

Mehrmals hatten wir den fesselnden Anblick der gesellig arbeitenden holländischen Fischerfahrzeuge mit der denkbar originellen Besegelung; dazwischen zogen die kräftigen englischen Fischkutter, die unsren Finkenwärdern so ähneln, und kleine Fischdampfer lagen schwerrollend hinter ihren langen Netzen.

Ein Mann wurde in den Top geschickt, um eifrig nach der englischen Küste auszuspähen. Nach Stunden erschallte aus luftiger Höhe vom da oben fast vergessenen Ausguckmann der Ruf: „Hohes Ufer an Steuerbord, drei Strich voraus!" —

Das brachte wieder Leben in die ganze Gesellschaft. Eine genaue Peilung ergab fortan SW-Kurs. Es war Abend geworden; die Positionslaternen wurden sorgfältig angebracht und Lichterwache gestellt, damit sie nicht durch Spinnaker oder Ballonstagfock verdeckt würden. Eine andre Wache wurde im Bug postiert, um die hier jede Minute passierenden Schiffe schon von weitem dem Mann am Ruder zu melden. Das Abendessen nahmen wir an Deck auf dem Oberlicht der Damenkajüte ein und eine fröhliche Stimmung ergriff uns alle in Eerwartung des nahen Zieles. Die melancholischen Töne des Schiffsklaviers zitterten über die schillernde Flut und summend sang die Mannschaft die Melodie der „Paloma" mit.

Die Sonne hing als mattroter Ball im Nebeldunst der englischen Küste, die in düsteres Graubraun getaucht war. Als sie in die schwere Wolkenbank hinabgesunken, funkelten die Feuer von Goodwin-Sands zu uns herüber; ein in feenhaftem Lichter-

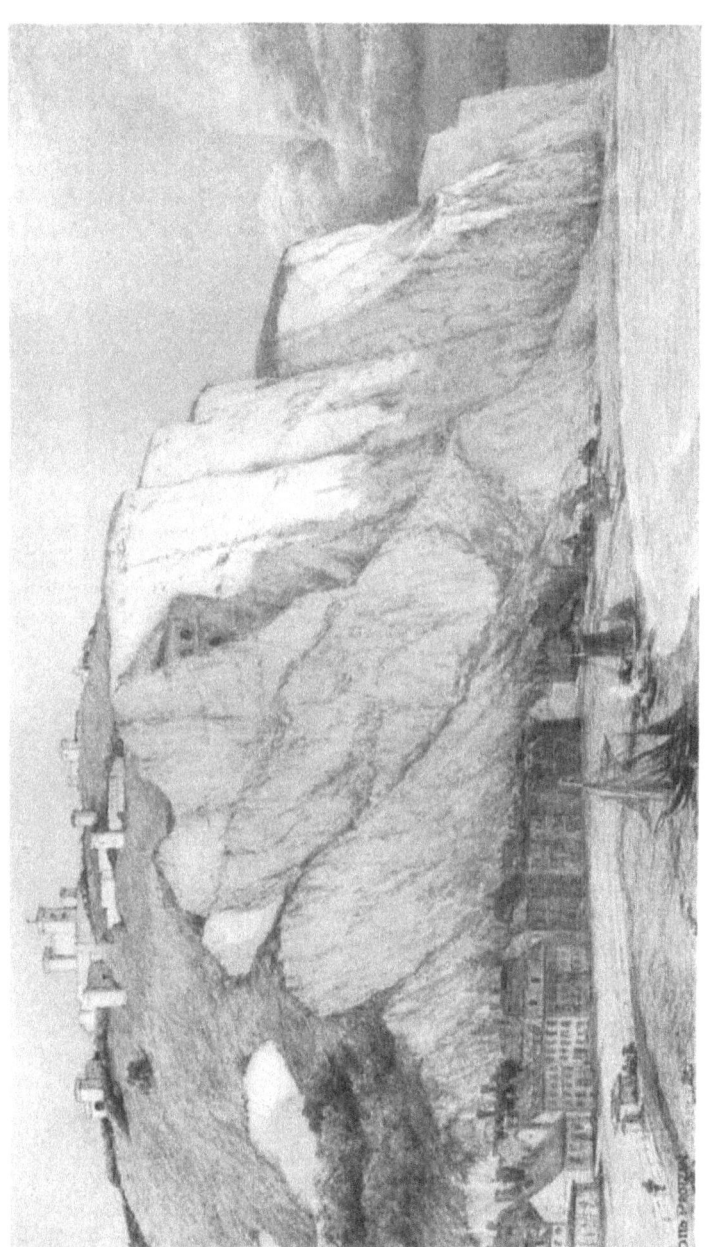

Old Dover Castle
Nach einer Kohlezeichnung

glanz erstrahlender Schnelldampfer stürmte an uns vorbei und lange gerade Streifen, den Falten eines schweren Seidenkleides vergleichbar, rollten im Feuerglanz auf uns zu, rauschten unter uns durch, und hin und her schwankend, sich teilend und schliessend, verschwanden sie im Dunkel der Ewigkeit.

Von fern her leuchtete ein Feuermeer am Horizont auf. Wenn man in die Rüsten stieg, konnte man mit dem Glas die Bogenlampen unterscheiden, unter denen auf den eleganten Piers von Ramsgate, Deal und St. Margareth sich die schöne Welt von Old-England in der Abendkühle erging; aber unerbittlich bannte uns heftiger Gegenstrom auf dieselbe Stelle, trotzdem alle Segel vollstanden. Einige trübe Fischerlaternen schaukelten in den Spitzen der Masten träge hin und her, wir konnten uns mit den unsichtbaren Fischern unterhalten und hatten alle Not, uns von den Sänden freizuhalten. Mehrfach liessen wir das Lot in die Tiefe. „She has gone to the ground!" — brummte der Witzbold der Mannschaft mit tiefstem Grabesbass, wenn das Blei aufstiess.

„Vier Faden — dreieinhalb" — — —

Während in Dover, dessen Feuerschiff wir schon sichteten, die gastlichen Pforten des Sir Seymour King sich zum Willkommen für die deutschen Segler öffneten, vertrieben wir uns hier draussen die nebelkalte Nacht mit — Warten. —

Gegen Morgen setzte die Tide um und trieb uns rasch an die, gleich einer Gralsburg erglühenden Kreidefelsen von Dover, von denen drohend und stolz das uralte Normannenkastell über Land und Meer herabblickt. Unter den Felsen, in violettem Schatten träumt noch, unerreicht von der Morgenröte, die Hafenstadt; hie und da schlängelt sich bläulicher Rauch kerzengerade aus den malerischen Schornsteinen; ein paar verschlafene Fischer recken sich am Strande, dessen rauschende Kiesel gleichmässig in der Brandung hin- und herrollen.

Vor dem imposanten Promenadenpier rasselte unsre Ankerkette in den Grund; die Yacht schwojte gegen den Strom und die tautriefenden Segel wurden geborgen. Die Mannschaft ging zur Koje, um die versäumte Nachtruhe nachzuholen, während ich mit meinem Gaste an Land ging, da uns die Erwartung der Wunder des fremden Landes nicht ruhen liess. Unser erster Gang brachte uns zum Hafen, zum Dock, wo in friedlicher Ruhe die Gegner schon lagen, denen es gelungen war, noch vor Einsetzen der Ebbe, welche uns so erbarmungslos die ganze Nacht festgehalten hatte, in den Hafen zu laufen.

Ueber uns strahlte Old Dover Castle in der köstlichen Morgenluft; wir erklommen die unterminierten und durch Schiessscharten zernagten Felsen auf gewundenem Pfade, und labten uns an dem zauberhaftem Blick über die unendliche See, über den Aermel-Kanal hinweg bis zum Cap gris nez, Frankreichs Küste, und landeinwärts am saftigen Grün der fetten Wiesen und der für England typischen Baumgruppen.

Dann stiegen wir wieder hinab in die Talschlucht, in der inzwischen die Menschheit erwacht war; die Zivilisation hatte uns wieder und Post und Telegraph verbanden uns mit der Heimat. Der französische Verschönerungsrat erklärte uns, dass es heute sehr heiss sei, der Hafenmeister verlangte eine eingehende Schilderung unsrer Abenteuer auf See und legte dann „Susanne" zum Dank neben die Yacht mit den schönsten blonden Ladies, welche im ganzen Hafen aufzutreiben waren.

Unsre Landsleute steckten die Köpfe aus den Kajüten; es erhub sich ein Begrüssen und Erzählen, wie es wohl sonst nur zu geschehen pflegt, wenn sich zwei Reisende mitten in der Sahara treffen. Den ersten Preis hatte „Lasca", den zweiten „Meteor", den dritten „Navahoe" erhalten.

Der Hafen war derartig vollgefüllt mit deutschen, englischen und holländischen Yachten — Dampfern sowohl wie Seglern — dass man fast über das ganze Becken von Deck zu Deck steigend hinübergelangen konnte, und dieser Anblick war ein Festtag für Dover und Umgebung, dessen gesamte Einwohnerschaft, teils kritisch, teils staunend um das Bassin herumpilgerte.

In den Schänken war Gesang und Tanz und eine fahrende Künstlertruppe aus Schottland mit Dudelsack, Flöte und Tambourin zog am Quai entlang von Yacht zu Yacht, um den klingenden Lohn durch energisches Schütteln des Tambourins einzukassieren. Ueber die Reeling gelehnt, lauschten auch unsre schlanken Nachbarinnen dem melodischen Dreiklang, den Niggersongs und den Volksweisen; als aber die in gelbem Atlaskleid einhertänzelnde Schöne, deren Robe oben und unten etwas gar zu kurz geraten war, einen feurigen Cancan anschlug, verschwanden sie schamhaft und mit entrüstetem Augenaufschlag zu uns hin vom Verdeck — und sahen nur noch durch die halbgeöffneten sky-lights zu. —

Eine grössere Anzahl Visitenkarten wurde auf alle möglichen Yachten getragen und auch im Cinque Ports Yacht-Club abgegeben. Dann mischten wir uns zwischen die feine Welt auf dem Quai und dem Promenadenpier und schäkerten mit den Schönen des Landes, die ihre Reize freigebig beim Baden zur Schau trugen, bis es Zeit war, sich in dinner-dress zu werfen.

Mit der Eisenbahn fuhren wir nach Deal, einem lebhaften Badeorte nicht weit von Dover, wo uns der Royal Temple Yacht-Club ein fulminantes Dinner mit Bürgermeister und andren Würdenträgern auftischte. Die Zahl der Reden war Legion, der Sekt floss in Strömen, die Bezechtheit griff reissend um sich, der Lärm in dem niedrigen alt-englischen Saal wurde immer unerträglicher — oh wie sehnte ich mich zurück nach der einsamen Nordsee! Zu sechs in eine Droschke gezwängt, galoppierten wir durch die Stadt unter dem Sange „What shall we do with a drunken sailor?" — Dieser lag nämlich quer über unsren zwölf Knien und Kopf und Beine baumelten zu den Fenstern hinaus.

Mitternacht war längst vorüber, als wir im Dunklen an Bord tappten — über die Yacht der blonden Ladies hinweg, und noch im Morgengrauen hörten wir von Bord der „Navahoe", wo man immer noch einen „Vorletzten" genehmigte, die taktmässigen Klänge des anmutigen Anker-Liedes: „Ai, ai, up she raises, up she raises — —"

Auch während des folgenden Tages wurden wir von einer gastlichen Yacht zur andren geschleppt, die Wunderbauten des englischen Nabobs öffneten sich uns gastfrei bis zu mitternächtlicher Stunde, so dass wir einen respektablen Begriff von der Aufnahmefähigkeit der Engländer in bezug auf Alkohol mit nach Hause nahmen.

Trotzdem wir mit unsrer „kleinen" „Susanne" nicht die geringste Aussicht auf einen Sieg hatten, beteiligten wir uns an dem Handicap nach Boulogne und zurück. Handicaps sind nach meiner Ansicht überhaupt ein Unsinn; aber man will doch nicht Spielverderber sein! Aber auch das sportliche Vergnügen am Wettsegeln wurde uns vergällt durch die Rücksichtslosigkeit der Skipper, welche mit ihren Riesenyachten drauf losfuhren, in die dichtesten Haufen hinein, dass überall die Späne nur so flogen.

Darauf folgte wieder ein sogenannter Feiertag, der ausschliesslich durch Luncheons, five o'clock tea's, dinners und night caps ausgefüllt wurde, so dass es mir leider nicht vergönnt war, einen Blick auf die Schönheit des Landes zu werfen. Diese Nightcaps bestanden wieder aus Whiskys und Grogs, und da wir eine Alkoholvergiftung fürchteten, verholten wir um Mitternacht bei Hochwasser aus dem Dock und gingen um sechs Uhr morgens an die Startlinie, um uns dem Handicap anzuschliessen, welches uns nach Ostende führen sollte.

Noch vom Tage vorher stand eine frische Nordbrise, welche in heftigen Fallböen von den Kreidefelsen herabstürzte, als wir kampfbereit an der Linie auf und nieder flogen. Um sieben Uhr fünfzehn endlich senkte sich der „blaue Peter" und es entspann sich auch wieder das übliche Kampfgetümmel. „Navahoe" rast mit schäumender Fahrt mitten in die rundliche Taille der friedlichen „Clara", ihr ein paar Meter der Reeling zerschmetternd; unter frenetischem Gebrüll reisst ein mächtiger Kutter einer altehrwürdigen Zweihundert-tons-Yawl sämtliche Luv-Wanten und Stage weg, so dass sie flügellahm in den Hafen flüchten muss. Gleich nach den ersten Puffen, die durch die Schluchten des Foreland herunterpfeifen, gehen ein paar Topstängen über Bord. Die Seeschlacht von Salamis stelle ich mir ungefähr so vor. Endlich nach einer fieberhaft erregten Viertelstunde löst sich der wütende Knäul in eine regelrechte Reihe auf.

In der ersten Regenböe in offner Nordsee spannen vernünftigerweise einige der Kleineren aus; denn bis zum Westhinder Feuerschiff, wo eine grobstossende See stand, wären sie doch nicht gekommen, und auf den vlämischen Bänken ist's bei Nordost oft ungemütlich.

Gegen Mittag flaute es wieder ab und es wurde klar; die Brise drehte zurück nach Norden, so dass wir von Westhinder mit Spinnaker bis vor die Barre von Ostende laufen konnten. Hier war das Ziel, und mit dem Klüver allein liefen wir zwischen den Molen bis vor die Dockschleuse.

Dort vollführten die grossen und kleinen wieder eine solche ungenierte Drängelei, nicht achtend der Stage und der Oelfarbe; alles drängte und presste mit Händen und Füssen, mit Trossen und Staaken in die Schleusentore hinein — wie vor einer Kasse zum Galerieplatz im Zirkus — mit einer verbissenen Wut, deren Ursache ich mir nicht zu deuten vermochte.

Plötzlich erhielt ich höchst unsanft die Erklärung, indem „Susanne" auf den Schleusentrendel aufstiess und bei rasch fallendem Wasser sich auf die Seite legte und die kleinen Yachten neben sich fürchterlich gegen die Quaimauer quetschte. Sofort liess ich eine Trosse vom Mast aus an Land bringen und dort querab belegen, damit wir nicht ganz umfielen, und es erhob sich ein Gebrüll und Geschimpfe der Hafenbeamten; zum Glück auf vlämisch, was ich nicht verstehe, mich daher nicht weiter aufregte.

„Susanne" neigte sich zusehends vornüber, das Heck mit dem Ruder hob sich bereits hoch aus dem Wasser und die Schleusentore waren nicht zu schliessen, da wir dazwischen steckten. Ratlos sahen wir uns an. Wenn das so weiter ging, lief der ganze Hafen leer und alle hundert Schiffe fielen um. Da dampfte in der höchsten Not ein Koloss von Seeschlepper von draussen heran und gab uns eine armdicke Manilatrosse herüber. „Der kriegt uns ja doch nicht wieder ab," sagten wir uns, in unser Schicksal ergeben; trotzdem legten wir die Trosse unter dem Leitwagen durch, ein paarmal um den Mast herum und setzten den Tampen mit einigen Kopfsschlägen auf das Spill. Die ganze Mannschaft kletterte auf den Klüverbaum, um ins Wasser springen zu können, wenn etwas passierte.

„Geht mir bloss mit dem Koch von Deck, dat gibt sicher ein Malheur mit sine witte Kluft!" schrie der Schiffer.

Der Schlepper schlug vorwärts bis an unser Heck, um einen Anlauf nehmen zu können; dann dampfte er mit voller Kraft zurück. — Atemlose Stille! —

Wir auf der Yacht klammerten uns fest, wo es ging. Das Kabel straffte sich schnurrend — ein Krachen und Knirschen, dass wir die Funken fliegen zu sehen glaubten — und die Yacht ruckte etwas an.

Der Dampfer federte an seiner elastischen Trosse zurück; noch ein Anlauf — und unter ohrenbetäubendem Geschrei der Tausende auf dem Quai sprang „Susanne" ein paarmal hoch und vom Trendel hinunter und schwamm frei! —

„Das hat noch mal gut gegangen!" —

Nun schnell am Quai festgemacht, Trossen vom Mast aus an Land belegt und langsam, lautlos, kleine schillernde Blasen um sich verbreitend, versank der über tausend Zentner schwere Rumpf zwei Meter tief in den weichen Morast des trockenlaufenden Vorhafens. —

In Ostende kommt jedermanns Geschmack auf seine Kosten. Der Schlemmer schwelgt in Austern und Steinbutt, der Freund der eleganten Welt — besonders der Halbwelt — findet reichliche Augenweide, der Spieler ist nach vierundzwanzig Stunden Mitglied des Clubs, der diesem sinnreichen und nützlichen Zeitvertreib huldigt und fast ebenso schnell sein Geld los, und der Seebär ergötzt sich an dem regen Schiffsverkehr

Alle Typen, an denen die Meere und Flüsse des Nordens so reich sind, findet man hier bequem bei einander. Das englische Themsefrachtboot liegt neben dem Eiderbullen, die Fischerketsch neben der holländischen Tjalk oder Kuff, die Mehl oder Getreide von den transatlantischen Dampfern übernehmen; die Fischersmack bringt die zappelnde Ausbeute der Nordseebänke gemeinsam mit der

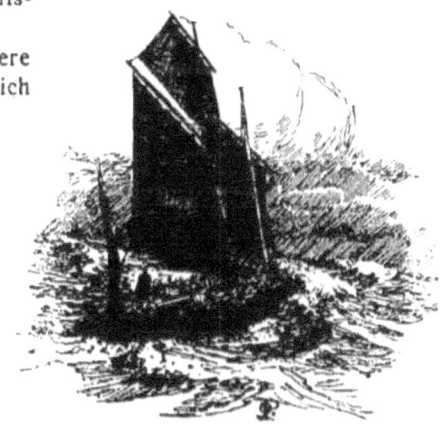

wie ein Holzschuh geformten Schaluppe auf den Markt, und elegant gebaute Hochseekutter und Yawls, mit unförmlichen Kurren an der Seite, entledigen sich der kostbaren Last der Austern und Hummern.

Und endlich das vagabundierende Volk der Maler kann sich nicht satt sehen an dem bunten Gewirr aller dieser Farben, Formen und Kontraste, an der charakteristischen Kleidung und Physionomie der Fischerbevölkerung, an dem feinen nebligen Dunst, bald goldig braun, bald kalt silbergrau, welcher das Ganze, Nebensächliches verhüllend, auf einen vornehmen Grundton abstimmt, der nur die pikanten Konturen hervortreten lässt.

Der Freund der Altertümer und Bauten findet im benachbarten Brügge und Blankenberghe die köstlichsten Objekte; nur die träumerische Ruhe unsrer stets gleichbleibenden Ostseeküste mit ihren Buchen- und Kiefern-Waldungen fehlt. Die Nordsee regt an und zeigt uns die oft niederschmetternde Erhabenheit und unerbittliche Grausamkeit der Natur; die Ostsee ist die liebliche Stätte des Ausruhens und der Erholung, die nur ausnahmsweise, um nicht langweilig zu werden, mal ernste Seiten aufzieht. —

Wir genossen noch mehrere Tage den Aufenthalt in Ostende und teilten unsere freie Zeit gewissenhaft zwischen den weltlichen Attraktionen und dem malerischen Hafengewühl der weiss behaupteten Fischweiber mit den goldenen Schläfenringeln und klappernden Holzschuhen.

Mitten in der Nacht bei Hochwasser machten wir uns auf die Heimreise und verliessen den Hafen in schönstem Vollmondglanze mit ganz netter westlicher Brise. Als wir aber mit Mühe aus der schmalen Baggerrinne durch die Bänke gekreuzt waren, schlief der Wind beinahe gänzlich ein und der Regen trommelte auf Deck.

Um recht bequem und jedem Wetter gewachsen nach Hause schlendern zu können, hatten wir Trysegel untergeschlagen und darüber Dreikant-Topsegel gesetzt. Das Grosssegel war festgemacht und in den Böcken mittschiffs gut verzurrt und mehrfach seitlich abgesteift. Um neun Uhr morgens wurde es wieder klar, eine leichte Brise kam durch und ziemlich ereignislos verlief der erste Tag der Heimfahrt, der wie gewöhnlich bei Sonnenuntergang mit gänzlicher Stille endete.

Gegen Mittag des nächsten Tages sprang leichte, dann stetig zunehmende Brise aus SWzS auf. Mit Spinnaker schnaubten wir durch die schaumgekrönten Wogen; schliesslich brach nachts um ein Uhr die Topsegelschot und das wildschlagende Tuch, welches die Stenge arg gefährdete, musste geborgen werden. Eine gefährliche Arbeit in finsterer Nacht auf schwindelnder Höhe! —

Fischerhafen von Ostende
Nach einer Radierung

Rastlos stürmt „Susanne" der fernen Heimat zu, bald haushoch mit dem Steven über dem Wellental, bald bohrt sie schäumend und brodelnd den Klüverbaum in die Seen. Im Wettlauf mit den gierig hinten nachstürzenden Schaumköpfen passieren wir um sechs Uhr morgens Haaks Feuerschiff und um zehn sichten wir nordwestlich Terschelling Bank - Feuerschiff. Der grosse Spinnaker ist schon lange zuviel für die federnde Stenge; er wird durch den kleinen ersetzt. In gigantischen Ballen und Fetzen jagen die Wolken über uns fort, die Sonne verfinsternd, die hie und da in blendend glitzernder Helle wieder durchbricht und blauschwarze Schatten auf der brandenden Flut malt.

Um sieben Uhr abends erkennen wir in weiter Ferne am nördlichen Horizont Borkum-Riff-Feuerschiff und die Kraft des Windes legt sich plötzlich, so dass wir während der ganzen Nacht in Stille mit hoher klatschender Dünung umhertreiben. Wieder entzückte uns das durch die hin- und herschwappenden Wogen doppelt schöne Meerleuchten und morgens liefen wir mit leichtem SW, der grossen Spinnaker und Topsegel zu tragen erlaubte, um sieben Uhr nicht weit vom Weserfeuerschiff vorbei. Um neun Uhr schwimmt die rote Silhouette von Helgoland in nördlicher Richtung am Horizont und wir treiben mit leichtem Zug durch eine aufkreuzende Flotte von deutschen Fischerfahrzeugen. Gebrechliche Krabbenfänger laufen mit uns der Elbmündung zu, ihren leicht verderblichen Fang schon während der Fahrt röstend.

Beim ersten Feuerschiff überfällt uns ein kräftiger Platzregen aus NW, der schnell vorüberzieht und einen wunderbaren Regenbogen zurücklässt. Dann hört jede Fortbewegung mit Hilfe der Segel auf; nur die einsetzende Flut treibt uns bald nach Mittag beim zweiten Feuerschiff vorbei.

Auf Anruf erscheint ein hilfreicher Schlepper, der uns nach Brunsbüttel taut. Schweren Herzens nahmen wir Abschied von der lieben „Susanne", deren trauliche Kajüten uns vierzehn Tage lang gastlich beherbergt hatten; dann ging die Yacht durch den Kanal nach Kiel, während ich über Hamburg heimwärts eilte, voll der schönsten Eindrücke, die ich zum Nutzen meiner Kunst und meiner Liebhaberei verwertete.

Wer also auch mal so verwöhnt zu werden wünscht wie ich, dem kann ich nur raten, dem Eigner der stolzen „Susanne" zufällig zu begegnen. Aber es muss zufällig sein! —

Um den Kaiserpreis!

Schweigend, in Erwartung der Dinge, die da kommen sollten, sass die Mannschaft der „Wannsee" beim Morgenkaffee. Schon schmückte die dritte Garnitur, die nur bei sehr nassen Regatten in Tätigkeit tritt, unsre wetter- und sturmerprobten Glieder.

„Das wird heute wieder ein feuchtes Vergnügen werden", knurrte mit einem Blick zum Fenster hinaus mein Bestmann, der weit und breit mit dem Kosennamen „Topmüller" bekannte Segelfreund. „Wenn's hier in der Kieler Ecke sich mal im Südwesten festgesetzt hat, bekommt man die ganze Woche hindurch seine Sachen nicht wieder trocken."

„Immer kalt Blut und warm angezogen," tröstete die „Rekete", meine zweite Hand an Bord, und kroch in den dicksten Troyer. „Was gemacht werden kann, wird gemacht! — Heut ist zwar wieder mal „Tilly's" Wetter; aber wir werden ihr das Leben schon schwer machen. Ob wohl der Prinz Heinrich wieder selbst steuert?" —

„Was geht das dich an; pass nur lieber nachher besser beim Ballonklüverfall auf und sei überzeugt, dass Prinz Heinrich genau so bekniet werden wird, wie jeder andere Sterbliche!" —

„Na, man nich gleich so hitzig, liebster Captain; an uns soll's nicht liegen. Wenn du aber wieder wie vorgestern, als wir den Preis in der Tasche hatten, den Kahn auf den Schlick setzst, so mustern wir für die nächste Kieler Woche nicht wieder an."

„Wannsee" und ihre Mannschaft sind nämlich sehr verwöhnt.

Seit dem Jahre 1900 gibt unser Kaiser jedes Jahr einen kostbaren Preis, „Samoapokal" genannt, für die sogenannte Sonderklasse, die nach besonderen Baubestimmungen erbaut ist. Der Grundgedanke ist ein stark gebautes Boot für alle Wetterverhältnisse zu schaffen, welches von drei Herrenseglern bedient werden kann. Um zugleich den Ehrgeiz der sporttreibenden Nationen anzustacheln, ist bestimmt, dass die Boote in dem Lande erbaut, besegelt und ausgerüstet sein müssen, aus denen ihre Mannschaft stammt. Den Kaiserpreis erhält, wer in drei Rennen zweimal Sieger ist, oder wer nach dem dritten Rennen im Entscheidungskampf zwischen den drei Siegern der Vorrennen gewinnt.

Vom ersten Jahre ihres Bestehens erfreut sich diese Boots-Klasse der Vorliebe aller seefahrenden Nationen; denn abgesehen von dem erziehlichen Einfluss des schönen Sports, der Körper und Seele stählt, sind diese jährlichen Zusammenkünfte in Kiel das beste Mittel, freundschaftliche Berührungspunkte zu schaffen zwischen den Nationen und Achtung vor ihren technischen und persönlichen Leistungen zu erringen — Pro patria est, dum ludere videmur. — Mit gleichen Waffen stehen wir uns hier gegenüber, um Theorie und Praxis zu fördern und nutzbar zu machen für die Seeschiffahrt. Ein reiner Herrensport; frei von jedem Drang nach Geldgewinn, in dem nur der Mann gilt und sein Wissen und Können — weder Rang noch Würde gibt den Ausschlag — der wirklich Beste siegt, und nicht Voreingenommenheit oder Bevorzugung, wie so leicht bei andren Künsten. —

Seit dem Jahre 1900 war auch jedes Jahr eine neue „Wannsee" auf dem Plan erschienen, um mit um den Platz an der Sonne zu kämpfen, und bis heute ist es nur einmal dem Uncle Sam gelungen, die kostbare Trophäe über den grossen Teich zu entführen, einmal riss Hamburg die Palme der Herrensegelei an sich und zweimal gewann je ein andres Boot, mit Spreewasser getauft, des Kaisers Preis.

„Wannsee" und ihre Mannschaft hatten also einen Grund dazu, etwas verwöhnt zu sein, und auch, wenn in Berlin, in Daenemark oder Schweden etwas zu holen war, hatten sie es sich gewöhnlich nicht entgehen lassen. —

Heute nun galt die Entscheidung zwischen dem Franzmann, zwischen „Tilly" und unsrer „Wannsee", da an jedem der vorhergegangenen Rennen ein andres Boot Sieger gewesen war. Die andren Nationen, die Engländer, Spanier, die Belgier und Dänen, die ausserdem beteiligt waren, hatten gar nicht so recht mithalten können. —

Durch einen leichten Neuanstrich erstrahlte unser kleiner Liebling wieder in fleckenloser Schönheit, und erst spät abends war man totmüde und in dem Bewusstsein, dass man morgen für die Ehre Deutschlands einzutreten habe, zur Koje gegangen. Beim letzten Glase war, wie gewöhnlich, der Beschluss gefasst worden, zu siegen oder zu sterben.

„Ist denn das Frühstück immer noch nicht fertig!" — Steuerleute pflegen vor der Wettfahrt etwas nervös zu sein. — Besser vorher als während. — Man liest krampfhaft die Zeitung, hat aber natürlich nachher keine Ahnung, was in der Welt vorgegangen ist. Die inzwischen erschienenen Brötchen und die Flasche Portwein werden in die Gummistiefel verstaut, die man sorglich unter dem Arm trägt, um keinen Sand an Bord einzuschleppen. So ziehen die drei zur Landungsbrücke.

„Wannsee" ahoi!! —

Der Bootsjunge, der die Persennings schon abgedeckt und das Messing schön geputzt, bringt uns mit dem Beiboot hinüber. Jeder sieht prüfend ins Wetter. — „Das wird heute ein Dreireffer." —

„Unsinn; in einer halben Stunde flaut es ab!" —

„Wir werden ja sehen," setzt die phlegmatische Rakete besänftigend hinzu.

Alles, was einigermassen entbehrlich ist, wandert ins Beiboot, und drei Reffe werden eingesteckt. Wenn's draussen flauer werden sollte, können wir ja immer noch ausreffen; denn es ist noch ein weiter Weg bis zum Startplatz. Unterwegs wird der Ballonklüver, klar zum Ausreissen, eingebunden, die Wanten etwas nachgeschraubt und die beim Reffen leicht entstehenden Falten im Grosssegel glattgestrichen, wie wenn eine Dame ihr neues Jackett anprobiert.

Um dem erwartungsvoll klopfenden Blute durch Beschäftigung besänftigende Ablenkung zu geben, wird jedes Fall, jeder Schäkel, jeder Stropp auf seine Haltbarkeit hin geprüft und peinliche Ordnung an Bord geschaffen. Nachdem im Boot beim besten Willen nichts mehr zu tun, klettert Topmüller auf den Mast. — Immer wenn Topmüller freudig oder zornig erregt ist, klettert er auf den Mast. — Auch dort oben in schwindelnder Höhe beklopft und befühlt er alles eingehend.

Währenddem laufen wir in flotter Gangart zwischen den Reihen der verankerten Kriegsschiffe hinaus aus dem Hafen auf die freie Kieler Föhrde.

„Wir machen aber gar keine Fahrt voraus!" — stellt der besorgte Captain kopfschüttelnd fest, mit einem Blick auf die rechts und links vorbeischiessende Bugwelle und das strudelnde Heckwasser. „Ich glaube, wir haben wieder mal Seetang oder Putzwolle mit dem Ruder gefasst." —

„Ob ich eine Stunde früher oder später nass werde, ist mir auch gleich," antwortet der Allerweltstopmüller, zieht sich ohne viel Worte aus und hüpft, nachdem „Wannsee" in den Wind gegangen, in kühnem Bogen über Bord, um zu tauchen. Und richtig; mit schrecklichem Fluche das Salzwasser und einige Quallen ausspeiend, befördert er eine Strohpuppe ans Licht, die einst eine Sektflasche liebevoll umsponnen hatte.

„Sekttrinken müsste während der Kieler Woche polizeilich verboten werden!" — Ich habe auch schon einmal vierzehn Tage lang Regatten gesegelt mit einem Tauende von zwei Meter Länge, das sich im Balanceruder vertörnt hatte. —

Jetzt mal hinüber zu den schwarzen Tonnen; dann zu den roten Stangenseezeichen, um festzustellen, wo heute der Strom aus- oder einläuft. Dann wird dicht unter Land beigedreht, um die Frühstücksvorräte zu vertilgen; denn nachher ist keine Zeit dazu. Der erste Tropfen wird unter feierlichen Zeremonien den Göttern der Meere und der Winde geweiht.

Inzwischen kommt der Startdampfer mit dem Richterausschuss heran und legt sich in der genau vorgeschriebenen Peilung vor Anker. Starten wir heute oben oder unten an der Linie? — Wenn man nur zwei Gegner hat, immer dort wo der schlimmste ist; vor allem aber „mit der Sekunde!" —

„Tilly" erscheint auf dem Kampfplatz und bald darauf im Schlepp einer Dampfyacht der Franzose, an seinen roten Hosen schon von weitem erkennbar.

Wir begrüssen ehrfurchtsvoll unsren königlichen Gegner und höflich, aber ernst den Vertreter der Grande - Nation; dann gehen wir uns aus dem Wege, damit nicht der eine am andren noch in der letzten Minute Studien über die zweckmässigste Segelführung machen kann.

Von fernher ertönen lustige Walzermelodien; die dichtbesetzten Begleitdampfer nahen, geschmückt mit dem Stander der das Rennen veranstaltenden Vereine. Frohes Tücherschwenken und aufmunternde Zurufe von den mit uns hoffenden, mit uns bangenden Freunden. In sicherem Wurf erreicht uns ein duftender Strauss köstlicher weisser Nelken. Aha — die Gewinnblumen! — Sie wirken Wunder, wenn während des Rennens an der Mütze oder am Sweater getragen. Wer also künftig Kaiserpreise gewinnen will, beachte dieses Zaubermittel! —

Ein Schwarm von Pinassen, mehrere Torpedoboote, Dampf- und Segelyachten stellen sich dicht bei der Startlinie auf. Die Standarte des Kaisers und der Kaiserin, die Prinzen ziehen die Blicke eine Zeitlang von dem bunten Regattabild ab. Am Signalmast des Startdampfers steigt eine weisse und eine grüne Flagge hoch; die Bahn ist also nur einmal und zwar rechts herum abzusegeln. Einmal ist auch gerade genug bei dem Wetter! —

Die Zeit des Starts rückt heran, alle Fallen und Strecker werden nachgesetzt; es weht mit ungeschwächter Kraft aus Südwesten. Mit der Stoppuhr in der Hand umkreisen wir den Startdampfer. Dumpf rollt der Donner des kleinen Geschützes über die schaumgekrönten Wellen; in demselben Augenblick bringt mein Finger den Sekundenzeiger der Startuhr in Bewegung. So, jetzt noch fünf Minuten. Heiss auf die Ballonfock! Aber vorsichtig, damit die Schot nicht das Segel vorzeitig ausbricht. Topmüller kriecht aufs Vorschiff, das schon ständig von den Seen überspült wird, und hakt, auf dem Bauche liegend, die Legel ans Vorstag; die Rakete holt das Fall nach. — Noch zwei Minuten! —

Nun bringen wir unsren Renner in Bewegung; der Franzose hat sich mit losen Schoten zu luv von der Linie aufgestellt, „Tilly" schiesst dicht an der Linie auf und ab. Die wollen wir uns mal vornehmen.

Noch eine Minute! — In demselben Moment meldet die Rakete, dass der Signalball auf das letzte Feld am Mast gerückt ist. „Tilly" liegt ganz in lee an der Startlinie und will sich zum Startschuss bis an den Dampfer hart am Wind hinaufmogeln. „Wannsee" lässt ziehen, was ziehen will — noch zwanzig Sekunden! —und rennt ihr über die Segel, so dass sie aus der Fahrt kommt und zuspät in die Linie kommt. Noch zehn Sekunden! — Der Franzose, der beiliegend fast bis an den Start getrieben, hat nicht Fahrt genug, um die unter ihm durchbrechende „Wannsee" abzudecken. „Wir kommen zu früh!" schreit die Rakete angsterfüllt. „Reiss aus Ballon!" brülle ich als Antwort. „Bum" — dröhnt der Schuss, und „Wannsee" stürmt durch die Linie als erste, dicht gefolgt von „Tilly". —

Ein guter Start ist schon halb gewonnen; denn es ist im allgemeinen nicht leicht, an einem geschickten Gegner vorbeizukommen. „Tilly" schnaubt wütend hinter uns drein; diese Gangart mit Ballonklüver liebt sie ganz besonders. Bald ist ihr Vorschiff bei unsrem Heck angelangt, da sie geschickt in unsrem glatten Kielwasser laufend, die von uns schon gebrochenen Seen leichter überwindet.

Grossschot und Vorschoten dichter! — „Tilly" luvt aber mit.

„Wir sind nicht mehr frei!" — „Wannsee" fällt stark ab auf ihren Kurs zurück, um dem Franzosen nicht die Rolle des tertius gaudens einzuräumen und wird kurz darauf abgedeckt. Der Gegner zieht lächelnd in Luv vorüber.

In solchen Minuten krampft sich das Herz zusammen. Aber nicht locker lassen und Ruhe im Boot und in der Hand! Kaum hat ihre Grossbaumhock unser Vorstag passiert, als wir auch schon in ihr Kielwasser aufdrehen, uns nun das zunutze machend, was vorher dem Feinde vorteilhaft war. Wie zusammengebunden durchfliegen wir das Wasser. Der Gischt staubt über uns fort; die durch zerfetzte Wolken brechende Sonne verwandelt ihn in Tausende von Diamanten und malt auf die schäumende Wasserfläche tiefblaue Schatten und grünglitzernde Flecke. Wir aber haben nicht Zeit und Sinn, auf dieses herrliche Bild zu achten; denn hart überliegend nähern wir uns dem Strander Markboot.

„Macht den Spinnaker klar an Steuerbord!"

Auch „Tillys" Mannschaft arbeitet schon an den Segeln. Vor Freude zitternd sehe ich, dass sie ihn für Backbord vorbereiten. Jetzt gilt's. „Tilly" fiert die Grossschot weit auf und baumt ihren schnell geheissten Spinnaker an Backbord aus. Zwei Längen hinter ihr schiesst „Wannsee" herum; mit aller Gewalt wird die Ruderpinne nach luv gepresst. In Lee des Grosssegels steigt in der Wendung der Spinnaker hoch. Die Achterbrasse ist richtig belegt, und als mit lautem Krach der Grossbaum herumfliegt bis an die Backbordwante, so dass der Luvbackstag kaum mehr steif zu setzen ist, zieht auch schon der Spinnaker, sich wie ein Luftballon nach vorwärts wölbend. Schnell liegen wir längsseits des Gegners, der im Augenblick seinen Fehler erkennt und durch blitzartiges Halsen mit uns wieder gleiche Chancen herstellt. Bord an Bord ziehen wir nach Osten auf Tonne II zu. Eine halbe Minute hinter uns folgt der Franzose, dem der krause Seegang nicht zu behagen scheint. Jetzt ist nicht viel zu machen; nur nicht das Boot quälen mit zu vielem Rudergeben. Stark gierend, taumeln wir zwischen den Wellenbergen hin und her.

„Rakete, rutsche mal etwas weiter nach vorn; ich glaube, das Heck saugt sich fest!" — dann wieder lautlose Stille im Boot; nur das gleichmässige Gurgeln und Brausen der See und das Knarren der ächzenden Spieren. Ein munterer Galopp schlägt von fern her an unser Ohr; er stammt vom Begleitdampfer. Wir hören ihn nur wie im Traum; jeder Nerv, jeder Gedanke gehört unsrem Kampfe. Wie gebannt starrt das Auge nach vorn, um die zu rundende Tonne zu erspähen.

„Da — siehst du sie nicht? Etwas rechts voraus auf jenem dunklen Fleck am Horizont zu." — Als der Spinnakerbaum mal wieder hochsteigt, kann ich unter ihm durchsehen. „Richtig, gerade unter den Schafhäusern; wenn „Tilly" nur nicht anfängt zu drängeln!" —

Keinen Zentimeter entfernten sich die beiden führenden Yachten von einander; der Franzose kam von hinten etwas auf. So eine Spinnakertour ist eine schreckliche Geduldsprobe!

„Ich glaube, es wird flauer." — „Lass nur gut sein: vor Wind ist's immer flau; wenn aber bei Tonne II der Tanz gegenan beginnt, dann wundert ihr euch!" — Die Tonne wächst immer höher aus dem Wasser heraus, weisser Schaum tost um sie herum und in wilden Sprüngen wirft sie sich an ihrer schweren Kette hin und her. Wehe der Yacht, der dieses Ungetüm mal in die Planken springt!

Eine nachschiebende See hat „Tilly" um eine halbe Länge vorgeworfen; schon geht ihre Mannschaft aufs Vordeck, das bis an den Mast unter die See rennt.

„Wir müssen Spinnaker bergen!" „Warte noch ein paar Sekunden, sonst rennt sie unter unsrer Lee durch." — — „So, nun herunter mit dem Kram!" —

In wütendem Kampfe wird das wild um sich schlagende Segel geborgen.

„Tilly" luvt. „Raum an der Boje!" Vier Hände holen mit übermenschlicher Gewalt die Grossschot dicht. „Hol' an, hol' an — Hand über Hand hol' an!!!" —

Topmüller bändigt mit eisernen Fingern die Stagfock, und wenige Zentimeter zwischen Tonne und Gegner zwängt sich „Wannsee" durch. Da die Hände nicht frei, müssen die Beine das Ruder herumdrücken; auch die Zähne müssen bei den Schoten mithelfen.

Mit fürchterlichem Krach haut das Vorschiff in die Seen ein; fast stehen wir auf der Stelle. Von vorn bis hinten überlaufen uns die Brecher, das Salzwasser beisst in die zugekniffenen Augen; aber nicht locker lassen und immer ruhig durchhalten! — Leebackstag fest! —

Sobald wieder etwas Fahrt im Boot ist, gehen wir über Stag; „Tilly" folgt eine halbe Minute später. Der Franzose stampft sich tot in den steilen Seen; wir kundigen Thebaner streben eiligst nach der schützenden Küste zurück. Die Mannschaft kauert sich am Boden möglichst in Luv zusammen; nur der Steuermann muss die wie Hagel ins Gesicht peitschenden Sturzseen über sich ergehen lassen.

„Fier mal die Grossschot ein paar Zoll; wir würgen zu sehr! — So, nun das Wasser aus dem Boot!" — Beide Kameraden mühen sich an dieser Sisyphusarbeit mit Pumpe und Schwamm. Aber soviel sie in fünf Minuten hinausschaffen, schlägt eine See in einer Sekunde wieder hinein. Etwas achteraus, aber in Luv, presst „Tilly", in eine Schaumwolke gehüllt, gegenan. Der Franzose ist rettungslos nach Lee versackt. Da das Wasser jetzt nahe der Küste schon glatter wird, droht die Hamburgerin uns wieder zu überholen; also kurz entschlossen: „klar zum wenden — Rhe!"

Wird sie noch frei von uns kommen und uns beim Bug vorbeiziehen? Eine bange Minute folgt, beide Steuerleute pressen so hoch als möglich. Da entscheidet eine etwas raumende Brise zu unsren Gunsten; dicht unter meinem Grosssegel muss sie wenden. Sobald sie etwas achteraus ist, gehen wir wieder über Stag, den Gegner dadurch nochmal um den Bruchteil einer Minute bedeckend. Jede Sekunde hilft! — Dann laufen wir bis dicht unter Land, um das Ziel mit einem Schlage anliegen zu können. „Tilly" setzt den ihr aufgezwungenen Schlag bis nach Laböe hinüber fort; ein nochmaliges Wenden hätte garzu viel Zeit gekostet. Dadurch kommen wir zum erstenmal ganz weit auseinander. Unter Land wird es flauer. Eine nagende Unruhe bemächtigt sich der Mannschaft. Welche von beiden Yachten hat das bessere Los erwählt? Denn dies ist die Entscheidung. Draussen auf See stampft „Tilly" auf dem nächsten Weg mit schäumendem Bug hart gegenan dem Ziele zu; hier unter Land raumt die Brise etwas.

„Ausreffen!" —

Die Sperrklinke des Patenttreffers wird ausgehakt, und rasselnd rollt sich das Grosssegel vom Baum ab. „Halte dich fest!" — Eine Fallböe kommt schwarz angereist, erfasst das bauchig stehende Grosssegel und krängt das Boot bis über den Rand des Cockpits. Mühsam richtet es sich wieder auf. „Heiss die Klau!" Jede Sekunde ist kostbar. Endlich steht das Vorliek wieder gut steif, die Piek ist mit dem Strecker richtig getrimmt, und „Wannsee" zieht hart überliegend unter dem vermehrten Segeldruck durchs glatte Wasser.

„Das war Unsinn, auszureffen!" „Sieh doch, wohin „Tilly" schon inzwischen gelaufen ist!" — „Du hast auch zuviel Höhe genommen!"

So macht sich die fiebernde Mannschaft Luft. Der für alles verantwortliche Steuermann muss schweigen und bebt in der Hoffnung, dass der Erfolg ihm recht geben möge. Wie mit Nadeln prickelt es ihm von der Hand bis in die Fussspitzen. Jede Brise, die auf dem Wasser aufschlägt, muss schon von weitem beobachtet und gebührend empfangen werden; das Auge hängt unverweilt an den Segeln und müht sich daneben ab, den Dunstschleier, der über dem Land liegt, zu durchbohren, um das Ziel zu erkennen. Dabei muss aber die Hand, die das Ruder umklammert, ruhig und leicht bleiben und keinen Millimeter weit sich unnütz bewegen.

„Du knabberst zu sehr!" — „Mein Vorsegel kommt schon wieder lose!"

„Himmelkreuzdonnerwetter, dann nehmt doch die Schoten dichter!"

So ein aus Herzensgrund herausgeschleuderter Fluch mildert ein wenig die elektrische Spannung.

Jetzt kann man endlich die rote Flagge auf dem Startdampfer erkennen, der uns auch als Ziel dient. Die Brise kommt immer schraler ein, schon können wir kaum mehr Kurs anliegen. Arme „Tilly"; dann wird wohl drüben dir dein Grab gegraben. „Nicht zu früh frohlocken; denn erstens: kommt es anders, und zweitens: als man denkt."

Wenn man schon wieder kalauern kann, ist das Schlimmste überstanden.

„Hurra! „Tilly" muss über Stag! Gratuliere."

„Willst du den Schnabel halten! Noch sind wir nicht durchs Ziel!"

In dichtem Haufen liegen die Begleitdampfer und Pinassen bei der Linie. Auch von dort aus kann man noch nicht erkennen, wer als erster durchs Ziel gehen wird. — Sogar die Musik schweigt. — Stetig rückt „Wannsee" heran. „Tilly" liegt auf uns zu. Als sie mit uns in gleichem Abstand vom Ziel ist, wendet sie wieder. Wir aber haben die Luvseite. Keiner spricht ein Wort. So geht es noch fünf Minuten.

„Sind wir denn immer noch nicht durch?" —

Ganz in Lee an der Linie schiebe ich mich mit einem Aufschiesser an der grünen Telegraphentonne vorbei; im selben Augenblick steigt eine weisse Rauchwolke vom Startdampfer auf. Wir sind durch! — Und zwar als erste; denn „Tilly" muss nochmals wenden, um mit einem neuen Schlage die Linie passieren zu können. Die Spannung löst sich in Kopf und Gliedern — wie ein Stahlreifen hatte zuletzt der Südwester meine Stirn gepresst, — es ist ein Augenblick, in dem alles andre in der Welt gleichgültig ist.

Fünfunddreissig Sekunden danach gibt wieder die Dampfpfeife ihr schrilles, kurzes Zeichen: für „Tilly".

Donnerndes hip, hip, hurra empfängt uns bei den begleitenden Fahrzeugen; Hüte und Mützen wehen, Taschentücher flattern freudig zu uns herüber. Aus vollstem Herzen erschallt unsre dreimalige Antwort, unterstützt vom Tusch der Bordkapellen.

Unter den Klängen der „Wacht am Rhein" und „Heil dir im Siegerkranz" klimmt Topmüller auf den Mast, um die Flaggleine einzuscheren und die geliebte Rennflagge herunterzuholen. Entblössten Hauptes begrüssen wir den Klubstander, den wir zu Ehren gebracht und der nun, gefolgt von einer stattlichen Reihe von Preisflaggen, an Stelle der Rennflagge, in den Masttop emporsteigt.

Beigedreht erwarten wir die Gegner; auch mit ihnen tauschen wir ritterlich Glückwünsche und Seglergruss. Dann geht es heimwärts. Am Abend ist Preisverteilung. Unser Kaiser überreicht uns mit huldvollen Worten die kostbare Trophäe, die wir in so heissem Ringen wieder für unser Seglerheim erkämpft haben.

Kieler Briefe eines Anonymus.

Wenn jemand mit dem frevelhaften Unternehmen beschäftigt ist, ein Buch zu schreiben, tut er gut, zu Zeiten auch mal wieder durchzulesen, was er auf dem Papier der Nachwelt überliefern will. Dies tat ich auch heute und selbstkritisch, wie ich nun mal veranlagt bin, verhehlte ich mir nicht, dass ich doch bereits reichlich viel von mir selbst geschrieben habe. Ich betrachte es daher als eine Anstandspflicht, auch die Gegenpartei — alle andren Menschen sind Gegenpartei — zu Worte kommen zu lassen, um das, was mir als Ideal erscheint, auch mal von einer andren Seite beleuchten zu lassen.

Ich bin zu diesem schweren Entschluss gekommen durch Einsicht in eine Brieffolge, welche der Zufall mir in die Hände spielte. Da dieser Zufall mir zugleich die Gewähr gab, dass der fein beobachtende Schöpfer dieser lebenswahren Plaudereien, die durchaus nicht für die Oeffentlichkeit bestimmt waren, keine weiteren Ansprüche auf sie erheben will und kann, so stehe ich nicht an, sie hier einem sachverständigen Leserkreise vorzulegen. Aus begreiflichen Gründen möchte ich aber den Schleier der Anonymität jetzt noch nicht lüften. Die angeführten Tatsachen und Erlebnisse sind noch zu frisch in der Erinnerung aller; auch tun ja bekanntlich für objektiv denkende Leute Namen nie etwas zur Sache. Und wenn der eine oder der andre Leser sich wider Erwarten in den geschilderten Personen wiedererkennen sollte, so kann ich ihm versichern, dass mein Gewährsmann nicht im entferntesten an ihn gedacht hat; wie überhaupt Denken eine meist überflüssige Angewohnheit ist.

Ich lasse also die hochinteressanten Briefe vom Kriegsschauplatze ohne weiteren Kommentar für sich selbst reden.

Z. Z. Kiel, den 24. Juni 190..
Seebade-Anstalt.

Liebster Bodo und Freund meiner Seele!

Gewiss wirst Du Dich wundern, von mir, dem eifrigsten Besucher des Turfs und der Ballsäle, aus diesem wässerigen Winkel der Welt ein Lebenszeichen zu erhalten. Aber Du weisst ja, dass ich seit dem vorigen Herbst Mitglied des Yachtclubs „........" bin.

Zwar habe ich bisher im Schweisse meines Angesichts und mit dem Mute der Verzweiflung höchstens mal auf dem Tennis-Platz herumvoltigiert — was tut man nicht alles für die lieben kleinen Mädchen —; als ich aber im vorigen Sommer auf acht Tage in Heringsdorf zu Besuch war, ging es nicht mehr anders.

Unsre Zukunft liegt nun mal auf dem Wasser, und wenn man Fühlung haben will mit „Oben", muss man sich wohl oder übel auf das Element ohne Balken begeben, — oder wenigstens so tun als ob —. Es war ausserdem gar nicht mehr mit anzusehen, wie mein Vetter und Amtskollege da in Heringsdorf mit seinem schönen Mützenschild herumrenommierte und abends regelmässig in seinem vorschriftsmässigen dinner-dress antrat, so dass alle Leute sich nach ihm die Hälse ausrenkten. Da war nicht gegenan zu kommen; und obgleich ich den Kerl eigentlich nicht ausstehen kann, — Du weisst doch, wie er sich mir gegenüber in der Sache mit Mieze benommen hat — liess ich mich von ihm als Mitglied vorschlagen. Da wir beide Reserve-Offiziere sind, ging die Sache auch ganz glatt. Natürlich liess ich mir gleich ein paar totschicke Hüllen bauen und kramte mein Einglas wieder raus. Ohne so'ne Scherbe geht's nun mal nicht mehr bei uns Seglern, trotzdem sie eigentlich wegen Wind und Dünensand manchmal recht lästig ist. Auch mit dem Schnurrbart hat man seine liebe Not. Trotzdem man die ganze Nacht mit der Binde in der Klappe liegt, ist die Façon in der ersten Stunde wieder zerstört. Ich glaube, ich werde mich dazu entschliessen, dass allerneuste mitzumachen und kurz und ausrasiert zu tragen.

In der Kleiderordnung steht: „schwarze Halsbinde". Obgleich mir Schwarz gar nicht steht, sagte ich mir: nur immer hübsch korrekt auftreten, und versah mich mit einem Karton der feinsten Binden. Das erste, was mir nun hier in die Augen springt, ist aber, dass jedermann hier rot-weiss gestreifte four in hands trägt, wie Majestät! — Nun habe ich für die nächsten drei Jahre genug, um die schwarzen Dinger bei Leichenbegängnissen aufzutragen! — Es ist überhaupt nicht so leicht, sich in die Anfangsgründe des Segelsports einzuarbeiten.

Ich hatte mir drei englische weisse Cheviot-Beinhüllen bauen lassen, mit einem Stich ins gelbliche, weit und bequem, etwas zu lang, damit man ordentlich aufkrempeln kann und mit Quetschfalte vorn und hinten; genau wie in meiner Modenzeitung. Plötzlich kommen die hier tonangebenden Amerikaner; die tragen eng, rein-weiss, viel zu kurz und die Bügelfalte seitlich! Meistens laufen sie auch im grauen Reiseanzug an Deck herum. — Seglermützen sind überflüssig, wenn man einen Panama hat, den ich natürlich zu Hause in der Schachtel gelassen habe. Mit den Stiefeln weiss man auch nicht recht, woran man ist. Einer trägt Lack, der andre braun, einer rot, einer spitz, einer breit, ein andrer weiss; dazu ganz dünne hellblauseidene Strümpfe; und ich neige doch so zu Erkältungen! —

Na was hilft das alles; im ersten Jahre ist es wohl verzeihlich, wenn man noch nicht in jeder Hinsicht up to-date ist. Ich schreibe Dir dies alles so ausführlich, damit Du siehst, auf was man alles zu achten hat, um sich hier eine Position zu erkämpfen.

Mein feines braunledernes Krimstecher-Etui mit den verschiedenen Abzeichen der Rennvereine ist auch nicht am Platze; ohne einen zwei Fuss langen Trieder-Binocle kann man sich hier gar nicht blicken lassen. Trotzdem stürze ich mich mutig in den „Strudel, Strudel rein" und werfe vor allem bei sämtlichen Vorstandsmitgliedern des leitenden Klubs meine Karten ab.

Morgen mehr, vogue la galère! —

Dein

Egon.

Kiel, den 25. Juni 190..,
Seebadeanstalt.

Lieber Bodo!

Meine Visitentour gestern war leider ein Reinfall; ich wusste gar nicht, dass gestern schon Regatta war. Ich traf niemand zu Hause; ich hätte nicht gedacht, dass die Herren auch für die kleinen Boote Interesse heucheln müssten, da ja gestern gar nicht mal der Kaiser mitsegelte.

Verzeih', wenn ich mich heute kurz fasse: ich will mich mal schnell nach der grossen Kreuzer „Lippe-Detmold" rudern lassen, worauf ein entfernter Vetter von mir Bordkommando hat. Morgen soll dort Ball sein; vielleicht kann man noch eine Einladung ergattern.

Man soll da nämlich oft verteufelt nette Käfer treffen aus den Seeoffiziers- und Gelehrtenkreisen, und auch die Hamburger Kaufmannssäcke sind hier nicht so ganz unnahbar. Die kleinen Hamburgerinnen treten zu dieser Zeit hier nämlich gewissermassen epidemisch auf.

Besten Gruss
E. v. H.

Kiel, Sonnabend. Datum??

Teuerster!

Die Ansichtskarte von der Bierreise wirst Du wohl erhalten haben; sie war zwar, wie ich heute gestehen muss, nicht sehr inhaltsschwer, im Gegensatz zu den Getränken; und da heute Vormittag nur die langweilige Sonderklasse draussen herumtobt, ziehe ich es vor, meinen Brummschädel von gestern abend etwas im Schatten meines feudalen Logierzimmers zu schonen; entschuldige daher meinen Katerstyl.

Mit dem Bordball war's gestern Essig; der gute Vetter aus Botokudien war harthörig, und so ging ich denn zum Bierabend. Da wurde aber so greulich gefachsimpelt, dass ein vernünftiger Mensch gar nicht folgen konnte. „Schoten dicht holen", „Spinnakertopant", „Grossstängestagballonsegel", „Metazentrum". Weisst Du, was das ist? — Ich auch nicht.

Dazwischen wieder erzählten sie sich die indiskretesten Sachen über ihre „Marie"; von der „Paula" sprach man in einem Tönchen, wie in Berlin in den Amorsälen, und Schulzens „Irmgard" und Müllers „Hedwig" wurden analysiert, wo sie zu voll und wo sie zu schwach sei, dass ich nie recht wusste, ob sie ihre Braut, Tochter, Schwester, Mutter oder Liebste meinten.

„Bei Flaute muss ich immer meine alte „Alice" sehr stützen; sowie sie aber ein bisschen Brise riecht, will sie mir durchbrennen", sagte mein Nachbar zu mir. Ich sah ihn möglichst interessiert an und fragte, um doch wenigstens etwas zu sagen: „Flaute ist ja wohl das Weinrestaurant am Markt?" da lachten sie alle mir ganz ungeniert ins Gesicht. Manche Klubkameraden scheinen recht unkollegial; aber man will doch nicht gleich knipsen.

Da es aber nie meine Passion gewesen, mich auslachen zu lassen, nehme ich also eine Gelegenheit wahr, mich zu drücken und setze mich ins Bibliothekzimmer, um in den Büchern und Zeitschriften umherzustöbern. „Seglers Handlexikon" fiel mir auf einmal in die Hände, und da stand alles ganz klipp und klar drin; vom „Spinnakerbaum" bis „rund achter", womit mir die Knaben da unten so imponieren wollten. Das kann schliesslich

Unsereiner auch, so ein paar Vokabeln auswendig lernen, um die Verbrechersprache mitzumachen! —

Das Buch war wirklich interessant; schade, dass ich es nicht schon vorher gefunden habe. Ich habe immer gedacht, dass Segeln so schwer sei. Die Sache selbst ist furchtbar einfach; man muss nur wissen, woher der Wind kommt; und das kann ich mir nun mal nicht merken, besonders wenn ich mich öfter gedreht habe. Das andre steht alles in dem Buch und einen Kompass und Karten haben die Segelboote auch alle an Bord. Es war mir immer unklar, wie man sich auf dem Meer zurechtfindet, wo doch eine Welle genau so aussieht wie die andre.

Doch ich will Dich nicht mit der theoretischen Erklärung der Segelkunst langweilen; überdies muss ich mich zum dinner umkleiden.

Morgen will ich mir mal den Rummel per Begleitdampfer ansehen.

Gode wind! — (das heisst auf deutsch: brich Dir's Genick!)

Dein

Egon.

Kiel, den 28. Juni 190..

Liebster Freund!

Also gestern bin ich auf den Begleitdampfer geklettert, um mir die Gondelei mal ordentlich zu beaugenscheinigen. Es war eine „steife Brise", wie mir mein neuer Freund erklärte, den ich mir hier angeschafft habe. Wie er heisst, weiss ich zwar nicht; aber seinem Dialekt nach ist er aus Berlin OO. Schien so ein oller ehrlicher Seemann zu sein, wie man sie, ins hippologische übersetzt, in Hoppegarten und Weissensee trifft; nur dass dieser mit den Meerrossen auf vertrauterem Fusse stand, als mit der Wage und dem Totalisator.

A propos; diese feine Einrichtung vermisst man doch eigentlich recht sehr beim Segelsport. Ich weiss absolut nicht, worüber sich die Zuschauer dabei aufregen sollen, wenn sie nicht mal ein bisschen ponieren können. Denn dass ein Boot schneller fährt, als das andre, weiss man doch schon längst, und es kommt so selten vor, dass einer umfällt. Zwar gibt es hier auch ein paar Geldpreise in einigen Rennen, so dass man wenigstens den kleinen Kitzel haben kann: Kriegt er nun seine paar tausend M'chen, oder kriegt er sie nicht; aber auf die Dauer ist das nicht genug für vier bis fünf Stunden. Und schliesslich, was habe i c h davon?

Mein Freund und Mentor war eine ulkige Kruke; er redete mit jedem, dessen er irgendwie habhaft werden konnte und brachte seine Weisheit stets möglichst laut an den Mann, damit alle auf dem Schiff davon profitieren konnten.

Da ich weiter keine Bekanntschaften fand, konnte mich der Mann nicht weiter kompromittieren; und da ich doch gerne ein paar tips haben wollte, liess ich ihn ruhig auspacken.

„Seh'n Se mal, Herr Baron (so nannte er mich gleich), der „Sirius" jeht heite alleene iber de Bahn; indem dass sein Kontokurrente jestern uff'n Stoller Jrund so in de Strudel jeraten is, det de Well'n von oben in seinen hohlen Papiermaché-Mast jeschlagen sind. Da is nu natirlich det Dings mit de Zeit auseinanderjeweicht, und nu sitzt der schlaue Amerikaner da mit de Kenntnisse." — Welche Nummer hat denn „Sirius"? fragte ich. „Ach det is allens ejal, Se missen immer nur nach de Takelage kieken; der mit's weisse Tuch und 'n vatrimmten Top." —

„Jotte doch, nu sitzt da schon wieder der Kuli von de „Else" uff't Vorschiff mit de Pütze und jiesst ejal Wasser druf, damit sich der Kahn nich von de eijene Jeschwindigkeet heiss looft!"

Es war wirklich amüsant, was der Biedermann alles beobachtete, oder wenigstens zu sehen glaubte. Wenn auf dem Turf ein Gaul sich auf den Zügel lümmelt, oder der Jokey sein Pferd verhält oder zuviel Hilfen gibt, muss das ja jedes Kind sehen. Mein Weissbieronkel räsonnierte aber über jede Kleinigkeit: De „Paula" hätte det Jroh zu sehr ranjeknallt, un' nu würcht er se mit's Ruder ab", und seinem Freund Müller wäre es nicht wohl, bevor er „nich so uff't Oberleder sejelt, det'n det Wasser in'n Halskragen drippt". Auch „Jenny" erregte seinen Zorn; denn „se hätte de jrosse Boomfocke nich setzen sollen, denn würde se nich so eklich Kante machen". „Auch bei't Kalittefahren buddelt se de Neese weg, weil se den Top noch uffjeknallt hätte." Kurz und gut: der Mann floss über von Weisheit, und ich hatte nur verständnisinnig zuzuhören.

Unser „Dämpfling" legte sich an den Start und die Segler machten allerlei Kapriolen, um mit ihrer Kunstfertigkeit vor den zuschauenden Damen zu prahlen, und vollführten eine wirklich sträfliche Drängelei beim Dampfer. Ich wurde aus dem ganzen Kram nicht klug und war froh, als endlich die ganze Flotte nach der offenbaren See zu schwamm, und etwas Ruhe eintrat bei den aufgeregten Zuschauern. Eine zwar sehr fesche, aber reichlich kräftige Sportsdame, die mir schon in der Begeisterung mein Programm weggenommen hatte, hatte mich bei allen ihr sehr interessant erscheinenden Situationen derartig in den Arm gekniffen, dass ich beinahe gebrüllt hatte.

Gern hätte ich wieder gekniffen, aber die süsse Unschuld wusste selbst gar nichts von ihren Attentaten auf die Fleckenlosigkeit meiner Haut. Als ich später ein bisschen mit ihr poussieren wollte, kannte sie mich gar nicht mal wieder und lief zur Mama. —

Hier gibt's nur Töchter mit richtigen Mama's; in Karlshorst ist's doch anders! — Ich habe sie aber im Auge behalten; sie frühstückten Hummer und Huhn mit Reis, tranken dazu Portwein und Mokka. Wenn man das auf dem Begleitdampfer tut, muss man sehr, sehr reich sein.

„Kiebige Walze hier draussen!" rief mir mein Freund zu, „seh'n Se mal, Herr Jraf, was de „Olja" für'n weissen Schnurrbart hat und de janze Neese wegsteckt."

Ich will's nur ruhig gestehen: die schauderhafte Schunkelei war mir höchst zuwider; bald musste auch ich meine „weisse Neese wegstecken" und legte mich möglichst horizontal in die Kajüte. Bei solchem windigen Wetter sollte man doch nicht segeln lassen. Die drei Mark Dampfergeld sind einfach weggeschmissen — und das Frühstück auch. —

Nach endlosem Umherschwabbeln liefen wir wieder in den Hafen und mir wurde etwas besser, so dass ich auf das Verdeck gehen konnte. Die handgreifliche Kleine „griente" mich ganz vergnügt an; wir werden uns wohl noch mal sprechen, mein schönes Kind! —

Am Ziel erwartete unser Dampfsteamer die heimkehrenden Yachten. Kein Mensch kann natürlich klug daraus werden, wer gesiegt hat. Ist mir auch pott — egal.

Mein oller ehrlicher Seebär kam freudestrahlend auf mich zu: „Wo haben Se denn die janze Zeit jestochen? Haben Se jeseh'n, wie de „Hamburg" unterwejens in den dollen Schwerg de Stenge jestrichen hat? Det jing mal jlatt" Ich hielt es jedoch für einen Unfug, der nur aus der leidigen Renommiersucht der Segler zu erklären sei, derartige Verschönerungsarbeiten während einer Wettfahrt vorzunehmen. Im übrigen konstatierte ich vermittelst meines vorzüglichen Glases, dass die Stenge gar nicht gestrichen, sondern nur lackiert war. Da machte der olle Schwede aber ein dummes Gesicht; soviel Scharfblick hatte er mir wohl noch nicht zugetraut. Ich finde, ich lerne schnell zu.

Abends war grosses dinner. Mein Name verschaffte mir selbstredend einen vorzüglichen Platz, ganz in der Nähe der kaiserlichen Tafel, und ich lernte viele Leute kennen, die mir nützlich werden können. Eine der besten Seiten des Sports ist unstreitig, dass man wie von selbst Konnexionen bekommt, nach denen man sich sonst die Hacken ablaufen muss.

Unsren ehemaligen Kamerad v. St., der wegen der peinlichen jeu-Angelegenheit quittieren musste, wie Du Dich wohl noch entsinnen wirst, traf ich zu meiner Freude wieder ganz „oben auf". Er ist natürlich auch „member", was ihm bei seiner jetzigen Tätigkeit als Sekt-Agent sehr zustatten kommt.

Als der Kaffee und die Liqueure stehend eingenommen wurden (ich, nebenbei gesagt, ganz dicht neben S. M. stehend), bat mich ein Herr um Feuer. „Mensch, sage ich, Du bist doch der kleine P., wie kommst Du denn hierher? Hast wohl die Spielbänke von Monte aus Versehen mit den Sandbänken von Laböe verwechselt? — Bist Du etwa auch Deinem Vollblut „Pique Ass" untreu geworden?" —

„Habe Klepper verschärft, muss immer neuestes mitmachen."

„Gondelst Du denn auch etwa?"

„Gott soll mich bewahren, dazu hat man doch seine Leute; habe nie für Wasser in irgend einer Form geschwärmt."

Prinz Heinrich hat mich sogar angesprochen! — Er stand in eifrigem Gespräch mit einigen Herren. Ich pürschte mich von hinten heran. Plötzlich trat der Prinz, der sehr lebhaft ist, einen Schritt zurück und trat mich auf den Fuss.

„Pardon!" sagte er sehr liebenswürdig. Das ist zwar nicht viel; aber der Anfang ist doch gemacht und die höchsten Herrschaften sollen ja ein grossartiges Physiognomiegedächtnis haben.

Es war wirklich eine interessante, vielseitige Gesellschaft, die hier auf einem Fleck zusammenkam. Alle möglichen Durchlauchts, ganz Wirkliche Geheime Räte, haufenweis Professoren jeglicher Profession; alle in dichtem Kreis um den Kaiser gedrängt.

Im Hintergrunde fachsimpelten die braunroten Köpfe der Gondelfanatiker. — — — Na es muss auch solche Käuze geben; gewissermassen als Folie.

Schluss für heute; ich bin hundemüde.

Egon.

Kiel, den 29. Juni 190..

Teurer Freund!

Dank für Deinen Brief. Ich freue mich, dass Dich meine Briefe interessieren, aber heute kann ich Dir leider nicht viel berichten. Habe nämlich fatale Betriebsstörung gehabt: Die Waschanstalt hat mich mit meinen weissen Hosen im Stich gelassen! — Heut ist nun herrliches, warmes Sommerwetter, und es wäre eine

Sünde gegen den Geschmack, heute in blau anzutreten. Es ist mir doppelt peinlich, da mein kleiner Käfer von gestern wieder höchst vergnügt zur Landungsstelle des Begleitdampfers pilgerte.

Ich habe versucht, mir auf andre Weise die Zeit zu vertreiben; in diesem Jammernest ist aber absolut nichts los.

Für heute abend haben wir uns einen Tisch in der Seebadeanstalt bestellt. Wollen mal wieder ein bisschen schlemmen.

Gruss!

Egon.

Kiel, 30. VI. 0...

Verehrtester!

Die Sitzung gestern abend war recht standesgemäss und sehr bedeutungsvoll für mich.

Ausser dem kleinen P. und v. S., der immer neue Marken ausprobieren musste, hatte sich uns noch ein neues Mitglied angeschlossen, der einen Segelkahn sein eigen nennt.

Er selbst versteht zwar noch nicht viel von dem Kram, hatte sich aber ein paar Kerle für die vierzehn Tage gezähmt und noch einen Oberkuli, der ihn spazieren fuhr. Bei der fünften Pulle lud ich mich bei ihm ein für den nächsten Morgen nach Eckernförde. Der Schlaukopf hatte natürlich bald gemerkt, dass ich schon ein bisschen mehr vom Sport verstand als er, und bot mir mit Freuden gleich die Führung seines Fahrzeugs an, da er leider nicht imstande sei, so lange Fahrten über See auszuhalten.

Ich bekam zwar einen kleinen Schreck, so unvorbereitet die Gelegenheit zu haben, mir die Sporen zu verdienen; dachte mir aber: zu schwer wird die Sache wohl für einen Juristen und Reserveoffizier nicht sein, und nahm an.

Mit der siebenten „Pommerschen Grenow" feierten wir meine neue Würde als Yacht-Kapitän, mit der achten meinen morgigen Sieg; dann trennten wir uns.

Obgleich die Sitzung etwas anstrengend gewesen, nahm ich mir lieber doch noch mal „Seglers Handlexikon" vor, um mir die letzten Finessen der Steuermannskunst ins Gedächtnis zurückzurufen. Bei dieser Lektüre entschlummerte ich, da mir backbord, steuerbord, halsen, wenden und Schoten gar zu sehr durcheinanderpurzelten. Als ich am nächsten Morgen durch den zarten Finger des Hausknechts den lieblichen Träumen über das „Wegerecht auf See" entrissen wurde, rauschte es bedenklich in den Schachtelhalmen der Umgegend. Der Schädel brummte entsetzlich und mir fiel die Erinnerung an meinen Zustand bei der ersten Begleitdampferfahrt beängstigend auf die Nerven. Doch nun gab's kein Rückwärts mehr, da ein Kuli des meinem Kommando unterstellten Schiffes schon von meinem Handkoffer Besitz ergriffen hatte.

Mit eiserner Festigkeit übernahm ich den Oberbefehl und die Kerls flogen nur so. Zwar glaubte ich zu bemerken, dass sie manchmal ganz etwas andres taten, als ich befahl. „Wir werden uns schon mit einander einarbeiten", tröstete ich mich; besonders da wir trotzdem ohne wesentlichen Unfall bei der Startlinie ankamen.

Dort jagten die Gegner wieder wie toll und verrückt umher; ich beschloss daher die Initiative zu ergreifen und segelte in stolzer Fahrt los. Ein furchtbares Geheul und eine mir nachgesandte Dampfpinasse rief mich zurück. Die Leute behaupteten, ich dürfte noch nicht starten. Auch egal, sagte ich mir. Ich wollte mich aber nicht so unter's Volk mischen und hielt mich von jetzt ab vornehm und sicher im Hintergrund. Plötzlich kam mir trotzdem eine kleine Kutsche in die Quere; da sie absolut nicht Platz machte und ich ihr Leben schonen wollte, versuchte ich umzudrehen; der verflixte Kahn lief aber genau nach der verkehrten Richtung. Mein Oberkuli erlaubte sich einige Ratschläge, die ich mir indessen energisch verbat; und gerade war ich dabei, einen Blick in mein Handlexikon wegen des vorliegenden Falles zu werfen, als eine recht unangenehme Rempelei erfolgte.

Natürlich hatte der Kleine Schuld; trotzdem schrie er mir wütend herüber, ich sollte mich doch bei der Pferdebahn anstellen lassen, wenn ich nicht mal gradeaus fahren könnte, „da sind doch wenigstens Schienen gelegt!" — Ich finde, die Herren Segler sind manchmal etwas urwüchsig; der Kerl hatte sich nicht mal vorgestellt.

Wie wir schliesslich wieder auseinandergekommen, weiss ich nicht mehr genau; meine Kulis kletterten wie wild auf der Klüverbaumstange umher und dann gings endlich weiter. Mein Oberkuli schien schrecklich ängstlich, und hielt sich immer an meiner Steuerstange fest. Schliesslich kam es mir so vor, als ob der Kerl sich erlaubte, heimlich mitzusteuern. Das verbat ich mir aber ganz deutlich. Schon nach kurzer Zeit war kein Gegner mehr zu sehen; offenbar waren sie bereits weit zurückgeblieben. Da hiermit die Sache für mich an Reiz verloren hatte, auch recht unangenehme Spitzwellen mich durchnässten, übergab ich dem Schiffer das Steuer, um den inneren Menschen von den Strapazen des Starts wieder etwas aufzupullen. Der Kerl segelte aber — ich glaube mir zum Tort, das Schiff so schief, dass ich mich an allen auffindbaren Ecken in der Kajüte fürchterlich stiess. Doch ich wollte die Saiten nicht zu straff spannen und duldete diese Ungehörigkeit eine Zeitlang, ohne ihn zurechtzuweisen. Als er aber überdies noch ganz unvernünftigerweise anfing, immerzu zickzack zu segeln, bekam ich die Sache satt und ging wieder an Deck. Nirgends war Kiel oder Eckernförde zu sehen und nur in der Ferne eine indifferente Küste. Ein Blick auf den Kompass liess mir das Blut zu Kopfe schiessen. Denke Dir diese Infamie: Die Kerle schienen den Kompass aus Bosheit kaput gemacht zu haben; denn er zeigte nicht mehr nach Norden, wie jeder vernünftige Kompass seit der Chinesenzeit tun soll, sondern mal nach Nordosten, mal nach Südwesten; je nach dem, wie das Schiff grade segelte. Wie sollte ich dabei Eckernförde jemals finden?! —

Ich bedeutete dem frechen Patron kurzerhand, dass ich nicht gesonnen sei, von einer Mannschaft, der alle Anfangsgründe der Segelkunst zu mangeln schienen, mich zum Besten haben zu lassen; augenblicklich solle man an das nächste Land fahren, um mich abzusetzen.

Da grinste das Pack ganz gemütlich! —

„Das ist Meuterei!" donnerte ich ihn an, „sofort fahren Sie mich nach Hause, wo sich das Weitere finden wird!" —

Darauf drehte der Kerl um und steuerte wieder etwas aufrecht; augenscheinlich, um das Kommende etwas abzuschwächen. Ich liess mich jedoch auf nichts mehr ein; denn begreiflicherweise hatte die Erregung meine Magennerven derartig angegriffen, dass ich regelrecht seekrank wurde. Trotz des gänzlich verdrehten Kompasses fanden die Meuterer doch den Kieler Hafen wieder und ich erwachte aus meinem Halbschlummer, als die Ankerkette rücksichtslos heruntergeworfen wurde.

Ich vermeide gern peinliche Auseinandersetzungen, die ja doch mit dem glücklichen Besitzer dieses Musterfahrzeugs wohl unausunausbleiblich gewesen wären. Ich liess meine Karte mit dem Vermerk: p. p. c. an Bord und begab mich direkt ins Hotel, um mich ins Bett zu legen. Das hat man nun von seiner Gefälligkeit: nichts wie Aerger und obendrein eine unausbleibliche Erkältung!

Ich bin zu der Ueberzeugung gekommen, dass der Segelsport zwar ungemein vornehm, modern und die gesellschaftliche Stellung festigend ist, dass man aber die praktische Ausübung desselben lieber den minderwertigen Ständen überlassen soll. Ich gedenke daher, mehr auf die Schiedsrichter-Komitee-, respektive Vorstands-Karriere hinzuarbeiten.

Diese etwas lang geratene Epistel ist mein Abschiedsgesang vom unwirtlichen Meer. Jetzt breche ich hier meine Zelte ab, um noch das Essen in Travemünde mitzumachen und hoffentlich auch das famose Frühstück im Lübecker Ratskeller, wenn ich noch eine Karte bekommen kann. Dann fahre ich zum Hamburger Derby, um dort wenigstens die Reisekosten wieder rauszuschlagen. Majestät hängt dann auch die Wettsegelei an den Nagel und geht nach Norwegen, so dass ich keine Gelegenheit mehr zu dem grossen Wurf haben werde. Wenn ich aber erst im Vorstand bin, werde ich ja doch bei „Ihm" auf der „Hohenzollern" eingeladen.

Ende der Woche bin ich wieder at home. Ich denke, wir treffen uns dann, wie gewöhnlich, im Automobilklub.

Alles andre mündlich! —

Dein Egon.

Eine Reise im Hausboot.

Es gibt Leute, die auf dem Papier Reisen planen, welche nie ausgeführt werden, Häuser bauen, welche nie gebaut werden, Boote zeichnen, welche nie auf dem Wasser schwimmen — und die andren Unfug auf diesem geduldigen Material anstellen.

Auch ich huldige in regelmässig wiederkehrenden Pausen diesem Zeitvertreib. Wenn in Eis und Schnee meine Lieblinge da draussen in dem Seglerheim träumen von schönen Sommerreisen, von heissen Wettkämpfen und überstandenen Gefahren, dann wird hier gewöhnlich im Atelier ein schöner grosser, weisser Bogen aufgespannt und mit Zirkeln und Kurvenlinealen bis in die Tiefe der Nacht ein Projekt nach dem andren hingezaubert, welches mir grade besonders durch den Kopf geht. Einige Gigs, einige Segelyachten plätschern auch schon fröhlich auf der blauen Flut, deren Vaterschaft ich nicht verleugnen will und kann. Ja sogar eines der vielen Villenprojekte ist nun endlich ausgeführt; doch hiervon will ich jetzt nicht reden.

Schon als Jüngling hatte ich öfters das Glück, zu Gaste zu sein auf dem einzigen Hausboot, welches Deutschland sein eigen nennen konnte. Auf diesem lebten wir fern von jeder Kultur in den lieblichsten Winkeln unsrer schönen Mark, und ungestört und auf die denkbar bequemste Art konnte ich dem Laster der Landschaftsmalerei fröhnen. Wie herrlich müsste es doch sein, so ein schwimmendes kleines Schlösschen als sein Eigen zu besitzen und allein oder in Gesellschaft den Beruf mit dem Sport zu verbinden, und der Schnecke gleich, sein Heim stets bei sich zu haben! —

Auch dieser Zukunftstraum natürlich verursachte einen bedeutenden Verbrauch an Zeichenpapier und schlaflosen Nächten; es blieb aber immer bei dem jedesmal alles bisher dagewesene übertreffenden Projekt, da die Kasse leider nicht immer mit dem Ideenflug gleichen Schritt zu halten pflegt.

So ruhte denn auch diese Hausbootfrage viele Jahre in der tiefsten Tiefe meines Wunschkästleins.

Eines schönen Sommertages, auf einem Dampfer, der die schönen Fluten der Havel durcheilte, machte meine Seglermütze auf einen Fahrgast amerikanischer Nationalität derartigen Eindruck, dass er die Frage an mich nicht unterdrücken konnte, ob ich auf dem Wasser Bescheid wüsste. Dies glaubte ich ohne Gewissensbisse bejahen zu dürfen. Und so stellte er denn die inhaltsschwere Frage, wie und wo man hier in Deutschland ein Hausboot bekommen könnte.

Dies wie für Hausboote geschaffene Land muss auch in dieser Richtung von den Angelsachsen erst lernen, wie man leben kann — wenn man die nötigen Moneten dazu hat. —

Da war ja Uncle Sam grade vor die rechte Schmiede gekommen! Stolz errötend zeichnete ich ihm mit wenigen Strichen mein daheim im Schubfach einer unbestimmten Zukunft entgegenschlummerndes Projekt auf. Dieses leuchtete meinem neuen Freunde auch so sehr ein, dass es im Frühjahr des nächsten Jahres, meine kühnsten Träume übertreffend, dieselben Wellen der Havel durchfurchte, auf denen der Zufall seine Verwirklichung herbeigeführt hatte. Da dieses Fahrzeug auf dem Reissbrett eines durch keinerlei Fachstudien angekränkelten Amateur-Konstrukteurs entstanden ist, so stellte es einen Typ dar, wie er bisher weder in dem Mutterlande der Hausboote, noch in Amerika auf's Wasser gesetzt ist, und der sich auch zur vollsten Zufriedenheit, nicht nur des Besitzers, sondern auch ganz besonders seiner zahllosen Gäste bewährt hat. Denn auf die Anordnung der Gastkabinen hatte ich natürlich selbstlos den grössten Wert gelegt. Da mein Freund ausser dem für den Wassersport unumgänglich nötigen grossen Portemonnaie weiter keine Vorkenntnisse mitgebracht hatte, gelang es mir, die Stellung eines Kapitäns auf seiner „Thea" zu erschleichen. Kaum war das eigenartige Gefährt, welches den ganzen Winter hindurch während der Bauzeit die Zielscheibe des Spottes und des Witzes aller Spree-Athener gewesen, in Wannsee angelangt, als wir auch beschlossen, ihre Tugenden auf einer ausgedehnten Fahrt zu erproben.

Unser Plan war gewesen, etwas von dem üblichen englischen Wohnprahmtyp gänzlich Abweichendes zu schaffen, indem wir es befähigten, mit eigner Kraft beliebig lange Fahrten auf allen leidlich schiffbaren Flüssen und Seen Norddeutschlands zu unternehmen. Vor allem waren also die Grössenverhältnisse der kleinsten Brücken und Schleusen in dieser Gegend zu berücksichtigen; auch durfte der Tiefgang nicht zu sehr ausgedehnt werden, um bequem überall landen zu können und um auch ohne Kenntnis des Fahrwassers nicht zu oft „aufzubrummen". Die Länge durfte nicht zu gross werden, damit die Manövrierfähigkeit in den oft stark gewundenen Flüsschen nicht beeinträchtigt würde. Die Fortbewegung sollte durch eine eingebaute Maschine vor sich gehen, um die Unannehmlichkeit zu vermeiden, stets einen stinkenden Schlepper vor sich herfahren zu sehen, der wieder besonderer Mannschaft bedurft hätte. So entstand also ein flachbordiges Fahrzeug aus Stahl, von $20^1/_2$ m Länge, 4,6 m Breite und 80 cm Tiefgang, welches durch einen Daimler-Benzinmotor getrieben wird. Zwar ist dieser nur verpflichtet, zwölf Pferdestärken zu leisten, ein guter Diener tut jedoch mehr wie seine Pflicht; und so erfreute er uns denn bei guter Behandlung mit sechzehn bis achtzehn Pferdestärken, rächte sich aber fürchterlich bei der geringsten Vernachlässigung. Eine kleine Dynamo-Maschine, durch einen Lederriemen mit dem Motor in Verbindung gebracht, erzeugt das elektrische Licht für alle Räume, das Deck und die Positions- und Ankerlaternen.

Da in erster Linie auf Behaglichkeit Rücksicht genommen wurde, sind die Formen der „Thea" behäbig wie eine holländische Kuff; aber immerhin kann sie, wenn die Windgötter nicht gar zu widerspenstig, stündlich ungefähr elf Kilometer, absolvieren. Für jemand, der geniessend die Lande durchstreifen will, eine vollkommen ausreichende Geschwindigkeit. Im Grunde meines Herzens hege ich aber eine tiefe Verachtung gegen diese nach

Benzin und heissem Oel duftenden, ratternden Ungeheuer, die launenhaft und unergründlich in ihrem Benehmen sind, und betrachte so ein Konglomerat von Röhren, Gläsern, Spiralen, Hähnen und Rädern mit beständigem Argwohn und als eine unangenehme Notwendigkeit, welche man nur im äussersten Notfalle über sich ergehen lassen muss.

Um die Poesie des Wasserlebens zu wahren, takelte ich das schwimmende Häuschen als Schoner. Die Masten sind ausserordentlich leicht zu setzen und zu legen und mit dem zwei Meter tief gehenden Mittelschwert kreuzt „Thea" sogar ganz leidlich gegenan. Mit günstigem Winde entwickelt sie eine achtbare Geschwindigkeit, die der Motorleistung mindestens gleichkommt. Oft schon hat die von der Neuzeit so verachtete Segelkraft aushelfen müssen, wenn ein Steinchen oder ein heissgelaufenes Lager den delikaten Organismus des lärmenden und stets benzindurstenden Motors angegriffen hatte, oder wenn plötzlich ein Tank undicht oder gar der Betriebsstoff auf langer Fahrt zu Ende ging. Dann entfalten sich als bescheidene Retter in der Not die weissen Schwingen und dankbar geniesst die gesamte Besatzung das lautlos schwebende Dahingleiten ohne Erschütterung, ohne Geruch, ohne monotones Geknatter. Und dann bin ich erst recht in meinem Element und drehte mit doppeltem Genuss am Steuerrade.

Doch wohin bin ich geraten? ich bin schon mitten in der Fahrt und habe doch noch nicht das Geringste vom Anfang berichtet.

Die vorhin so gepriesenen Masten und Segel wurden vorerst mal an Deck gelegt; auch die blinkenden Messinggeländer um das geräumige Promenadendeck, welches die sämtlichen Kabinen in doppelter Lage überspannt, waren abgeschraubt, um keine Kollisionen mit den niedrigen Brücken zu verursachen. Nur die langen Holzkasten, in denen die Geranien sich üppig an der Bordwand hinunterranken, waren stehen geblieben, so dass wir, umgeben von einem lieblichen Garten, auf dem Deck auf und ab wandelten. Auch das umfangreiche Sonnenzelt, unter dessen Schatten erst kurz vorher ein üppiges Einweihungsfest von dreissig Gedecken stattgefunden hatte, war aufgerollt und die Stützen und Stangen sorgfältig verpackt.

Für die Nahrung des anspruchsvollen Motors waren alle Tanks bis zum Rande und mehrere Reservebehälter voll Benzin gefüllt, und nun erst, wenn man in die Vorratsschränke der Küche, in den geräumigen Eisschrank und in den Weinkeller unter dem Fussboden der Badestube blickte, lief einem das Wasser im Munde zusammen! —

In der Küche im Vorschiff waltete eine weit über Wannsees Grenzen hinaus berühmte Fee und die Tafel deckte eine zierliche Kammerjungfer, welche mit dem kostbaren Krystall und dem duftenden Mocca in einer Weise herumhantierte, als ob Sie auf dem Wasser geboren sei.

Der Maschinist putzte und ölte an seiner geliebten Maschine herum, um sie in guter Laune zu erhalten, als der Bootsmann auf Anruf meine Frau und mich vom Seglerhause mit dem Beiboot an Bord setzte. Ausser dem Eigner und der Herrin, sowie deren Schwester fanden wir eine pikante Pariserin mit dem Morgen-Frühstück beschäftigt, so dass eine stattliche internationale Gesellschaft von vier Damen, zwei Herren und zwei Männlein und zwei Weiblein als Besatzung auf dem Hausboot versammelt war. Der Eigner und seine Gattin bewohnten ihr gewöhnliches Schlafzimmer am Backbord des Schwertkastens. Derselbe Raum an Steuerbord, wurde durch die zwei traulichen Gastkabinen eingenommen, jede von ihnen enthält zwei über einander befindliche Betten, von denen das obere tagsüber heruntergeklappt werden kann, um als Rückenlehne zu dienen, ähnlich den Schlafwagen der Eisenbahn. Der weibliche Teil der Bedienung hatte die Kabine nahe der Küche gegenüber vom Badezimmer im Vorschiff inne und der Bootsmann und der Maschinist spannten sich des Nachts Hängematten im Maschinenraum auf. Dieser Maschinenraum, der mit Spiegelglasschiebefenstern gegen die Unbill der Witterung abgeschlossen ist, gewährt uns mit seinen Lederpolstersitzen um die Maschine herum einen gemütlichen Aufenthalt nach Tisch. Die Maschine ist durch Holztäfelung derartig verkleidet, dass sie als Tisch benutzt werden kann, und die Sitze bergen die Dynamomaschine und die Akkumulatoren. Durch ein paar mächtige Schiebetüren gelangen wir von hier aus in den Salon, der mit seinen fliederfarbenen Polstersitzen und den Ahornmöbeln einen überaus freundlichen, luftigen Eindruck macht. Die Höhe unter den Decksbalken ist 2,25 m, die Wände und die Decke sind weiss lackiert, so dass der Raum bedeutend grösser erscheint, als man von einem nur vier Meter im Geviert messenden Zimmer erwarten könnte. Vier Eckschränke bergen die reichhaltige Garderobe und bewahren auf sinnreich ausgeschnittenen und mit Leisten versehenen Regalen das kostbare Kristall und das Tafelservice. Ein kunstvoll in Messing getriebener Kamin, in dem ein Spiritusofen versteckt ist, mit darüber angebrachtem Spiegel lassen es völlig vergessen, dass man sich in einer Kajüte befindet, und wenn abends die an der Decke und an den Wänden harmonisch verteilten Glühbirnen ihr mildes Licht mit tausenden von Reflexen in den herabhängenden Glasornamenten spiegeln und zitternde

Pfaueninsel
Nach einer Radierung

Muster an die Wände werfen, glaubt man sich in einem Miniaturfeenschlösschen zu befinden.

Hier ein paar Bücherregale, dort ein Bortbrett für ein paar Nippes auf dem Kamin, einige kleine Radierungen an den Wänden; alles wie zu Hause; klein und niedlich, und doch solide und den Verhältnissen an Bord angepasst. Schon vom Frühstückstisch aus bewundern unsre Damen durch die weit offen stehenden Fenster das Panorama, welches in flotter Fahrt an uns vorbeizieht, wir Herren bekümmern uns an Deck um die Navigation und absolvieren mit der Morgenzigarre unsren Spaziergang.

"hea" schlägt den Weg havelabwärts zur Elbe ein, um in Kiel Zeuge zu sein der grimmigen Kämpfe, die ihr Kapitän mit einer neuen „Wannsee" gegen die Sonderklassenflotte der alten Welt wieder ausfechten will. „Wannsee" ist einige Tage vorher mit der Eisenbahn nach Hamburg vorausgeschickt, um bei ihrem Erbauer für ihre Bestimmung vorbereitet zu werden; dort soll sie von uns in Empfang genommen werden.

Mühelos treibt der Motor den schwimmenden kleinen Palast stromabwärts in Sonnenschein und Frühlingsluft durch das liebliche Haveltal, dessen ungeahnte Schönheiten ich triumphierend meinen unbefahrenen Schutzbefohlenen zeige.

Wenn die Aufmerksamkeit nicht durch Schauen und Bewundern in Anspruch genommen ist, beschäftigt sich jeder nach seiner Weise. Die Damen schalten und walten unter Deck, um Ordnung zu schaffen in den Schubladen und Schränken und um für des Leibes Nahrung und Notdurft zu sorgen; ein Teil hantiert mit Nadel und Faden, ein andrer schreibt eilige Abschiedsbriefe, welche an der nächsten Schleuse in den Briefkasten wandern sollen. Der Herr des Hauses, der sonst so vielbeschäftigte, geniesst die göttliche Faulheit mit vollen Zügen, streckt sich aus auf den köstlich bequemen Deckstühlen und pumpt den Kontorstaub aus den Lungen. Welch' ein Hochgenuss für ihn, nicht mehr nach Minuten und Sekunden seine Zeit einteilen zu müssen, und so ganz unerreichbar von geschäftlichen Plagen und Sorgen, sein Leben ganz nach seinem Geschmack einrichten zu können. Am hellen, lichten Tage ein Schläfchen zu riskieren, und sogar für das Rasieren einen Zeitraum verwenden zu dürfen, in dem man sonst zehn Besucher abfertigt und sechs Briefe schreiben muss!

Bei den Schleusen müssen „Alle Mann" antreten zum Helfen. Der Eigner muss die Papiere besorgen und den Mammon entrichten, die Damen sind vorn und hinten, jede mit einem dicken Fender bewaffnet postiert, um die weisse Lackfarbe der „Thea" zu schützen gegen die schlammbewachsenen Steine der Schleusenwände und gegen die Nachbarschaft der teertriefenden Zillen. Der männlichen Besatzung liegt die Bedienung der Festmacheleinen ob, und die Küchenfeen ergreifen die Gelegenheit, um frisches Trinkwasser am Schleusenbrunnen zu erhaschen; denn dies ist trotz der geräumigen Wassertanks und der Reservefässer an Deck bei zehn Seelen an Bord ein stets begehrter Artikel. Auch frisches Gemüse, ein Liter Milch oder Sahne sind Proviantgegenstände, die, sobald sich Gelegenheit bietet, mit Wonne erhandelt werden.

Nicht einen Augenblick wird uns die Zeit lang. Wenn das Mittagessen vorüber, sucht sich jeder einen Lieblingsdeckstuhl, mit schwellenden Kissen ausgepolstert, zur Siesta und nimmt ein Buch vor die Nase; meist träumt er jedoch darüber hinweg und blickt in das Grün der Ufer, auf das Blau der leise rauschenden Wasser. Wenn der Abend herannaht und die Dunkelheit die Weiterfahrt erschwert, suchen wir uns ein lauschiges Plätzchen, möglichst weit ab von menschlichen Behausungen, wo wir vor Anker gehen, oder unsren flachgehenden Koloss ins Schilf hineinlaufen lassen. Dann kommt die schönste Stunde des Tages; fröhliche Neckerei erhebt sich, oder je nach Stimmung auch mal ein ernstes Gespräch. Mezza voce trällert ein französisches Chançon durch die Stille der Einsamkeit, oder der weniger poetische Phonograph trägt seine schluchzenden Liebeslieder oder die donnernde Heldenstimme Carusos über die spiegelglatte Bucht.

Ausser den Sternen glimmen nur die Havannas der Herren, und als diese ihrem Ende nahe und zischend über Bord fliegen, trennen wir uns mit Widerstreben, um uns in die Kabinen zur Nachtruhe zurückziehen.

Noch liegt ein feiner Nebeldunst über der erwachenden Natur, als sich schon leise eine Kabinentür nach der andren öffnet, und ihr entsteigen die Quellnymphen, um in kühnem Kopfsprunge in die klaren Fluten zu tauchen. Es entspinnt sich ein Spiel der Wellen, das erst durch den Ruf zum Frühstück sein Ende findet. Der Anker wird aufgeholt, die Tauenden lösen sich vom Lande und „Thea" dreht hinaus aus dem schützenden Winkel auf ihren Kurs dem Meere zu.

Der Plauer See liegt vor uns, seine Fläche ist bedeckt mit weissschäumenden Wogen. Besonders im Gemünde geht es toll her; denn der gegen den Wind laufende Strom hat die Seen zu beträchtlicher Höhe aufgestaut. Zwei schwer geladene Steinzillen sind hier vollgeschlagen und nur ihre Spitzen schauen noch hervor aus dem Wasser, die Fahrstrasse beinahe versperrend. Wir aber haben Zutrauen zu der Seetüchtigkeit und der Maschinenkraft unsres Schiffes und wagen die Fahrt. Donnernd klatschen die Brecher gegen das vollbusige Vorschiff und stauben hinweg über das zwei Meter hohe Verdeck. Aber „Thea" kämpft sich hindurch und läuft nach einer halben Stunde sicher unter der Havelbrücke beim Plauer Schloss in den schmalen Fluss. Rathenow wird gegen Mittag passiert und abends liegen wir wohlgeborgen zu Füssen des Havelberger Doms, dessen ehrwürdige Bauten wir mit Interesse besichtigen. Unsre Mark ist nicht reich an altertümlichen Gebäuden und andren Zeugen des Mittelalters, die Kriegsfurie hat zu gründlich mit ihnen aufgeräumt; desto eindrucksvoller wirkt das, was noch vorhanden, auf unsre schönheitsdurstigen Gemüter.

Hier wird der Benzinvorrat aufgefüllt, um für alle Fälle bis Hamburg genügend Futter für den brummenden Motor zu haben; auch Kohlen, frisches Brot und andre Vorräte werden ergänzt und wir laufen in den breiten Elbstrom, dessen gelbliche Wasser mächtig nachschieben. Die Mündung der kleinen Jeetzel in die Elbe beherbergte uns für die Nacht und ein Abendbummel durch die mondbeschienenen Gässchen der mir wohlbekannten Stadt Hitzacker sorgte für die Abwechslung in der Bewegung, damit wir nicht garzu bequem würden.

Zu sehr früher Morgenstunde liefen wir wieder auf den Strom und liessen die abwechslungsreichen Ufer der Elbe wie ein Wandelbild an uns vorbeiziehen. Stromauf und stromab keuchen die Schleppzüge, unser merkwürdiges Gefährt ist der Gegenstand schallender Heiterkeit der Kahnbesatzungen und neidvollen Entzückens der Weiber am Steuer. Genau wie auf der Landstrasse tauscht man freundliche Grüsse; unsre Geranien füllen die bittend sich ausstreckenden Hände der Zillenbewohner und auch vom Ufer her werden uns begeisterte Ovationen mit Tücherschwenken und Kindergeschrei dargebracht.

Ehe wirs gedacht, war Hamburg erreicht. „Thea" zog ruhig ihre Bahn durch das Gewühl und Gebrause des imposanten Hafens und legte sich an einer der Bojen im Köhlbrand vor Anker. Hier wurden die Masten gesetzt, die Briefe vom Postamt geholt und die unvermeidlichen Einkäufe gemacht. „Wannsee" lag fertig bei der Werft von Oertz und wurde hinter unser Wohnschiff gebunden. Da wir noch reichlich Benzinvorrat hatten, gingen wir am nächsten Mittag gegen den Rest der Flut unterwegs. Ein köstlicher, fast windstiller Tag machte die gefürchtete Fahrt elbabwärts zu einem Genuss und besonders unsre Damen, denen all dies Leben auf dem Wasser, wo die Schiffe der ganzen Welt zusammenströmen zum Güteraustausch mit dem Flussverkehr, etwas Neues bisher nie Gesehenes war, wurden nicht müde, das malerische Bild zu bewundern und mit allen Nationen Grüsse zu tauschen.

Hamburger Hafen
Nach einer Kohlezeichnung

Ohne Unfall gelangten wir nach Brunsbüttel, passierten die Schleuse mit unsrem graziösen Anhang und machten an den Duc d'Alben des geräumigen Hafens fest. Am nächsten Morgen kam der Lotse an Bord und „Thea" fuhr friedlich zwischen den grünen Uferböschungen des Nord-Ostsee-Kanals. An den Kilometersteinen konnten wir mit der Stoppuhr genau die Leistungsfähigkeit der Maschine ausprobieren, und es war interessant, zu beobachten, wie die mehr oder minder geschickte Hand am Ruder und auch die geringste Aenderung in der Benzinzufuhr die Geschwindigkeit beeinflusste. Unterwegs wurde das Geländer wieder aufgebaut und das seegrüne Sonnenzelt an den blinkenden Messingstützen gespannt, eine Generalreinigung wurde vorgenommen und da die Sonne so einladend auf uns Wanderer herniederschien, nahmen wir diese seltene Gelegenheit wahr, mit Lack- und Farbentopf der „Thea" ein fleckenloses Gewand zu malen, damit wir dem kritischen Auge der Kieler Yachtsegler standhalten konnten. Gegen Abend lagen beide Yachten einträchtiglich auf dem gewöhnlichen Ankergrund vor dem Forstecker Park bei Kiel und nun konnte die Kieler Woche, unabhängig von überfüllten Hotels, von lärmendem Kneipenleben vor sich gehen! —

Eine Woche hatten wir noch vor uns, um den letzten Reck aus den Segeln zu bekommen, und uns langsam an das Salzwasser wieder zu gewöhnen. Von morgens bis abends wurde gesegelt und getrimmt — auch die Damen halfen dabei — und „Thea" kam manchmal mit hinaus auf die Föhrde, um zur Essenszeit stets für die hungrigen Seefahrer wie ein Tischlein deck' dich zur Stelle zu sein. Meine altbewährte Mannschaft, Topmüller und die Rakete, trat in tadellos nüchternem, reingewaschenem Zustande an und residierte in der nahen „Waldburg". Dann begann der Ernst des Lebens.

„Wannsee" machte ihren Vorgängerinnen Ehre; nie kam sie preislos nach Hause und zur Belohnung fand ihre Mannschaft nach des Kampfes Last und Mühen gastliche Aufnahme in den traulichen Räumen unsres Privathotels. Die Entscheidungsschlacht war geschlagen, der Kaiserpreis und noch vier andre wohlverdiente Preise waren unser und in dem Salon der „Thea" gebührend begossen und mit Blumen geschmückt. —

In sternenklarer, wunderbar stiller Nacht geht „Thea" Anker auf, mit „Wannsee" in Schlepptau, hinaus auf die schweigende See. Um Mitternacht ist der Friedrichshorter Leuchtturm querab und hinter uns versinken die Tausende und aber Tausende von Lichtern der Stadt und der Kriegsflotte von Kiel. Links Bülk-Feuer, rechts Gabelsflach, das wir ansteuern, bis die Leuchttonne vor den Laböer Sänden gut querab ist; dann schwenken wir rechts ab mit dem Kurs OSO auf Fehmarnsund.

Der kleine Kompass der „Wannsee" steht vor dem Steuerrad an Deck; er vollführt aber derartige Sprünge, dass es unmöglich ist, danach zu steuern; denn die vielen Eisenteile an Bord, besonders der brummige Daimler-Motor macht ihn nervös. Also wird der widerspenstige Magnet ganz aufs Vordeck auf einen Tisch gestellt, und nachdem er bald beruhigt uns die wahre Richtung angegeben, merke ich mir einen möglichst hellen Stern, nicht zu hoch über dem Horizont, nach dem ich mich dann richte. Achteraus zur Kontrolle lag Bülkfeuer. Leise gluckste die östliche Dünung am Vorsteven und hinter uns her hüpfte „Wannsee" und die beiden Beiboote an langer Leine. So gehts stundenlang in die einsame Nacht; nur ein paar Fischerboote taumeln wie schläfrige Falter mit ihren schwarzen Segeln an uns vorbei.

Der Eigner, der Bootsmann, Köchin, Stewardess und Bootsjunge gehen zur Koje; nur Frau Thea hat Lichterwache und sorgt nebenbei rastlos für Speisung und Aufrechterhaltung der Lebensgeister des Kapitäns, der die Funktionen des Steuerers übernommen hat. Still geniessen wir die laue Sommernacht, die ja hier oben im Monat Juli nicht lange dauert. Schon bald nach zwei Uhr zeichnet sich im Nordosten ein heller Streifen am Horizont ab, im Süden liegt eine Nebelbank, unter der die holsteiner Küste verborgen ist, und nach und nach vergrössert sich die Helligkeit. Die Sterne verblassen, der Himmel leuchtet in immer kräftigeren, immer herrlicheren Farben, bis endlich die Feuerkugel der Sonne sich aus dem leis atmenden Meere erhebt und in zitterndem Goldstreifen sich bis an unser blumengeschmücktes Schifflein ergiesst. — —

In der Schönheit dieses Sommermorgens hat man keine Zeit müde zu sein! —

Die Sterne können uns nun nicht mehr als Wegweiser dienen, der rastlose Lauf der Sonne gibt auch keinen genauen Anhaltspunkt für die Fahrtrichtung; so musste also der Kompass, „die zitternde Seele des Schiffes", wieder in seine Ehren eingesetzt werden und wir versuchten es, möglichst hochschwebend über Deck auf einem Stuhl nahe beim Steuer. Es war zwar nicht sehr bequem; aber es ging. Bald auch zeigte sich in der Ferne neben uns die mir von so mancher Fahrt her bekannte Küste; ich konnte aus dem Abstand den Kurs ziemlich richtig schätzen und bereits um fünf Uhr tauchten die ersten Landmarken der Insel Fehmarn auf.

Der Ostwind legte zu, schon stampfte „Thea" ganz lustig gegenan und machte mit ihrem langen Anhang und bei dem stark im Sund entgegenlaufenden Strom wenig Fahrt voraus. Um sieben Uhr aber war die Enge überwunden und Kurs SW wurde auf Dameshöved Leuchtfeuerturm gesetzt.

„Alle Mann an Deck!" —

Schoonersegel, Stagfock und Grosssegel hoch und mit verdoppelter Geschwindigkeit brauste unser kleiner Palast über die sprühenden, im Morgenlganz flimmernden Wogen. Hinterher tanzte, von Spritzern ständig überspült, unsre „Wannsee", die mit zwei Leinen gut vertäut, ohne von einem Steuermann geführt zu werden, gehorsam ihre Bahn in unsrem Kielwasser zog. Querab von Dameshöved konnten wir platt vor den Wind halten und mit gleich Schmetterlingsflügeln ausgebreitetem Gross- und Schooner-Segel schwebten wir über die Neustädter Bucht um zwei Uhr nachmittags in den Travemünder Hafen.

Nach einigen Tagen des reizvollen Aufenthalts in diesem entzückenden Seebade hiess es schweren Herzens Abschied nehmen vom behaglichen Heim und ihren gastfreien Bewohnern. „Thea" ging die Flüsse und Kanäle aufwärts nach dem Heimatshafen und „Wannsee" setzte die rauhe Meerfahrt fort. —

Flink auf! die luftigen Segel gespannt,
Wir fliegen wie Vögel von Strand zu Strand,
Wir tanzen auf Wellen um Klipp und Riff,
Wir haben das Schiff nach dem Pfiff im Griff,
Wir können, was kein andrer kann:
Wir haben einen Klabautermann.

Und wisst ihr, wie man ihn rufen kann?
C o u r a g e heisst der Klabautermann.

„Thea" hatte als Abschiedsgabe einen grossen Teil ihres Proviants der kleinen „Wannsee" überlassen; ein Händedruck, goode wind und gute Heimkehr, und die kühnen Entdecker stachen in See. Kollege Kolumbus, Vasco de Gama und wie unsre Vorgänger alle geheissen haben, sie hätten nicht erwartungsvoller dreinschauen können als wir, als der kleine offene Renner sich zur Fahrt über die Ostsee anschickte. Man hatte uns für glatt verrückt erklärt, besonders der „mehrfache Familienvater" der Expedition hatte genug zu hören bekommen, ganz wie seinerzeit sein grosser Gesinnungsgenosse im hohen Rat von Salamanca.

Topmüller hatte uns verlassen — die Berliner Börse wäre nicht ohne ihn ausgekommen — und um die höchst unheilige Dreizahl der Besatzung wieder zu erreichen, war ein Jüngling in unsren Kreis aufgenommen, der auf den ungewöhnlichen Namen Moppi hörte. Ein noch unbeschriebenes Seerosenblatt, da er noch nie vorher mit uns auf die christliche Seefahrt hinausgezogen war. Mit dem Seerosenblatt hatte er zwar nur die Farbe gemeinsam; denn er war noch reichlich grün, und die Rosigkeit verflog sehr schnell, als die Wellen höher wuchsen. Er nahm dann mehr die Farbe der Blüte dieses Gewächses an: gelb und weiss. Er war überhaupt, wie der Berliner zu sagen pflegt: „eine dufte Blüte" und sein Mundwerk hatte bereits eine Vollkommenheit der Ausbildung erreicht, wie man sie nur sonst noch bei dem ehrenwerten Stande der Schusterjungen seiner Heimatsstadt vorfindet. Der andere Kumpan, die schon mehrfach genannte Rakete, ist zwar auch nicht gerade stiefmütterlich bedacht in dieser Beziehung; er verfügt aber ausserdem über die besonders bei Langerweile sehr schätzbare Eigenschaft, für alle Lebenslagen einen unversiegbaren Schatz von Liedern und poetischen Aussprüchen auf der Pfanne zu haben. Er war gewissermassen der Orpheus dieser Argonautenfahrt.

Einer Kritik über meine Person möchte ich mich enthalten, da eine solche dem Kapitän gegenüber gänzlich unstatthaft wäre.

Dass diese Mannschaft noch zwischen dem Handgepäck und den Koffern, zwischen Photographen-Apparat und Wasserfass, zwischen Beisegeln, Oelzeug und Seekarten einen Platz fand, um sich sogar zeitweilig zum Schlummer auszustrecken, ist mir heute noch rätselhaft. Aber es ging; ja wir bekamen es sogar fertig, zu kochen und zu essen und, wie wir noch hören werden, selbst ein Bordfest zu feiern.

Die Reise sollte nach Carlskrona gehen zu den Jubiläumsregatten der Kongelik Swenska Segelsällskap, um dort das goldene Fliess zu rauben, und da der direkte Weg doch ein garzu grosses Wagnis für unser kleines Schifflein, auch ein mehrmaliges Nachtlager auf dem blanken Fussboden wohl nicht allzu genussreich gewesen wäre, wollten wir uns langsam an den Küsten „hinmogeln".

An Bord der „Wannsee" hatte das Entfernen von der Kultur in bezug auf die Kleiderordnung eine starke Vereinfachung verursacht und fröhlich baumelten Schuhe, Strümpfe und sonstiges Ueberflüssige am Grossbaum und in den Wanten. Der flautenreiche warme Tag wurde mit Essen, Trinken, Sonnenbädern und faulen Witzen, Douchen und Schwimmpartien um die Yacht herum ausgefüllt und beim Einbruch der Nacht lagen wir noch immer querab von Fehmarn.

Als es stärker zu dunkeln begann, kam leichte westliche Brise durch und wir setzten Kurs auf Gjedser. Der Kompass wurde auf ein Brett aufgeschraubt, das quer über das Cockpit gebunden wurde; eine Kompasslaterne besassen wir aber nicht. Nur von Zeit zu Zeit überzeugten wir uns mit einer kleinen elektrischen Handlampe, ob wir noch richtigen Kurs steuerten und richteten uns im übrigen nach den Sternen.

Aber die Wolken im Westen wurden kompakter und zogen schneller über uns fort, häufig die Sterne und den aufgehenden

Mond verdunkelnd. Der Wind wurde kräftiger und die See von
achter fing an zuzulegen, so dass wir zwei Reffe und schliesslich
noch ein drittes Reff einsteckten. Eine Fahrt von eigenartigem
Reiz in diesem winzigen Schifflein, aber wegen der kleinen
Segel gänzlich gefahrlos. Gegen Morgen flaute der Wind etwas
ab, so dass wir um vier Uhr ausreffen konnten. Mit dem Hellwerden
sichteten wir Gjedser Feuerschiff. Da wir gewaltigen
Kaffeedurst und auch Hunger verspürten, hielten wir hart am
Wind auf Gjedserhafen zu; inzwischen vertilgten wir schnell eine
der segensreichen Kaloritkonserven, welche ohne Feuer nur durch
Benetzung einer Hülle von ungelöschtem Kalk zum kochen gebracht
werden. Die heissen Frankfurter Würstchen mit Linsen
erschienen uns wie eine Gabe des Himmels und wir überwanden
mit neu angefachten Lebensgeistern die letzte etwas feuchte Strecke
bis zum Hafen. Dort gabs den ersehnten Kaffee und einige
Brötchen und Beefsteaks wurden als Wegzehrung mit an Bord
genommen.

Das Wetter war ungemütlich geworden; es war kalt und
regnerisch und der Wind war wieder bedeutend aufgefrischt.
Dicht an der Küste schlüpften wir über das gefürchtete Giedser-
Riff hinüber in den Schutz der Insel Falster und legten unsren
Kurs auf Moens Klint an. Bald aber wurde es wieder flauer
und die Sonne brach sich Bahn. Nachmittags fuhren wir dicht
unter den weissen Kreideklippen der grünen Insel entlang. Direkt
nach Schweden hinüber zu halten, schien uns nicht ratsam, da
es im Westen wieder schmierig aussah; ausserdem wollten wir
nicht gern noch eine Nacht auf den nassen Bodenbrettern der
„Wannsee" umherrollen. Wir segelten daher hart am Wind quer
über die Faxebucht auf den kleinen Fischerhafen Rödwig zu, der
nicht weit von Stevnsklint so winzigen Booten, wie dem unsren,
noch allenfalls Platz gewähren konnte.

Um sieben Uhr abends stiegen wir müde an Land und als
„Wannsee" sicher zu Bett gebracht, zogen wir, mit den Handtaschen
bewaffnet, zur Erkundung des fremden Landes aus, und
entdeckten auch zu unsrer Freude eine Gastgiveri. Nicht leicht
war es jedoch, den Eingeborenen unsre Wünsche verständlich
zu machen und schliesslich musste die Zeichensprache aushelfen
und eine regelrechte Pantomime wurde aufgeführt. Dass „Oel"
in Dänemark der Name für einen sehr trinkbaren Stoff ist, hatte
ich von der Frühlingsfahrt der „Susanne" noch in bester Erinnerung,
aber Eier konnten wir nur dadurch erhalten, dass wir
die Tätigkeit des Eierlegens mit den begleitenden Gutturallauten
täuschend vormachten. — Natürlich krähten wir auch vor Freude,
als sie schliesslich kamen. — Der Begriff des Hungers und der

Wunsch nach mehr Speise wurde durch Gliederverrenkungen angedeutet, die unter gewöhnlichen Umständen ein Zeichen heftigen Kolikanfalls zu sein pflegen. Am schwersten war's zum Schluss, der holden Maid begreiflich zu machen, dass wir gern ein Bett zum Schlafen hätten. Als wir schliesslich uns auf der Bank lang ausstreckten und lebenswahre Schnarchgeräusche mit geschlossenen Augen ausstiessen, glitt ein freudiger Strahl des Verstehens über ihre lieblichen Züge und im Triumphzug führte sie uns eine Hühnerstiege hinauf in ein paar blaugetünchte Zimmerchen, an deren Decke wir uns die Köpfe stiessen.

Unter ähnlichen Schwierigkeiten verschafften wir uns am nächsten Morgen den Tagesproviant und frühzeitig fuhren wir über die heilige Meerflut gen Osten auf Schwedens ferne Küsten zu. Köstliches Wetter, bewegte See, der frische West denkbar günstig, so flogen wir dahin und schon um elf Uhr vormittags passierten wir Falsterbo-Feuerschiff jenseits des Sundes. Um Mittag lag Trelleborg in blauer Ferne querab, nachmittags halb fünf Uhr erblickten wir den Hafen von Ystadt in unsrer Lee und stolz setzten wir unsren Kurs auf Sandhammer Feuer ab. Das hatte vorwärts geschafft, die Götter schienen uns günstig!

Als wir die Feuer querab hatten, schlief der Wind ein; nur der starke Küstenstrom zog uns weiter. So beschlossen wir, in dem kleinen Fischerdörfchen Skillinge die Nacht zu verbringen, da die sauberen Häuser und froher Mädchengesang — es war Sonntag — gar einladend zu uns herübertönte. Als aber dicht vor der Hafeneinfahrt sich eine kleine Landbrise wieder einstellte, konnte unsren Drang nach vorwärts nichts mehr aufhalten. Obwohl es bereits zu dunkeln begann, liefen wir weiter an der Küste entlang und bald tauchten die Schornsteine von Simrishamn vor uns auf.

Ein winziges rotes Hafenlicht auf der von Winterstürmen zerstörten Mole wies uns die schmale Einfahrt in den kleinen Hafen. Nach achtzig Seemeilen Reiseetmal hatten wir ein Recht auf Ruhe und stärkenden Trunk, und im Traume gewiegt von den Ostseewellen, entschlummerten wir im Gasthaus des idyllischen kleinen Städtchens.

In Schweden ist die hohe Zollobrigkeit nicht so gemütlich wie im dänischen Inselreich. Man verlangte hochnotpeinliche Ausweispapiere, als wir am nächsten Tage den gastlichen Hafen verlassen wollten. So wurde es nach neun Uhr, bis wir endlich mit Backtagsbrise aus den Molen in den regengrauen Morgen hineinsegeln konnten. Wir nahmen Kurs auf die Insel Hanö. Als wir das Land ausser Sicht hatten, schied der Wind völlig aus und wir planschten in einer Dünung umher, die immer heftiger wurde und im Verein mit den im Südwest sich zusammenballenden Wolkengebilden nichts gutes verhiess. Bald fegten denn auch einige Böen singend über die See, und kaum war der erste Donner über das Wasser gerollt, als es auch Arbeit für die Besatzung gab.

„Drei Reff ins Grosssegel!" —

Das war ein böses Stück für die Mannschaft auf dem ständig unter die Seen rennenden Vorschiff, von lee aus zu reffen, und mancher Fetzen überflüssiger Haut blieb an den Fallen kleben. Wie ein Aal muss der Bestmann auf dem schlüpfrigen Deck ins Cockpit zurückturnen; und dann alles dicht! — Nur der Steuermann sieht noch mit den Schultern aus dem straff über das Cockpit gezogenen Persenning heraus und hilft dem kleinen tapferen Fahrzeug über die wild laufenden Seen hinweg.

Das Gewitter zog grollend über uns fort; aber das schwere Wetter blieb bestehen; es wäre daher Unfug gewesen, die Fahrt heute bis nach Carlskrona erzwingen zu wollen. Wir hielten daher auf den Hanösund zu, um dann Karlshamn anzulaufen. Unterwegs tauchten plötzlich die Lotsen von Hanö aus dem Regendunst auf und stürzten sich wie die Piraten auf uns. Unser Schifflein war aber schneller und wir bedurften ihrer Hilfe nicht. Ein schwedischer Postdampfer dampfte schwer gegenan und seine Passagiere liefen zusammen an der Reeling, um dem kleinen so wacker sich durchkämpfenden Bootchen zuzuwinken, dessen deutsche Gaffelflagge lustig im Winde knatterte.

Um halb fünf Uhr nachmittags passierten wir den Hanösund und waren in ruhigerem Wasser. Durch das Gewimmel der mächtigen Granitblöcke suchten wir in rasender Fahrt unsren Weg, vorbei an den waldigen Ufern mit ihren freundlichen Sommerhäusern, am trutzigen Carlsten, den noch die grünberankten Trümmer einer alten Wickingerburg krönen. Im lebhaften Handelshafen legten wir längsseits einer massigen Brigg an und zogen triefend durch die Strassen Karlshamns zu einer guten Quelle, wo das Nationalgetränk des eingehendsten Studiums gewürdigt wurde.

Sehr, sehr schweren Kopfes entstiegen wir den Schlummerpfühlen; unser Benjamin war auffallend still heute; besonders als es draussen ausserhalb der Schären ans Reffen ging. Auch streikte er, als er in der schwer rollenden See unter Deck die Frühstücksstullen zurechtmachen sollte. „Dort unten aber ist's fürchterlich und der Mensch versuche die Götter nicht", warnte er uns wohlmeinend und hielt seinen starren, übernächtigen Blick gebannt auf einen möglichst fernen Punkt am Horizont.

Himmelhoch kamen die Seen, mit Brechern gekrönt, von achtern angereist und schoben „Wannsee" wie eine Mövenfeder vor sich her. Wie eine grünglasige Mauer stürmte es heran und schien über uns fortjagen zu wollen; aber geheimnisvoll hob sich unser Schifflein stets im rechten Moment und liess die grollenden Schaumberge unter sich durchrollen.

Armer Moppi, deine Karlshamnpunsch-Studien liegen dir böse im Magen und dein Revolver-Mundwerk wandelt sich in ein Repetier-Gewehr! — Doch Orpheus-Rakete griff mächtig in die Saiten und belebte den tief gesunkenen Mut des Verzweifelten; aus der Fülle seiner Lieder wählte er die erhebendsten aus, und die Zaubergewalt seiner Poesie verschäuchte bald das drohende Gespenst der Seekrankheit, so dass sich auch bald die Gewalt der Wogen brach und Moppi geheilt wurde. —

Voraus ein schwedischer Panzer, der offenbar aus Karlskrona kam; an Backbord niedriges Land ohne bestimmte Erkennungszeichen. Hier und dort zeigte uns hochaufsprühende Brandung, dass das Fahrwasser nicht mehr geheuer; denn weit hinaus in die See hat die Gletscherwanderung der Urzeit die Granitkolosse entführt, welche heimtückisch unter der Oberfläche auf Opfer lauern. Endlich fanden wir einige Seezeichen und Landmarken; jetzt hiess es scharf aufpassen; denn die Ansegelung ist nicht so einfach. Drei Einfahrten gibt es, welche durch das Inselgewirr in den geräumigen Kriegshafen führen, und durch eifriges Studium der Segelanweisungen und Karten gelang es uns, ohne Lotsen hindurchzufinden. An einem Pier entdeckten wir mehrere grosse schwedische Yachten und um Mittag lagen wir längseits in ihrer Nachbarschaft.

Kaum waren die Segel beschlagen, als ein ehrwürdiger alter Herr uns begrüsste und sich als deutscher Konsul vorstellte. Ihm war von einem Aussenfort telephonisch berichtet, dass eine Yacht mit deutscher Flagge sich dem Hafen nähere und prompt war er zur Stelle! —

Nur in Amerika habe ich eine ähnliche Fürsorge für uns wegfremden Seefahrer gefunden, wie sie nun dieser prächtige alte Schwede entfaltete; es gab nichts, wofür er nicht Rat wusste, und sein gastliches Heim stand uns von morgens bis abends offen.

Nachmittags begannen wir eine grosse Generalreinigung der Yacht; alles Reiseinventar und sonstiges beim Rennen Entbehrliche wanderte in einen Speicher der Marine und mit Sandpapier, Pinsel und Lacktopf bearbeiteten wir unsren kleinen Liebling, damit wir fortan unsre reinen Seelen in seiner glatten Mahagonihaut spiegeln könnten. „Wenn gute Reden sie begleitet, dann fliesst die Arbeit munter fort", ist eine so oft gemachte Beobachtung, die sogar schon Kollege Schiller vor mir gemacht haben soll. Auch heute handelte ich nach diesem Grundsatz; ich ergötzte meine zuchtlose und stets zum Faulenzen neigende Mannschaft durch teils belehrende, teils neckische Reden und suchte sie hierdurch an ihre künstlerische Arbeit zu fesseln. Zum Dank dafür behaupteten sie, dass ich wohl an die schwedischen Getränke beim Konsul Swahn noch nicht gewöhnt sei. Herdenmenschen kennen eben keinen Unterschied zwischen künstlerischer Begeisterung und Alkoholvergiftung. —

Am Abend ernannten wir unsren Konsul feierlich zur Mutter der „Wannsee" und ehrten auch die andren nordischen Helden durch ungeheure Trankopfer. Tags darauf begannen die Kampfspiele. Hei, wie die Recken gegen einanderstürmten! — Wir Fremdlinge aus Germanias Kiefernwäldern bestanden sie alle mit Ehren und heimsten unermessliche Beute ein.

Aber nicht nur das goldene Fliess führten wir mit uns fort: als wir am Tage nach der Preisverteilung den Kiel westwärts lenkten, bargen die kühnen Argonauten auch eine Medeia in ihrem Schifflein. Wir hüteten uns aber wohlweisslich, die Heldensage garzu wortgetreu nachzuerleben, da doch derartige Familienverwicklungen, wie sie der selige Jason seinerzeit durchgemacht hatte, uns durchaus nicht zur Nacheiferung anreizten. Unsre Medeia verfügte auch keineswegs über das erforderliche blutrünstige Temperament, denn sie war eine blutjunge Miss von jenseits des grossen Teiches und reiste mit einem sogenannten Anstandsbaubau. Wie die Henne, die ein junges Entlein ausgebrütet hat, fuhr dieses bequeme Inventarstück mit der Eisenbahn an der Küste entlang und nahm die sportkundige Schutzbefohlene unversehrt in Ronneby wieder in Empfang.

Ronneby wurde einem Teil der Seefahrer verhängnisvoll.

Auf einer lauschigen Insel erhob sich die strahlende Behausung einiger blondgelockter Sirenen, die den Seelenzustand meiner Mannschaft in bedenklichen Aufruhr versetzten. Besonders Orpheus hatte es schlimm gepackt und stumm und in sich gekehrt seufzte er fortan den blonden Nordlandgöttinnen nach, die uns von hohem Felsen Abschiedsgrüsse herunterwinkten, als unsere „Wannsee" sich auf die Weiterreise machte. Der sonst so üppig quellende Born seiner Lieder war versiegt, und fast ein Jahr lang hatte er an den Folgen dieser Begegnung zu leiden, bis er den Teufel durch Beelzebub austrieb, indem er sich anderweit verlobte. — Hoffentlich bekommt seine Frau nie diese Zeilen zu sehen. —

Der Eine, trüber Wehmut Bild,
Stöhnt mit geheimem Beben:
„O Meer, o Meer, so licht und mild,
Wie gleichst Du doch so ganz dem Leben!" —

Der andre, lichter Freude Bild,
Jauchzt selig lächelnd daneben:
„O Meer, o Meer, so trüb und wild,
Wie gleichst Du doch so ganz dem Leben!" —

Fort braust das Meer und überklingt
Das Jauchzen und das Stöhnen;
Fort wogt das Meer und ach! verschlingt
Die Rosen wie die Tränen.

(Anast. Grim.)

Bei leichter Südostbrise kreuzte „Wannsee" aus den Schären hinaus auf die See, langsam nur und widerwillig, als könne sie sich nicht trennen von dem gastlichen Lande. Mit Ballonklüver zogen wir unsre Strasse an der Insel Hanö vorbei in gradem Kurs auf Sandhammeren, ein jeder mit seinen Gedanken beschäftigt. Plötzlich wurde es vor uns unsichtig, eine mächtige Wolkenbank kam auf uns zu und verschluckte uns in wenigen Minuten; undurchdringlicher Nebel umfing uns und schauerlich hallten die Nebelhörner der gleich uns unsichtbaren Schiffe und Yachten. Bis beinahe halb sieben Uhr abends hielt uns das weisse Gespenst in seinen Armen, dann klarte es auf; aber wir mussten gegen die leichte Südbrise und den Strom ankreuzen, so dass wir die ganze Nacht zwischen Bornholm und Sandhammeren hin und herpendelten. Mit Hellwerden kam stetig auffrischender Südost durch. Obgleich Ystadt bequem zu erreichen in Lee lag, konnten wir uns nicht entschliessen, den prachtvollen Sonnentag mit denkbar günstiger Brise für unser Ziel Kopenhagen so unausgenutzt vergehen zu lassen. Mit dem Proviant sah's allerdings etwas mangelhaft aus. Die köstlichen Kalorit-Konserven waren den Weg alles Fleisches gegangen und soviel uns auch die gastlichen Bewohnerinnen von Ekesnaes an Früchten und Broten, an gebratenen Hühnchen und andren Leckerbissen am vorhergegangenen Morgen an Bord gegeben hatten: vierundzwanzig Stunden in appetitanregender Seeluft schlagen trotz Liebesweh Bresche in die reichsten Vorräte. Für Jeden war noch etwas Knäckebrot und ein paniertes Kotelett vorhanden, das als Morgenimbiss mit Whiskey heruntergespült wurde. Um zwölf Uhr hatten wir Trelleborg querab; aber wir dachten nicht daran einzulaufen. Nur noch eben um die Ecke bis Kopenhagen, trösteten wir uns gegenseitig, und, wie um uns in unsrem Entschluss zu bestärken, setzte der Südost mit einer Lebhaftigkeit ein, dass der stark nach vorn gefierte Spinnaker bei Falsterbo-Feuerschiff nicht mehr zu halten war. Bei den Drogden mussten wir sogar noch zwei Reff einnehmen. Der Hunger plagte uns entsetzlich; schon warfen wir begehrenswerte Blicke auf den Korpulentesten von uns und wetzten in Gedanken, wie Shylock, das Messer, als wir uns der unerklärlicherweise noch nicht über Bord geworfenen Kotelettknochen entsannen. Als Retter in der Not schob sich ein Jeder sein Knöchelchen als Priem in die Backe und nagte, kaute, saugte und lutschte daran nach Herzenslust, bis nur noch kleine Knorpel davon übrig waren. Ja das Seglerleben ist ein Hundeleben. —

Um sechs Uhr zwanzig p. m. machte „Wannsee" nach drei unddreissigstündiger Fahrt im Hafen des Kongelick Dansk Yachtclub fest und im Dauerlauf stürzten wir ins Klubhaus auf der langen Linie, wo wir in ziemlich derangiertem Aeusseren den entsetzten Kellnern wortlos die trocknen Semmeln aus den Händen rissen.

Sobald wir den inneren Menschen wieder etwas aufgerichtet, liefen wir weiter zum traulichen Fischerhafen Taarbäk, der uns schon auf mancher Wickingsfahrt in früheren Jahren beherbergt hatte. Kopenhagen hielt ich für zu gefährlich für das eindrucksvolle Herz des Seemanns; auch die landschaftlichen Reize des Tiergartens, der sich hinter unsrem Hafen meilenweit bis Klampenborg und Skodsborg ausdehnte,

Am Oeresund
Nach einer Kohlezeichnung

sollten die Wunden heilen, die Sirenen und Amazonen geschlagen hatten.
Hinein in das Schweigen des Waldes. —
Hier lugt eine kleine epheubesponnene Hütte aus dem Dunkel des Buchendomes, fröhlich leuchtet der blühende Hollunder und die Glockenkelche der Schwertlilien nicken im Winde. Ein paar Schritte weiter und über die strohbedeckten Fischerhütten von Taarbäk hinweg glänzt das tiefblaue Meer, auf dem rastlos auf und ab die leicht beschwingten Segler ziehen, und wuchtige Dampfer ihrem fernen Ziele zustreben.

Unter tausendjährigen Eichen in einsamer Höhe massige Granitblöcke; ein unzerstörbares Erinnerungszeichen für irgend einen alten Wickinger, der hier im Anblick der heimatlichen See sich einen Ruheplatz für Jahrtausende erkoren. Andachtsvoll betreten wir die heilige Stätte, und die knorrigen Wipfel raunen geheimnisvoll von verborgenen Schätzen, geraubten Königinnen, von Minnesang und Kampfgetümmel. —

Ein Rudel Damwild setzt über den Weg, um sehr bald wieder neugierig äugend stehen zu bleiben; und während sich der einsame Wanderer zwischen den urwaldgleich verästelten Buchen noch fern von jeder Kultur wähnt, klingen ihm plötzlich die süss schmeichelnden Töne einer Zigeunerkapelle an sein Ohr. Bald feurig wild, wie die ungestüme Brandung dort unten, bald sehnsüchtig schluchzend, mit unnennbarem Drang in die Ferne, nach jenem Land der Glückseligkeit, dort hinter der Unendlichkeit des Meeres.

Ein vornehmes Badehotel zerstört die Visionen; befrackte Kellner, weindunstgerötete Gesichter prassender Gäste, blitzendes Pelotonfeuer aus schönen Augen, schlanke biegsame Gestalten mit goldblondem Haar, Toiletten, Gläsergeklirr und internationales Sprachengewirr. So ist's am Oeresund. —

Eine echt germanische Gastfreundlichkeit ward uns hier entgegengebracht, von Haus zu Haus wurden wir längs des Sundes bewirtet, wir fühlten uns stets als vollkommen zugehörig zu diesem wie eine grosse Familie erscheinenden Yachtklub und wir müssen beschämt eingestehen, dass wir Deutschen hier noch viel zu lernen haben.

Unter rauschenden Festen, begeisterten Tischreden und erbitterten Kämpfen auf der blauen Flut vergingen die Tage; der Beschluss machte die Preisverteilung und Ball im weltberühmten Hotel Skodsborg.

Durch die offenstehenden Fenster und Türen strömt die balsamische Seeluft herein, feurig und hingebend wissen die Däninnen zu tanzen und dazwischen erging man sich in den hoch über der See gelegenen Gärten im flimmernden Mondlicht, das sich im Verein mit den Sternen im leicht bewegten Oeresund badete. Von fern her blinkten die Leuchttürme der schwedischen Küste und rastlos, ruhelos furchten die Schiffe ihren Silberstreif durch das Wasser.

„Schätze fordernd, Schätze bringend,
Grüssend, hoffend hin und her. —"

Nächtlicher Fischergesang klang herauf zu der lauschigen Gartenbank und melancholische Volkslieder vermischten sich mit den modernen Walzertönen. —

Schon graute der Morgen, als ein Extrazug die silberbeladene Seglerschar nach Hause brachte. Schwarzer Kaffee und Hafenmolenpromenade zur weiteren Abkühlung. Mangelhafte Nachtruhe und am nächsten grauen Regenmorgen Anker auf nach der gegenüberliegenden Küste Schwedens, nach Malmö, um auch dort unser Glück zu versuchen. In ziemlich grauer Stimmung schlichen wir hinaus auf die See, leise tröpfelte der Regen aus dem grauen Wolkeneinerlei und lange dauerte es, bis wir die uns lieb gewordene Hafenmole von Taarbaek aus Sicht verloren. Die kurze Fahrt über den Sund war bald erledigt, der Nachmittag wurde durch die üblichen Bordarbeiten ausgefüllt, um unsren Kämpen für die Schlacht vorzubereiten, und der Abend wurde in mässiger Weise mit ganz leichtem Punschgenuss ausgefüllt, nur um zu beweisen, dass in unsren Herzen die Liebe zu Schweden und seinen Erzeugnissen noch nicht ganz erloschen war.

Am nächsten Morgen blickten wir erwartungsvoll hinter den Gardinen unsres Hotelzimmers nach dem Wetter. Senkrecht steigt aus den Schornsteinen der Rauch in die Luft; das kann ja gut werden! —

Anfangs spielte sich der Kampf bei ganz leichter südwestlicher Brise ab, auf dem Vorwindkurs schied der Wind aber wieder ganz aus und die pralle Sonne schien unbarmherzig auf uns hernieder, so dass der Alkoholdunst der letzten Wochen als Opferrauch den Göttern in die Nase stieg. Ein trunkfester Däne, der flaschenweise die besten französischen Kognakmarken vertilgt hatte, musste aber wohl bei den Göttern in noch angenehmerem Geruche stehen; denn dieser erhielt den ersten und wir nur den zweiten Preis.

Nach der Preisverteilung entrollte sich das übliche Bild nordischer Fröhlichkeit. Herzliche Begrüssungsreden in der melodischen schwedischen Sprache, darauffolgende Verbrüderung mit Bier, Whisky, Punsch und andren Giften und schliesslich nur noch ein brausendes „Skol"-Gemurmel. —

Wickinger-Grab
Nach einer Radierung

Zu ferneren Abenteuern ward andren Tags der Kiel nach Norden gelenkt. Bereits im Oeresund sah's ziemlich bunt aus auf der tückischen Salzflut und wir mussten schon bald drei Reff einnehmen und Sturmfock setzen. Salzwasser schmeckt nicht so lieblich wie swenska Punsch, und dansk Aquavit brennt bei weitem angenehmer auf der Zunge.

Um elf Uhr passierten wir das Schloss am Meer, die zackige Silhouette von Kronborg und mit langen Schaumstreifen rollten uns die hohen Kattegatt-Wellen entgegen. „Wannsee" aber kletterte ganz anmutig darüber hinweg und wir konnten unsren Kurs auf Kullenspitze grade noch gut anliegen. Das Kokpit war dichtgemacht mit dem Persenning; nur manchmal überlief ein Brecher das ganze Boot und die in Oelzeug dicht aneinandergedrängte Mannschaft. Es war eine Lust, in dem Sonnenglanze die blauen Wogen zu überfliegen und einen der grossen Kauffahrer nach dem andren zu überholen, welche mühselig gegen Strom und See ankämpften und lange nicht mehr ihren Kurs am Wind halten konnten.

Gegen Mittag flaute es plötzlich ab und wir stampften vor Mölle in toter See; dann aber zog der Ausläufer einer schweren Regenböe aus Norden über uns fort, die uns zwang, noch etwas mehr zu reffen. Um 2 h 15 m p. m. war Kullen-Feuerturm in $^1/_2$ s. m. querab und wir setzten Kurs N auf Varberg. Diese Stadt sollte für die nächsten fünfzig Meilen unsre erste Landmarke sein. Für den Notfall hatten wir in unsrer Lee als Unterschlupf die Insel Hallands Väderö, sowie die Häfen Halmstadt und Falkenberg, die allerdings recht schwierig anzusteuern sind.

Da ich befürchtete, von der hohen See sehr nach Lee versetzt zu werden, hielt ich immer einen Strich höher, als den abgesetzten Kurs. Wir konnten bequem anliegen, da der Wind fast rein westlich geraumt hatte. Zeitweilig regnete es, was uns durchaus nicht unangenehm war, wurden doch dadurch die Seen etwas heruntergeschlagen; dann aber fegten Böen die Luft wieder klar und enthüllten uns das bedrohlich schöne, endlose Spiel der heranrollenden Wellenberge.

Unser kleiner Barometer schien gegen jegliche Witterungseinflüsse durch die lange Seefahrt vollkommen abgehärtet zu sein; er zeigte unentwegt normalen Stand, also weiter. Gegen Abend pflegt ja ein derartiger Wind immer abzuflauen, dann hatten wir eine bequeme Reise und konnten schon am nächsten Morgen in Oothenburg eintreffen. An Kochen war zwar bei dem Seegang nicht zu denken, nur eine kalte Brotschnitte und von Zeit zu Zeit ein wärmender Schluck aus der Weinlast, um das Salzwasser herunterzuspülen; wir fühlten uns aber durchaus behaglich trotz dieser mangelhaften Verpflegung.

In einem blutroten Streifen versank die Sonne hinter der stahlblauen Flut; es wurde dunkel und kalt und nach meiner Berechnung musste sich längst schon Land an Steuerbord gezeigt haben. Endlich entdeckten wir auch einige Pünktchen und Streifen. Wir waren reichlich weit in See gekommen, ich hielt daher ganz energisch vor den Wind auf die langsam höher auftauchende Küste zu und näherte mich ihr schliesslich bis auf eine Seemeile. Weiter wagte ich mich wegen der Klippen nicht heran.

Wir entdeckten kleine Fischerhäuser, auch einen Hafen schien es zu geben, in welchem die Masten der darin verankerten Fahrzeuge wild durcheinandertaumelten; da wir aber auf Grund der paar Landmarken, die wir im letzten Schimmer des scheidenden Tages ausmachten, unsre Position nicht bestimmen konnten, drehten wir bei und zeigten wohl eine Stunde lang Signale mit der Laterne, um einen Lotsen herbeizulocken. Denn die schwedische Küste ist hier mit Schären und Untiefen bespickt und wer dazwischen gerät, ist verloren.

Sei es nun, dass unsre Zeichen nicht bemerkt wurden, sei es, dass es den Lotsen unmöglich war, gegen die auflandige See herauszukommen: nach langem, bangem Warten und Spähen mussten wir uns entschliessen, wieder die hohe See zu gewinnen. Da ohne genaue Ortskenntnis ich mich bei Nacht nicht in das Schärengebiet voraus wagte und das Wetter immer mehr zulegte, musste ich mit blutendem Herzen den Bug unsrer braven kleinen „Wannsee", die sich so wacker bis hierher durchgekämpft, wieder dahin zurücklenken, wo sie hergekommen war.

Also um elf Uhr abends noch ein Reff — schon hatten wir nur noch ein kleines Dreieck als Grosssegel — und Kurs Süd, womit wir wieder den Kullen zu erreichen hofften.

Fürchterlich brüllten die Brecher in pechrabenfinstrer Nacht hinter uns drein, oder vielmehr schräg von achter über uns weg, so dass gar nicht mehr recht Kurs zu halten war. Unablässig hörte ich unter Deck das schmatzende, schlürfende Geräusch der Pumpe, die die ganze Nacht ohne Pause von der Mannschaft abwechselnd bedient werden musste. Der andre Teil versuchte dann auf den Segelsäcken zu schlafen, trotz Heulen und Krachen, trotz der Ströme Wassers, welche sich über das harte Lager ergossen. Ständig war die ganze Yacht in eine Wolke von Gischt eingehüllt; mal schwebte der Baum hoch oben in den Lüften, mal schleifte er peitschend durch die rasende See. Dass ein Sonderklassenboot eine derartige Nacht durchwettern kann, ist mir rätselhaft.

Schlechtes Wetter im Kattegatt
Nach einer Kohlezeichnung

Die unbarmherzige Schönheit des Meeres lässt sich nicht beschreiben und auch nicht malen; ich glaube die Musik ist die einzige Kunst, welche fähig wäre, dem kleinen Kreis der für sie wahrhaft Empfänglichen die Allgewalt der tobenden Elemente und die Eindrücke der mit ihnen Ringenden zu schildern.

Endlos, endlos erschienen uns die Stunden. Nirgends das Licht eines Fahrzeugs oder ein Leuchtfeuer, um unsren Kurs kontrollieren zu können. Und wenn auch in nächster Nähe etwas aufgetaucht wäre, hätten die ermüdeten, vom Salzwasser entzündeten Augen wohl kaum etwas entdeckt.

Am nordöstlichen Himmel zeigte sich der erste fahle Schimmer des kommenden Tages und liess uns jetzt erst so recht erkennen, welch wildes gigantenhaftes Ringen wir seit Stunden durchzumachen hatten. Da tauchte voraus ein Licht auf! — Jetzt sind es mehrere Lichter! — Ist es die Strahlenbrechung eines einzelnen Feuers in dem uns ständig umsprühenden Schaumregen? — Jetzt ist's ganz verschwunden! — Ist es ein Blitz- oder Blink-Feuer, oder wird es nur durch die himmelhohen Wogenkämme verdeckt? — Oder ist es gar ein auf uns zukommendes Schiff? — Angestrengt zählen wir die Verdunkelungsperioden. Zum fünfzigsten Male lesen wir fast mechanisch die Segelanweisung und die Bezeichnung der Leuchtfeuer durch. — Kullen kann's nicht sein; das Feuer liegt viel höher auf den steilen meerumbrandeten Granitklippen; dann ist's wohl Gilleleye, wir sind also schon viel zu weit westlich, also laufen wir mal erst gerade drauf zu. —

Nein; Gilleleye liegt auf ganz flacher Küste, davor zwei Feuerschiffe, und hier tauchen schon hohe Berge und Felsen auf.

Mit dem Hellerwerden erkannten wir, dass es zwei Feuertürme waren, die auf einer Insel standen.

Hurra, jetzt haben wir's! — Hallands Väderö liegt vor uns. Der Kullen liegt noch mehr westlich, also Schoten dicht und nun gegenan geknallt, dass uns Hören und Sehen verging; denn wenn wir bei dem Wind in den Hexenkessel der Skelder Wick geraten, können wir unser Schifflein nur gleich am Ende der Bucht kopfüber auf den Strand laufen lassen. Ob einer von uns dabei noch bis aufs Trockne kollern würde, möchte ich lieber nicht versuchen.

„Dat Kattegat, dat Kattegat,
Dat makt dem Schipper de Hosen natt! —"

Der alte Seemannsspruch, den ich schon in der Geographiestunde gelernt, hier wurde er wieder lebendig in mir beim praktischen Anschauungsunterricht.

Zwei Stunden lang kämpften wir uns frei von den donnernden Granitklippen des Kullen; um sechs Uhr morgens endlich konnten wir die Schoten wieder abfieren und liefen mit immer ruhiger werdender See, die mächtig von hinten nachschob, zu Tode erschöpft, um acht einhalb Uhr in Helsingör ein.

Als wir im sicheren Hafen, bei Tageslicht und geschützt von den drohenden Brechern, nochmals Karte und Segelanweisung eingehend in Ruhe verglichen, stellte es sich heraus, dass der kleine Hafen, vor dem wir nachts beigedreht gelegen, das Fischerdörfchen Glommen gewesen. Wir hatten also die grössere Hälfte des Weges nach Gothenburg schon hinter uns und hätten nur noch ungefähr eine Stunde lang unsren Kurs weiterlaufen sollen, um bequem die Nacht im Hafen von Varberg verbringen zu können. Von dort aus führt der Weg weiter nach Gothenburg fast stets hinter schützenden Inseln. —

Wenn man über vierundzwanzig Stunden bei solchem Wetter das Ruder nicht aus der Hand gelassen hat, ist man wohl berechtigt, müde zu sein. Der gewissenhafte Yacht-Kapitän aber muss die Segel trocknen und Schäden ausbessern, und der der Zivilisation wieder angehörende Mensch muss das Seewasser aus den Koffern giessen, da dies weder den Gala-Anzügen noch der weissen Wäsche, weder den Zigarren, noch den photographischen Platten sehr bekömmlich ist. Erst dann darf man einen langen und nachdrücklichen Schlaf tun, wenn die Uebermüdung es zulässt.

Als es nachmittags aufklarte und die abflauende Brise nach NNO drehte, beschlossen wir wieder unter Segel zu gehen, um heute noch wenigstens Mölle zu erreichen. So leicht lässt die „Wannsee"-Mannschaft nicht locker. Wir ärgerten uns sehr, dass wir nicht schon am Morgen dort Unterschlupf gesucht hatten; aber der Sturm stand gerade in den schmalen Einlauf hinein und es wäre ein zu tolles Wagnis gewesen, müde und ausgehungert wie wir waren, mit der schweren See auf die unbekannte Küste zuzulaufen.

Mit kurzen und langen Schlägen kreuzen wir unter der schwedischen Küste auf Kullen zu. Querab Vicken aber dreht plötzlich wieder der Wind mit Regen auf NzW und legt immer mehr zu. Schliesslich artet er in regelrechten Sturm aus und wir müssen umdrehen und mit drei Reff im Grosssegel zur Abwechslung nach Helsingborg einlaufen.

„Dat Kattegat und dat Skagerack,
Die maken dem Schipper de Hosen natt!" —

Der zürnenden Rea ward abends so manche Hekatombe gebracht; sehnend standen die Recken auf felsigem Strande und blickten nordwärts ins Meer; dahin, wo die Burg der Gothen, mit Silberschätzen gefüllt, am Göta-Elf erbaut war. Aber Boreas, der Gott der nördlichen Winde, half dem Gothenvolke und hielt die beutegierigen Heveller im Hafen gefangen. Tage vergingen in fruchtlosen Bemühungen, die Götter zu versöhnen, des Glückes Füllhorn war schon zu reichlich über uns ausgegossen, und Poseidon verfolgte uns mit seiner Rache. Und so rief der gramdurchfurchte Führer seine Tapfren zusammen und machte ihnen klar, dass es umsonst sei, gegen den Willen der Unsterblichen anzuulken.

Der weisen Rede zollten sie, wenn auch bekümmerten Herzens, Beifall, und als wir Trank- und Rauchopfer nochmals gebracht, lenkten wir den Kiel südwärts, den dänischen Inseln zu. Nicht mehr um zu rauben und zu plündern; als friedfertige Seefahrer wollten wir fortan unbekannte Länder erforschen.

Tarbaek, Kopenhagen waren uns nur garzu gut bekannt. Als wir im trüben Regenschauer mit zwei Reff im Grosssegel an den Stätten des Frohsinns und des Genusses vorbeigaloppierten, musste der Kapitän an den Mastbaum genagelt werden, und der Mannschaft wurden die Ohren mit Wachs verstopft. So entgingen wir glücklich den dänischen Sirenen. —

Um ein Uhr mittags tauschten wir vor Kopenhagen mit der Gross-Admiralsflagge der deutschen Flotte den Seemannsgruss; dann fuhren wir durch die Drogden über die Kjöge-Bucht bei Stewns Klint in den von uns auf der Ausreise entdeckten Hafen von Rödwig. Noch waren wir in bester Erinnerung bei den Eingeborenen. Die freundschaftlichen Beziehungen wurden weiter gepflegt und enger geknüpft und auch wieder eingehende Sprachstudien getrieben, die bedeutende Fortschritte erkennen liessen.

Bei mässiger Westbrise liefen wir am nächsten Morgen aus dem Hafen. Wir hatten ein Geburtstagskind an Bord, und als rings um uns herum nichts als die weite See zu erblicken war, schritten wir zu der erhebenden Festfeier. Der zu Beschenkende musste für die nächste Viertelstunde sich zurückziehen zwischen die Koffer und Segelsäcke, das Kompassbrett wurde quer über das Cockpit gelegt und auf dieser Festtafel, geschmückt mit Flaggen, Seetang und Muscheln, wurden die fürstlichen Gaben aufgebaut. Mit zu Herzen gehender Ansprache wurden dem Beglückten die herrlichsten Spenden übergeben, eine Flasche Whisky, die letzte Flasche schwedischen Punsch und einige süsse Erinnerungsstücke an Schwedens kunstvolle Heimarbeit, welche unsägliche Sehnsucht im Busen erweckte nach dem schönen Lande, das wir nun hinter uns gelassen hatten.

Ohne weitere Zwischenfälle gelangten wir bis unter die gigantischen Kreideklippen von Moen, die wir uns endlich mal auch vom Lande aus anzusehen beschlossen. Der nächste Hafen, in dem „Wannsee" gefahrlos während der Landreise untergebracht werden konnte, war Klintholm, ein erst vor wenigen Jahren aufgeführtes Bauwerk, das aber wegen mangelhafter Konstruktion schon wieder fast verfallen und versandet ist. Wir hatten noch hart zu arbeiten mit zwei Reff gegenan, bis wir die Einfahrt und die passende Ankerstelle fanden.

Einen trostlosen Anblick gewährte der mit so grossen Hoffnungen angelegte Hafen; nur hie und da einige fast im Triebsand vergrabene kleine Fischerhütten, das Haus des Zolleinnehmers und weit zerstreut, nach altnordischer Sitte, die baumumstandenen Bauerngehöfte. Auf einem dieser Höfe erhielten wir einen Wagen und über Stock und Stein ging es landeinwärts durch Felder und Wiesen, durch echt dänische Buchenwälder, in ungefähr einer Stunde nach dem Gutshofe Hunosoegaard.

Traumhaft schön zwischen waldigen Höhenzügen, umkränzt von mummelnbewachsenen Seen, liegt dieses kleine Paradies versteckt. Nur wenige Minuten über eine steinbesäete wellige Wiese am Waldessaum entlang trennen uns von der See, die plötzlich tief unten zu Füssen der phantastisch zerklüfteten Kreidefelsen sich breitet, und ihre donnernde Stimme in die Einsamkeit der Buchenwälder zu uns heraufsendet. Sehr viel Aehnlichkeit hat die Szenerie mit Stubbenkammer; Moens Klint aber ist grandioser, interessanter in den Felsformationen und der ganze Charakter der Landschaft macht einen mehr nordisch-unberührten Eindruck. Und vor allem der Segen der Unzugänglichkeit dieses schönen Eilandes macht sich angenehm bemerkbar: es fehlt der alle Poesie ausrottende Fremdenstrom mit seinem Gejohle, es fehlen die befrackten Kellner und die Ansichtskarten-Ausschreier, die Wirtshausschilder an jedem Baum und die polizeilichen Strafbestimmungen. Die paar dänischen Sommerfrischler, die auf Hunodoegaard und noch einigen andren Höfen wohnen, verschwinden in der mannigfaltigen Einsamkeit dieses köstlichen Fleckchens Erde.

Nach stundenlangem Marsch auf dem schwach betretenen Pfade längs des äussersten Randes der Klippen wanderten wir durch den feierlichen Dom des Buchenwaldes zurück zum Gutshof, um zu übernachten. Zum nächsten Morgen hatten wir uns wieder einen Wagen bestellt, der uns an unser schnöde verlassenes Boot zurückbringen sollte. Gern wären wir noch einen Tag länger geblieben; aber die Sorge um das unbeaufsichtigte Fahrzeug liess uns keine Ruhe.

Es war fast windstill; nur leiser Zug aus Süden half uns langsam aus dem elenden Hafen. Was hätten wir hier in der trostlosen Wüstenei noch länger liegen sollen; wir konnten auch auf See nach mehr Wind ausschauen. Schneckengleich schlichen wir über die ölige Flut; wir belustigten uns, die ausruhenden Möven und Wasserhühner anzupirschen und die am steinigen Grunde üppig wuchernden Algen in zehn Meter Tiefe durch das krystalklare Wasser zu bewundern. Die letzte „Woche" fand sich noch in der „Bibliothek" der Yacht, auch „Navigations-chap" genannt; nachdem wir sie bis auf die letzte Anzeige durchgelesen, wurden aus ihren Blättern kindlich-kunstvolle Schiffchen gemacht und in die Unendlichkeit hinausgeschickt. Das wirkt nervenberuhigend. — Schliesslich fingen wir an zu kochen und zu schmausen; was wieder ein paar Stunden vertrieb.

Es war so ein richtiger Sonntag zum Ausruhen; endlich erschien auch die lange ersehnte liebe Sonne und mit ihr sanft säuselnde Winde aus Süden, die uns in den Grönsund, zwischen den Inseln Moen und Falster, hineinbrachten. Der stark einlaufende Strom schob kräftig mit und um fünf Uhr nachmittags machten wir in dem idyllischen kleinen Hafen der netten Provinzialstadt Stubbekjöbing fest. Alle diese kleinen dänischen Städtchen haben etwas ungemein Anheimelndes für uns Grossstadtkinder, und wir füllten den schönen Sonntagnachmittag sehr zweckmässig aus durch einen ausgedehnten Bummel, bei dem wir die Schönen des Ortes einer eingehenden Musterung unterzogen. In ganz Dänemark pflegt man bei derartiger Beschäftigung aufs zuvorkommendste von seiten des schwachen Geschlechts unterstützt zu werden. —

Nachts erhob sich ein nachdrücklicher Landregen und der immer noch nicht trockene Inhalt der Koffer, der im Hofe des Gasthauses aufgehängt war, um dem gänzlichen Verstocken zu entgehen, wurde derartig durchgewaschen, dass die Wäsche zwar nun endlich vom Salzwasser befreit war, sich aber zum Verstauen noch ungeeigneter erwies als zuvor.

Noch während des ganzen nächsten Vormittags strömte die Sintflut bei totaler Windstille herab und erst nachmittags verjagte eine leichte aus Westen kommende Brise den dicken Regenschleier. Da wir Stubbekjöbing und seine sämtlichen Sehenswürdigkeiten und Schönheiten schon mit dem Vornamen herzählen konnten, gingen wir um halb vier Uhr unter Segel, trotzdem wir uns im voraus sagten, dass wir für die nächste Nacht wohl kaum ein Unterkommen in irgend einer weichen Bettstelle erreichen würden.

Schlag für Schlag kreuzten wir in dem manchmal recht engen Fahrwasser des Grönsundes auf; nach langer Reise auf unwirtlicher See eine an die heimatlichen Gewässer erinnernde Abwechslung zwischen Feldern und Wäldern nach Landmarken, allerdings unter angestrengtem Studium der Karte, steuern zu können.

Trotzdem fuhren wir uns bald energisch fest und griffen nach heimatlicher Art zum Spinnakerbaum, um uns abzuschieben. Da kein Seegang in diesem schmalen Fahrwasser aufkommen kann, war die Sache ziemlich gefahrlos.

Nachdem Masnedsund hinter uns lag, wurde die Fahrstrasse wieder breiter und wir durchsegelten die weite Bucht, die sich vom Grossen Belt bis hierher erstreckt, in gehörigem Abstand von der Küste, welcher langgestreckte Untiefen vorgelagert sind. Im Dämmerlicht rundeten wir die Pricken, die uns von den vielen Sänden frei führten, und bogen in den Guldborgsund ein.

Als wir die Enge von Guldborg um 9 h 15" p. m. passiert hatten, umfing uns bereits derartige Finsternis, dass wir nicht eine der hier sehr dicht beieinander stehenden Pricken mehr ausmachen konnten. Es wäre unmöglich gewesen, auch nur wenige Meter vorwärts zu kommen, ohne sich festzufahren. Wir gingen daher dicht unter dem Ufer vor Anker, erbauten aus dem ersten Klüver mit dem Spinnakerbaum und dem Bootshaken ein vor Wind und Nässe schützendes Zeltdach und machten uns an die Herrichtung eines leckeren Nachtmahles.

Nach der Abendzigarre wurden sämtliche Segel und Persennings, das Oelzeug und die Jacken als Lager auf dem Fussboden der „Wannsee" ausgebreitet und eng aneinander geschmiegt, streckten wir uns zum Schlummer aus, der auch sehr bald sich über meine beiden Mitsegler herabsenkte. Die Ankerlaterne schaukelte am Fockstag, der West heulte im Takelwerk und unser schönes Zeltdach klatschte auf und nieder. „Wannsee" ruckte unwillig an ihrem Anker und ich war in steter Sorge, ob er auch halten würde. Ich kann daher auf dieses Nachtlager nicht mit angenehmen Erinnerungen zurückblicken.

Beim ersten Schimmer des Tageslichts um $2^1/_2$ Uhr weckte ich die friedlichen Schnarcher, die darob ziemlich beleidigt waren, und es erhob sich ein mannhaftes Teekochen und Frühstücken. Das Wasser in unsrem Eichenfass war aber mangels jeglicher Nachfrage seit acht Tagen nicht erneuert worden. Um den Tee einigermassen geniessbar zu machen, bestand er schliesslich fast nur noch aus heissem Hennessy mit kondensierter Milch und Zucker. Auf dem Wasser verdunstet aber auch die schärfste Mischung sehr schnell und auch der Magen fügt sich in alles mögliche; besonders wenn ein eiskalter Nordwest mit Regen weht, der uns zwingt, drei Reffe einzustecken.

In dieser Verfassung ging es um 4 h 45′ a. m. wieder los von unsrem Ankerplatz; immer zwischen dicht stehenden Seezeichen und Besen hindurch, die von dem Kraut und der Strömung manchmal ganz ins Wasser gedrückt waren; so dass es uns auch bald gelang, bei Maibölleö platt vor dem Wind uns recht unsanft zwischen die Steine zu setzen.

Vermittelst des altbewährten Spinnakerbaums, Backholen des Vorsegels und Ueberkrängen des Bootes kamen wir auch diesmal wieder flott und passierten bereits um 6 Uhr morgens die Brücken von Nykjöbing, welche eigens für uns gedreht werden mussten.

Bald danach erweiterte sich der Sund und um 8 h 15′ a.m. hatten wir Gjedser querab.

Da die Brise mächtig zugelegt hatte, nahmen wir noch ein viertes Reff ein und die letzten fünfundzwanzig Meilen nach Warnemünde über die freie Ostsee hatten wieder verzweifelte Aehnlichkeit mit der berühmten Kattegatfahrt. Mit sieben Knoten Fahrt pflügten wir durch, von den Brechern arg mitgenommen, und liefen um 11 h 30′ a. m. zwischen die Molen von Warnemünde.

Hier endete „Wannsee's" feuchte Meerfahrt und das uns durch Freud und Leid ans Herz gewachsene Schifflein trat die Heimfahrt nach Wannsee mit der Eisenbahn an, wo wir stolz eine lange Reihe von Siegesflaggen unter der Saling heissten, entsprechend der Anzahl der Silberhumpen und Schalen, die wir auf gefahrvoller Argonautenfahrt erbeutet hatten. —

Sonnabend, den 21. Juli 1906, nachts.

"Smiet de Lien los vör un achter!" megaphonierte Käpten Rörden.

"Vörlien is los!" "Achterlien is los!" ertönte es nach wenigen Minuten durch die rabenschwarze Nacht. Ein Mark und Bein durchschauerndes Gebrüll mit der Dampfpfeife und "Belgravia" setzte sich langsam, vom Seeschlepper bugsiert, in Bewegung, hinaus aus dem Kuhwärderhafen auf die lichterbesäte Elbe.

Beinahe ein Uhr nachts war es geworden!

Bis zuletzt noch war in atemloser Hast ein Kolli nach dem andren in den Riesenbauch unsres Frachtdampfers gewandert und kunstvoll verstaut; dann hatten die Stauer und Zimmerleute ihr Werk gekrönt, indem die Luken dichtgemacht wurden, und zu Hunderten verliessen die blauen Gestalten, kribbelnden Ameisen gleich, auf Fallreepstreppen und Strickleitern das russige Deck, auf dem Regen und Hagelböen ausgedehnte Seen und strömende Giessbäche zurückgelassen hatten.

Nun endlich war Platz geworden, um die beiden kleinen Rennyachten, welche bereits seit zwei Tagen neben "Belgravia" in Schuten stehend, zur Verladung hergerichtet waren, an Bord zu nehmen und heran kroch, einer Himmelsleiter gleich, der riesige Schwimmkrahn der Hamburg-Amerika-Linie, fasste eine nach der andren behutsam mit seinem Eisenfinger und setzte sie fein säuberlich nebeneinander auf das Achterdeck zwischen zwei Ladeluken.

Eine Schar von Zimmerleuten stürzte sich auf die beiden Boote. Im Handumdrehen waren sie derartig von Spreizen und Latten, von Draht- und Hanftrossen, von Packleinen und Scheuerkissen eingesponnen und umgeben, dass sie kaum mehr als Yachten erkennbar, wie zwei gefesselte Fabelwesen aussahen und unfähig, sich weiter zu rühren, jedem Wetter auf See mit Ruhe entgegensehen konnten. So standen die beiden feindlichen Schwestern „Wannsee" und „Glückauf", von den friedlichen Sternen beschienen, und träumten von den Kämpfen, die ihnen jenseits des grossen Teiches zur Ehre Deutschlands bevorstehen.

Es waren anstrengende Tage gewesen, bis wir es soweit gebracht hatten, Freund Oertz und ich!

Die Yachten waren wieder in tadellosen Zustand gebracht, allerlei kleine verbessernde Umbauten und eine Fülle von Reserve-Ausrüstungsgegenständen waren nötig gewesen, und eine sinnreiche Stellage zur sicheren Aufstellung der Boote mit Spreizen und Eisenwinkeln war zurechtgebaut worden. Trotzdem wir von seiten des Direktoriums der Hamburg-Amerika-Linie das denkbar weiteste Entgegenkommen gefunden hatten, war doch eine Unsumme von Kleinigkeiten zu besprechen und zu erledigen, Zollformalitäten zu erfüllen, Plätze zu belegen für die beiden nachfolgenden Freunde auf einem Schnelldampfer und andres mehr.

Da unsre „Belgravia" nur ein Frachtdampfer ist, wenn auch ein funkelnagelneuer, der heute seine erste Fahrt macht, so darf er keine Passagiere mitnehmen. Ich trenne mich aber nicht gern von der mir anvertrauten „Wannsee", und so hatte ich kurz entschlossen unter feierlichen Zeremonien vor dem Seemannsamt in Hamburg regelrecht für die Reise angemustert. Vom Verein Seglerhaus am Wannsee hatte ich eine wohlgefüllte Reisekasse mitbekommen; es lag daher nahe, dass ich den Beruf des Malers mit dem eines Zahlmeisters vertauschte und als solcher anmusterte.

Aber auch „Glückauf" sollte ihr Heimatland nicht ganz einsam und liebeleer verlassen: ein Bootsmann mit Namen Schmidt hatte das Amt übernommen, ihr sorglicher Pfleger zu sein während des Aufenthalts in fernen Landen; mit seiner Anmusterung haperte es aber ein wenig, da die nötigen Ausweispapiere nicht zur Stelle waren. —

Also es hatte ganz fürchterlich im Brumbass getutet, der Bugsierdampfer hatte im Discant geantwortet und vom Achterdeck aus hatte sich eine melodische Stimme an dem Höllenkonzert beteiligt, die aber weniger den Ausdrucksformen der Nautik, sondern mehr der Zoologie zugerechnet werden muss. Die überraschenden Töne waren der rosigen Schnauze eines niedlichen Schweinchens entquollen, welches Sehnsucht nach Mr. Armours

Reich zu haben schien. Ihm war eine luftige Villegiatur neben
„Glückauf" eingerichtet. Sollte es unser Glücksschwein sein?
Vorsichtig dampften wir zwischen den Ewern und Dampfern
gegen die Flut; alle Lichter an Bord waren gelöscht, nur die
Positions-, Top- und Heck-Laternen erstrahlten in mehrfarbigem

elektrischen Licht. In gedämpftem Tone gab der Lotse seine
Kommandos dem Kapitän, und dieser wieder weiter an die Offiziere und den Rudersgast.

Man hat zwar alle Ursache, müde zu sein nach all den Aufregungen und Laufereien der letzten Tage; indessen eine Nacht
auf der Elbe an Bord eines transatlantischen Dampfers ist zu
interessant, um in der Koje verschlafen zu werden. Erst als
der Morgen graute, gegen drei Uhr, verliess ich die Brücke, um
vom Bett aus die Schritte der Wach-Offiziere zu zählen und auf
die Kommandorufe und das Gewirr der Glocken des Maschinen-
telegraphen zu horchen.

Um sechs Uhr gesellte sich zu diesen Tönen noch das
Brausen des Nordwest in unsren vier Lademasten und das Stampfen
und Brummen der „Alle Kraft" gehenden Maschinen hinzu und
schäumend brandete die von der Nordsee heranrollende Dünung
am schwerbeladenen Schiffsrumpf empor. Von meiner Kabine,
die direkt unter der Kommandobrücke nach vorn gelegen ist,
kann ich das ganze Vorschiff übersehen und ich stecke gerade
noch zur rechten Zeit den Kopf zum Bulleye heraus, um dem
bei Cuxhafen von Bord gehenden Lotsen einige letzte Grüsse
an die Heimat mitzugeben.

Die „Alte Liebe"! — Nun verschwindet sie im Morgendunst
und auch die Feuerschiffe tanzen bald an uns vorüber. Helgoland erscheint in der Ferne zur Rechten.

Neben meiner Kabine liegt die des Arztes. Zu meinem Erstaunen entsteigt ihr ein Mann, der so verzweifelte Aehnlichkeit mit dem Bootsmann der „Glückauf" hat, dass ich ihn stets mit „Dr. Schmidt" anreden muss. Scheinbar versteht er auch viel mehr von Yachten, als von Krankheiten, und ich nehme mir vor, ihn unter keinen Umständen zu konsultieren.

Wir dampfen gegen eine schöne Zehnmeterbrise an. Viele Dampfer und Fischer passieren wir und beim Mittagessen rollt der Kasten schon ganz unheimlich, so dass alle Hände zum Festhalten nötig sind. Zum Abendessen erscheinen die Schlingerleisten am Tisch. (Für Uneingeweihte die Randbemerkung, dass dieser Ausdruck nichts mit „schlingen" zu tun hat.) — „Belgravia" hat noch tausend Tons Wasserballast im Bauch. Diese werden ausgepumpt und dann läuft das Schiff etwas stetiger. Langsam geht der Seegang zurück und als Terschelling-Feuer um neun Uhr dreissig nachmittags querab ist, gehe ich zur Koje.

Sonntag, den 22. Juli.

Die rücksichtslose Dampfpfeife weckte mich um $4^1/_2$ Uhr früh aus süssem Schlummer. Dicker Nebel und leichte Brise von vorn. Eineinhalb Stunden laufen wir mit ganz langsamer Fahrt und hören den melodiösen Choral mit an. Glücklicherweise treffen wir kein Schiff in der Nähe und die auffrischende Brise jagt die Umgebung wieder klar. Passieren viele holländische und englische Fischer.

Mittags taucht die englische Küste auf. Bei Dover reger Dampferverkehr. Eine Brieftaube kommt an Bord und verlässt uns, gestärkt durch Wasser und Brot, nach einer Stunde.

Um 6 Uhr nachmittags wieder Nebel bei WzS.

Wir tuten die ganze Nacht; jede Minute sechs Sekunden lang. Hören oft Antwort in allen Richtungen.

Montag, den 23. Juli.

Gegen 7 Uhr a. m. kommt die Sonne durch. In der Ferne bei Start Point an der englischen Südküste, erblicken wir das gesamte Kanalgeschwader. Um $10^1/_2$ Uhr setzt wieder dicker Nebel ein, bei dem regen Verkehr eine unheimliche Situation. Fürcherterlich brüllen sich die grossen Stahlriesen an und aus der Richtung und der Stärke des Schalles muss man den Kurs und die Position zu einander ergründen. Dazu gehören Nerven.

Ich besuche das Glücksschwein; es fühlt sich höchst unbehaglich. —

Gegen Mittag klart es auf und wir sichten Cap Lizard. 5 h. p. m. kommen die meerumbrandeten Scilly Islands in Sicht.

Prachtvoll zerklüftete Felsenpartien, auf denen altehrwürdige Wachttürme aus der Normannenzeit und ganz moderne Leuchtfeuer weit in die unendliche, grauenerregende Einsamkeit des Ozeans hinauswinken.

Der letzte Punkt der Alten Welt verschwindet im Abenddunst und die hohe atlantische Dünung rollt uns majestätisch entgegen. Nur die „Scilly pilots", eine reizend graziöse Mövenart mit braunen Flügeldecken, geben uns noch treulich das Geleit; die ganze übrige lärmende und kreischende Schar von Möven und Seeschwalben, die seit Hamburg unsrem Kielwasser folgte, ist plötzlich verschwunden, nachdem eins dieser anmutigen Wesen mir in ihrer zartfühlenden Weise Glück auf den Weg gegeben hat durch ein Pflaster auf die Mütze.

Das Glücksschwein droht zu verenden; wir geben ihm eine halbe Bierflasche voll Rizinusöl. — Schon Narziss sagt ja, dass das höchste Lebensglück eine geregelte Verdauung ist. —

Dienstag, den 24. Juli.

Wetter schön, leichte Brise gegenan. Sehen viel Tümmler, die vor und unter dem Bug ihre neckischen Spiele treiben.

Ich und das in der Reconvalescenz befindliche Glücksschwein promenieren in der Sonne auf dem Achterdeck.

Mittwoch, den 25. Juli.

Nachts zwei Uhr: Sturm aus Süd, der gegen Mittag nach SW herumgeht. Windstärke 8—9 mit Böen. Nachmittags W, laufen nur noch 7 sm. per Stunde. Sehr grobe See, die bis oben auf die Brücke haut. Ziehen Leinen längs Deck. Machen abends nur noch 5 sm. Nachts fürchterlicher Radau durch einige Blecheimer usw., die im Korridor spazieren gehen.

Donnerstag, den 26. Juli.

Wind WzN, wild durcheinanderlaufende See; schlingern stark. Eine kinomatographische Aufnahme des Frühstücks wäre lohnend für den „Wintergarten". Abends dazu noch Regenböen. Halte mich mühsam in meiner Koje.

Ich kann bereits von meiner Kammer aus ein genaues Besteck aufmachen, welche Offiziere Wache haben.

Der Käpten rennt wie ein perpetuum mobile auf und ab und singt bei schlechtem Wetter: „Was nützt denn dem Seemann sein Oeld, wenn er doch ins Wasser fällt" usw. Bei gutem Wetter hat er ein ganzes Bukett der gefühlvollsten und herzerfrischendsten Lieder.

Der „erste" schlürft mit den Stiefeln und dreht, neidisch auf meine Nachtruhe, an meinem Ventilator herum, der auf der Brücke mündet, so dass ich durch den Luftzug aus der Koje fliege.

Den „zweiten" erkennt man an der total verrosteten Kommandostimme (wie er behauptet, von chronischer Erkältung herrührend), sowie daran, dass er mit den Hacken zuerst auftritt.

Der „dritte" stampft im Bewusstsein seiner neuen Verantwortlichkeit wie ein gefangener Löwe umher, und da er aus Sachsen ist, knarren seine Stiefel auch bei dem nassesten Wetter. Ausserdem stellt er stündlich dreimal den Steuerkompass ein, was jedesmal einem Hin und Her von mindestens einem Dutzend „Recht so!" entspricht.

Dazwischen preschen ein paar Sturzseen gegen mein Bulleye, mein grosser Koffer kommt unter der Koje hervorspaziert und Odolflache, Kamm und Bürsten fliegen wie weiland der Spuk von Resau durch die Lüfte. Wenn die Schraube leer schlägt, klirren Wasserflasche, Gläser und andere Geschirre und Tür und Wände ächzen und knarren. Die Tür will ich heute früh endlich mal abhobeln lassen vom Zimmermann und mit Seife einschmieren.

Alle halbe Stunde wird über meinem Haupte geglast und es es ertönt vom Ausguckmann der Ruf „Lampen brennen", worauf der Sachse in seiner Landessprache „allright" antwortet. Schliesslich lullt mich diese Sinphonie in traumlosen Schlummer.

Freitag, den 27. Juli.

Wind WNW, frisch mit Regenböen; Barometer etwas gestiegen. Laufen wieder ca. 10 sm. Kaptän singt fröhliche Lieder. Begegnen morgens 7 h 30' grossen englischen Passagierdampfer. Die Sonne kommt zeitweilig durch.

Kurz vor zwölf Uhr entsteht wieder Leben auf der Brücke. Die Octanten werden herausgeholt und aufmerksam gespäht, dass die Sonne sich zeigen möge. Endlich gelingt es, die Sonne zu schiessen.

„Mittag, Herr Kaptän!" meldet der erste Offizier, die Hand an der Mütze.

„Acht Glas!" —

„Acht Glas!" — gibt der „erste" das Kommando weiter an den Mann im Ruderhaus. „Acht Glas", erschallen von der Brücke, „acht Glas" echoen zurück von der Back, und dasselbe Signal klimpert der Maschinentelegraph herauf, zum Zeichen, dass auch die Menschheit dort unten in schauriger Tiefe davon Kenntnis genommen hat, dass der wichtigste Augenblick des Tages eingetreten ist. Die Offiziere stürzen sich über ihre Logarithmentafeln und rechnen auf Minuten und Sekunden das Besteck, den Schiffsort, aus. Der Kurs wird neu abgesetzt und mit dem Peilkompass auf dem Ruderhaus genau eingesteuert.

„Recht so — recht so — recht so!" —

Die Journale, die Karten werden ausgefüllt, Luft- und Wassertemperatur, Salzgehalt und Feuchtigkeitsgrad der Luft, alles wird genau gemessen und registriert, die schnurrende Logleine am tanzenden Heck wird nachgesehen und die Fahrt über Grund damit kontrolliert.

Noch ist jedermann mit diesen Arbeiten beschäftigt, da ertönt die Glocke des Oberstewards. Dieses Signal ist fast ebenso wichtig und bedeutet: „Hände waschen". — Und fünf Minuten später: „Das Essen ist fertig." Der erste Maschinist harrt unser bereits im gemeinschaftlichen Speiseraum mit Schmerzen im Magen und ein Strahl des Stolzes verklärt sein Antlitz, wenn das Etmal ein günstiges ist; aber grosse Trauerreden über den verwünschten Seegang und Strom lässt er los, wenn wir, wie in den letzten Tagen, nur die Hälfte des erhofften Weges gemacht haben. —

Nachmittags greife ich zu Nähnadel und Faden, um verschiedene Knöpfe zu versetzen; denn ich werde ganz schrecklich dick! — Meine Tätigkeit ist nicht anstrengend genug. „Wannsee" ist sicher festgezeist; nur das Packleinen muss ich fast jeden Morgen festzurren und vom Sturm gerissene Löcher zunähen.

Um mir noch etwas mehr Bewegung zu machen, erinnere ich mich meines früheren Berufes und greife zu Pinsel und — Lacktopf, um die Decksaufbauten der „Belgravia" zu verschönern. Auch sind einige Enden zu splissen und zu bekleiden, mit denen auf der Brücke die Kiste für die Rettungsbojen gezurrt werden. Zur grössten Ueberraschung des gesamten Offizierstabes ist nichts an meinen Leistungen auszusetzen. Ich steige in der Achtung der Messe und muss daher für den Kaptän einen Stauungs-Plan des ganzen Schiffes anfertigen. Allein diese Kopfarbeit wird mir bald zu anstrengend; ich überlasse daher die Herstellung der Kopien für die Agenten und Reederei-Kontore dem zweiten Offizier.

Im Kartenhaus ist es am gemütlichsten. Zwischen Chronometern, Barometern und Seekarten, Deviationstabellen, Isobaren- und Monatskarten, Segelanweisungen und andrem gelehrtem Kram stöbere ich garzu gern herum, und bei der Abendzigarre spinnt man ein langes Garn mit den Männern, die sich in aller Herren Länder und Meere den Wind um die Nase haben wehen lassen.

In dunkler Nacht auf der Brücke. — Rechts leuchtet der Schaum am Bug unsrer „Belgravia" in gespentischem Grün, links sprüht eine rote Fontaine empor. Die Toplichter streifen leicht die Wanten und Stage. Die graziöse Sichel des Halbmonds zittert tausendfach zurückgeworfen, über die langhinrollende Flut und Frau Venus kokettiert mit dem alten Sünder in verdächtiger Nähe umher, bis eine Regenwolke ihr Tun rücksichtsvoll verbirgt.

In den einsamen Stunden der Deckswache schweifen die Gedanken zurück zur Heimat. Der eine erzählt von seinem Mutting dort auf einsamer Insel am Nordseestrand. Sie ist über achtzig Jahre alt und hat neun Kinder geboren; aber ausser einem Hühnerauge hat sie nie eine Krankheit gehabt. All ihre Söhne sind Männer, die in der Welt herumgekommen sind und ihren Platz ausfüllen; sie hat noch nie eine Eisenbahn gesehen und trägt noch heute die Insulanertracht. —

Der andre hat am Abend, als wir von Hamburg in See gingen, noch schnell die Pflegerin zu seiner jungen Frau gerufen und den neu gekauften Kinderwagen ins Schlafzimmer geschoben. Er überlegt nun stundenlang mit mir, ob es ein Junge oder ein Mägdelein, oder gar Zwillinge sein werden, die ihm im September, wenn er heimkommt, entgegenschreien.

Der dritte hat eine Braut bei Hamburg, aber er hat sie nicht sehen können, als er zuletzt im Hafen war. Ihr Bild jedoch hängt überm Bett in seiner Kammer in schön geschnitztem Rahmen und schwebt bei jeder Welle über seinem Kopfe hin und her.

So schüttet mir jeder einzeln sein Herz aus, während die Sterne funkeln und die Sternschnuppen durch das Weltall schiessen. Ich hörte des Abends die lustigsten Kerle die „Grüsse an die Heimat" und „La Paloma" singen, während ihnen die Tränen in den Bart liefen. —

Sonnabend, den 28. Juli.

Das Wetter sieht etwas freundlicher aus. Das Deck wird gescheuert und neu geölt. Nachmittags schweres Wetter, recht von vorn. Bleigrauer Himmel, schwül mit Regen, Windstärke neun. Das ganze Vorschiff ist ständig in Schaum vergraben, wir machen fast gar keine Fahrt voraus und können uns nur noch schreiend auf der Brücke verständigen.

Beim Abendessen murmelt der erste Maschinist etwas von „Halifax anlaufen müssen" wegen Kohlenmangel! — Nachts stampfen und rollen wir fürchterlich.

Sonntag, den 29. Juli.

Klares Wetter, frischer N. Langsam beruhigt sich die See und wir machen wieder die vorschriftsmässigen elf Knoten. Wir sind jetzt im Golfstrom, der sich durch treibende Pflanzen und feuchtwarme Luft bemerkbar macht. Nachts auffrischender W. mit Regenböen. Ein Heizer hat sich die Hand verletzt. Der Kapitän verordnet Rizinusöl.

Montag, den 30. Juli.

Diesige Luft mit zeitweiligen Regenschauern. Wassertemperatur: 22°, Luft 26° C. Wind mässig aus W, geringer kabbeliger Seegang; aber viel Strom gegenan. Wir sehen viel Golfgras und mehrere Fliegende Fische. Abends auffrischend mit Seegang aus NW.

Dienstag, den 31. Juli.

Schönes Wetter, leichter NNW. Passieren die Südgrenze der Region der Eisberge vor den Neufoundlandsbänken und setzen unsren Kurs WNW$^{1}/_{4}$W auf Boston. Wir haben jetzt noch tausend Seemeilen zu laufen. Sehen viel portugiesische Segler, eine in allen Farben köstlich schillernde Quallenart, welche eine Flosse aus dem Wasser herausragen lassen, um damit segeln zu können. Daher auch: „Bidewinder" genannt. Mittags Nebel, geben stundenlang Signale. Gegen 4 h p. m. wieder klar. — Ich habe Zahnschmerzen: der Kapitän verordnet Rizinusöl; ich streike aber.

Mittwoch, den 1. August.

Schönes Wetter, leichter W, Luft 26° C, Wasser 24° C. Ganze Scharen fliegender Fische werden von uns aufgestört. Herrliche Mondnacht! —

Donnerstag, den 2. August.

Gegen Morgen weckt mich wieder meine Feindin, die grauenvolle Dampfpfeife, die bis gegen Mittag die Nerven bearbeitet. Wir kämpfen förmlich darum, wer sie bedienen darf. Denn wenn man selbst den Ton veranlasst, also genau weiss, wann er kommt, ist er nicht ganz so schrecklich zu ertragen. — Nachmittags klar und schön. Abends besuche ich die Maschine und den

Kesselraum. Hier unten wirken auch Helden in stickigem Halbdunkel und russiger Luft. Es muss mehr Selbstzucht dazu gehören, in grausiger Tiefe hier wortlos seine Pflicht zu tun, ahnungslos, was oben im Tageslicht vorgeht, als auf der Brücke der nahen Gefahr kaltblütig ins Auge zu sehen.

Bis in den äussersten Winkel des Wellentunnels krieche ich unter Führung des Maschinisten.

Kaum liege ich im Bett, als auch der Nebellärm wieder losgeht.

Freitag, den 3. August.

Heute vor 414 Jahren zog Christoph Columbus aus, um Amerika zu entdecken. Wir wollen dies auch versuchen. Der Ozean liegt glatt wie ein Tischtuch, das Wasser ist wieder kalt (14⁰ C); wir sind also ausserhalb des Golfstroms. Wir treffen schon viel treibendes Holz und sehen viele Dampfer in der Ferne. Um neun Uhr sehen wir einen Walfisch und bald darauf den ersten Haifisch ganz dicht bei uns. Wutschnaubend stürmt der Maschinist mit dem Revolver von Bord zu Bord und pfeffert auf die jetzt alle paar Minuten auftauchenden Rückenflossen der ihm so verhassten Seeräuber. Gegen Mittag wälzt noch ein pustender, fauchender Walfisch seinen kolossalen Speckrücken ganz dicht an unsrem Schiff vorbei.

Nachmittags setzt wieder Nebel ein. Die Haie und Walfische umspielen uns hier gemütlich, wie die Karpfen im Teich. Tut — Tuut — geht es den ganzen Abend; Tuut — Tuut — die ganze Nacht. Es ist zum Verrücktwerden! —

Sonnabend, den 4. August.

Tuut — Tuut — Amerika zu entdecken ist nicht so leicht. Tuut — Tuut! — Um zwei Uhr nachts loten wir. Kein Grund. Um vier Uhr überrennen wir beinahe einen Fischerschooner. „Are you a pilot?" — „No, Curs to Boston lightship WNW, 15 Miles!" — „Thank you." — Wieder und wieder wird gelotet und angespannt nach den Nebelsignalen des Feuerschiffes gehorcht. Nichts zu hören und zu sehen! Wie eine Mauer umgibt uns die milchige Luft. Um 5¹/₂ Uhr morgens gehen wir auf fünfzehn Faden Wasser zu Anker. Wind ganz schwach aus SO. Gegen acht Uhr klart es ein wenig auf, wir sehen Schooner und Dampfer in ca. 3 sm. Entfernung mit W-Kurs laufen, gehen daher Anker auf und steuern WNW. 9 h 30ᵐ a. m. sehen wir in einer augenblicklichen Helligkeit Marblehead. „Alle Kraft rückwärts!" Schon sahen wir die Brandung. Dass ich die Spezialkarten für das Feld meiner zukünftigen Tätigkeit gut im Kopfe hatte, machte sich bezahlt. „Kurs Süden", sagte ich zum Kapitän, der mich verwundert ansah, aber meinen Rat befolgte. Setzen also Kurs S ab und hören bald das Nebelsignal von Boston Harbour-Lightship. „Are there any pilots for Boston?" — „Give four short whistles and you will have one. Meantime hang here round the lightship!" — brüllte es und durchs Megaphon aus dem Nebeldunst entgegen.

Ein eleganter Lotsenschooner tauchte an Steuerbord wie durch Zauberei aus der Milchsuppe, und ihm entstieg ein hagerer, näselnder Yankee, der uns sicher zum Pier der Hamburg-Amerika-Linie brachte. Kaum waren wir vorn und hinten fest, als eine Horde von Reportern das Schiff wie die Buccaniere erklomm. Photographische Batterien knatterten durch die Lüfte, Messlatten, Bindfaden wurden geschwungen und gespannt, und die unschuldigen Opfer dieses Ueberfalles waren „Wannsee" und „Glückauf", sowie ich armes deutsches Wundertier. Dann hatte ich ein hochnotpeinliches Verhör zu bestehen und mir wurde übereinstimmend versichert, die Yachten schienen sehr seetüchtig zu sein „and they all had believed, they would be worse!" — Das war schmeichelhaft für den Ruf, in dem bisher Deutschlands Yachtbau scheinbar gestanden hat. Man hatte sich offenbar in Amerika einen grossen Ulk versprochen.

In kurzer Zeit schwammen sie längsseit der „Belgravia", ein per Telefon herbeigerufener Schlepper nahm sie ins Tau nach dem nur ca. 15 Sm entfernten Marblehead. Ein Dank und Händedruck dem Kapitän und den Offizieren des Schiffes, das uns vierzehn Tage lang gastlich beherbergt und über den Ozean sicher getragen, und der Schleppzug setzte sich in Bewegung. Stolz wehten die deutschen Farben an unsrem Heck und alle Dampfer im Hafen erhoben ein gellendes Willkomm-Pfeifen, alle Mützen, alle Taschentücher winkten uns zu.

Vor dem imposanten Klubhaus des Eastern-Yachtclubs empfing uns das Komitee. „Will you have a drink?" — war natürlich die erste Frage und nachdem ein eiliges Bad den Kohlenstaub abgespült hatte, versammelte sich im benachbarten Corinthian Y.C., der gerade eine Regatta-Woche abgehalten hatte, eine stattliche Seglerschar zum Dinner, bei dem der erste Trinkspruch Sr. Majestät dem Deutschen Kaiser galt.

Unsre Nationalhymne wurde — ich weiss nicht wie oft — gespielt und stehend angehört. Ich antwortete auf den Präsidenten Roosevelt — eine ungewohnte Arbeit, einen englischen Speech zu halten. Es war reichlich spät, als wir unsre Zimmer im Eastern-Y.-C. aufsuchten.

Sonntag, den 5. August.

Hier flitzten schon siebzehn Sonderklassenboote umher, in der Totenflaute scheinen sie mit ihren bauchigen Segeln im glatten Wasser derartig verblüffend schnell, dass ich mir nicht denken kann, dass sie auch bei Brise gut sein können. Alle haben kolossale Ueberhänge.

Jetzt soll's an die Arbeit des Bootreinigens gehen. —

Als ich mich, umschwärmt von Hunderten von Dinghies, Launches, Canoes, mit Tweidel und Bürste über mein Schifflein hermachte, ergriff mich wilde Verzweiflung. Das mit so vieler Mühe zu Deutschlands Ehre aufs sorgfältigste hergerichtete Boot war trotz der schützenden Verpackung vom Dampferqualm und Kohlenstaub derartig zugerichtet, dass nicht einmal Lauge den Schmutz herausbringen konnte. Das war ein harter Schlag. Einen Matrosen konnte ich nicht zur Hilfe bekommen und die Werkleute auf der Yachtwerft von Burgess & Packard erklärten mir lächelnd, heute sei Sonntag. Aus besonderer Freundschaft halfen sie mir aber beim Masteinsetzen, so dass ich wenigstens mit dem Takeln beginnen konnte.

Am Montag früh fuhr ich mit Omnibus und dann per Bahn nach Boston, um vor dem deutschen Konsulat abzumustern, und ich erhielt ein schönes Führungsattest.

Dienst-Zeugnis
für den Zahlmeister. Name: Otto Protzen.

Eintritt: den 19. Juli 1906. Austritt: 4. August 1906.

Dauer der Dienstzeit: 0 Monat 16 Tage.

Diensttüchtigkeit: Vielleicht vorhanden, doch wenig bewiesen
[gemein!].

Nüchternheit: Sehr nüchtern.

Betragen: Protzenmässig.

Entlassungsgrund: Wünscht selbständig zu werden.

Eignet sich vorzüglich zum Abgeben von Nebelsignalen und Verladen von Segelyachten.

Boston, den 4. August 1906.

Erteilt: H. von Maibom. Anerkannt: R. Rörden.
I. Offizier. Kapitän der „Belgravia".

Das Klubhaus des „Eastern Yacht Club", dessen Gastfreundschaft ich geniesse, ist eine ideale Anlage. Auf einer schmalen felsigen Landzunge an der tiefen engen Bucht von Marblehead gelegen und von herrlichen Rasen- und Tennis-Plätzen umgeben, beherrscht der imposante Holzbau fast die ganze Bucht mit ihren Hunderten von Yachten jeglicher Grösse, Bauart und verschiedensten Alters.

Im Erdgeschoss des Hauses, dem eine grosse laubenartige Veranda vorgelagert ist, befinden sich die Lese-, Speise-, Trink-, Rauch- und Schreibzimmer, darunter die Wirtschaftsräume und darüber ein Stockwerk von etwa vierzig Zimmern, die alle einfach, aber ausserordentlich sauber und bequem eingerichtet sind. Fünf Badezimmer gehören dazu, in denen man jederzeit kalte oder warme Bäder sich selbst herrichten oder dies durch die zahlreichen Aufwärter besorgen lassen kann. Das Dachgeschoss ist ebenfalls durch entzückende Logierzimmer mit Loggien oder Balkons ausgenutzt. Nach hinten hinaus liegen die Pferdeställe und Automobil-Unterstände. Vor dem Klubhaus erstreckt sich eine lange Schwimmbrücke, von der aus die Klubpinassen verkehren, welche jederzeit zum Anbordsetzen oder zum Schleppen zu unsrer Verfügung stehen. Bisher habe ich vier Klub-Bootsleute entdeckt, vier Stewards auf meiner Etage, eine zahllose Schar von Dienstmädchen und Küchenpersonal, fünf bis sechs „Waiters", einen Obermanager und so und so viele Clerks; kurz und gut, die Sache ist sehr opulent aufgezogen. Die gesamte Wäsche des Hauses, ebenso die der im Hause wohnenden Klubmitglieder, wird in eigner Wäscherei gereinigt, die Stewards bügeln die Kleider auf. Der Konditor des Klubs, welcher die Aufgabe hat, gegen ein Gehalt von M. 600.— pro Monat nebst freier Station für Brot, Torten und Kuchen zu sorgen, machte shake-hands mit mir; er behauptete ein Deutscher zu sein und wünschte, dass „wir" gewinnen möchten.

Die prächtigsten selbstregistrierenden Barometer, Thermometer, Windmesser sind vorhanden; wunderbar schöne Vollmodelle mit Takelage unter Glas, interessante alte Lithographien, Stiche, Radierungen, Oelbilder sportlichen Inhalts, lehrreiche Halbmodelle der verschiedenen Typs zieren die Wände. Um den ge-

mütlichen Kamin herum ist eine reichhaltige Bibliothek untergebracht, während bequeme Klubsessel zum behaglichen Verweilen einladen. Und abends erstrahlt alles in einem Meer von elektrischem Licht, bis durch den Garten und bis auf die bequeme und solide Anlegebrücke hinunter, während draussen auf der Bucht die zahllosen Ankerlaternen der Yachten ihren zitternden Schein auf das Wasser werfen.

Dienstag, den 7. August.

Beutelustige Reporter umlagern mit ihren Kameras das Klubhaus. Gestern waren 102⁰ Fahrenheit (39⁰ C.) und in Boston und Newyork sollen dreissig Menschen auf der Strasse am Hitzschlag gestorben sein. Ich habe noch immer keinen Mann gefunden für meine „Wannsee".

Sonntag, den 12. August.

Lange bin ich nicht dazu gekommen, alle Eindrücke, die auf den Fremdling hier einstürmen, zu Papier zu bringen. Nachdem ich „Wannsee" aufgetakelt und notdürftig gereinigt hatte, war meine nächste Sorge, einen geeigneten Pfleger für die Yacht zu finden. Da bekam ich denn die verlockendsten Angebote.

No. 1 war ein Message-boy, der bisher zwar nur Depeschen ausgetragen hatte, aber nach seiner eignen Versicherung vorzüglich Messing putzen konnte. Ueber seine andren Fähigkeiten und sonstige Tätigkeiten an Bord ging er mit Verachtung hinweg. Dagegen schätzte er seine Kenntnisse auf vier Dollar pro Woche ein.

Dann erschien No. 2 auf der Bildfläche, machte Shake-hands mit mir, spuckte aus, steckte die Hände in die Taschen, lehnte sich mit dem Rücken gegen den nächsten Baum und forderte zunächst zwanzig Dollars pro Woche.

No. 3, von dem ein dunkles Gerücht behauptete, dass er fertig deutsch spräche, forderte „nur" fünfzehn Dollars die Woche, und endlich nahm ich in meiner Verzweiflung No. 4, einen achtzehnjährigen Jüngling aus Neu-Schottland, der auch ganz anstellig zu sein scheint.

Sehr verwundert war er, dass ich auch Sonntags segeln wolle; dafür machte er sich aber wenigstens von 9 bis 10 Uhr eine Frühstückspause an Land aus. Die Eingeborenen von Marblehead sind nämlich schrecklich fromm und völlige Abstinenzler, und Sonntags darf keinerlei Regatta gesegelt werden. —

Täglich kommen jetzt neue Sonderklassenyachten an von Newyork und New-Orleans, von Boston und Manchester. Wir haben jetzt deren 19 im Hafen. Die meisten gehen auf Land, um das Unterwasserschiff für die morgen beginnenden Auswahlrennen zu glätten. Einigen Yachten müssen neue Versteifungen eingebaut werden, weil sie sich schon in den wenigen Wochen ihrer Existenz gänzlich verbogen haben. Andre werden noch in aller Eile mit einer neuen Flosse oder einem neuen Mast versehen. Wieder andre probieren ihren fünften bis achten Satz Segel.

Es gibt Boote mit einer Besatzung von bis zu drei bezahlten Händen und dazu noch einem first rate skipper, welche nichts andres tun, als von morgens bis abends mit den Booten herumprobieren.

Unter andren grossen und kleinen Dampfyachten, welche so eine kleine Sonderklassenyacht am Heck oder an der Backspiere bei sich haben, fällt besonders ein kolossaler Dreimast-Marssegelschoner auf mit starken Hilfsmaschinen. Er fuhr bisher zwischen hier und Spanien, um Früchte zu exportieren. Ein Nabob hat ihn gekauft und für sich und seine zahllose Familie als Wohnschiff umbauen und ausrüsten lassen. Ein Hausboot, in dem er bequem um die Welt segeln kann.

Da ihm diese Yacht aber zu gross und zu schwerfällig beim Manövrieren ist, um sein Sonderklassenboot unter Segel recht nahe beobachten zu können, hat er sich noch eine kleinere Dampfyacht gemietet.

Es besteht unter den hiesigen Seglern ein nagender Ehrgeiz und eine grimmige Rivalität um die ehrenvolle Aufgabe, die Flagge der Vereinigten Staaten gegen die deutsche Invasion zu verteidigen. Fast alle amerikanischen Konstrukteure von Ruf sind hier anwesend, um die Erzeugnisse ihres Geistes zu überwachen und, falls nötig, mit Rat und Tat zur Seite zu stehen. Die hiesigen Werften haben deswegen jetzt gute Zeiten.

Die meisten der amerikanischen Boote sind Flundern mit Flossenkiel und festem Ruder. Nur ein verfehlter Herreshoffer hat Balance-Ruder und alle haben kolossal rundstehende Segel, die für leichte Brise passen. Ich kann mir nicht denken, dass sie damit auch bei frischem Wind gut kreuzen können. Man sieht sehr viele interessante Takelungen, alles ist beängstigend leicht und in der Regel bricht auch irgend etwas auf jeder Fahrt.

Auch die Art der inneren Versteifungen ist neu für uns. Eiserne Knie und Mastspuren habe ich hier noch nicht gesehen. Daher brechen diese Rennmaschinen, die teilweise ungefähr das doppelte unsrer Boote kosten, manchmal nach einigen Wochen schon zusammen, oder gar schon nach einem Rennen, wenn es einmal ausnahmsweise hart weht. Ausserdem sind sie nach unsren

Begriffen schauderhaft liederlich gebaut. Nichts für's Auge, nur für den einzigen Zweck schnell zu sein. Kurz in der Wasserlinie und breit, mit mächtigen Ueberhängen versehen, glitschen sie bei dem geringsten Windhauch hier herum. Wenn sechs Meter Wind weht, wird nicht mehr gesegelt, um die Boote zu schonen.

Ich kann auch nicht annähernd sagen, wie wir Deutschen uns gegen sie halten werden, auch ist vom Wettfahrt-Ausschuss der Wunsch ausgesprochen worden, uns nicht schon vor den Rennen in ein Privat-Match einzulassen.

Nur ein Newyorker Boot, „Vim" mit Namen, von Gardener gezeichnet und von Lawley gebaut, scheint mir sowohl bei Flaute wie bei frischer Brise gut zu sein; es hat mehr V-förmige Spanten und mässige Ueberhänge. Auch in der Bauart ist es solide. Gestern abend hatte ich eine lange Sitzung mit den hiesigen Seglern, in welcher ich die deutschen Ausweicherregeln an der Hand kleiner Modelle erläuterte und ich wurde dabei einem peinlichen Verhör unterzogen über die raffiniertsten Konstellationen, die vorkommen könnten. Auch wurde festgesetzt, dass Kompass, Positionslichter und Nebelhorn während der Rennen an Bord sein müssen, da diese in Kiel ganz nebensächlichen Gegenstände hier sehr oft während der Regatten nötig werden.

Hier ist es Gebrauch, die Boote nach jedem Rennen auf Land zu nehmen, zu schleifen und bis zur Oberkante mit Pottlot zu glätten (eine gräulich schmierige Prozedur) und sie erst im letzten Moment wieder zu Wasser zu bringen, damit sie kein Wasser in sich aufnehmen können. Sie werden dann durch Motorboote an den Start geschleppt und erst kurz vor dem Schluss werden die Segel gesetzt, um die Pappschachteln nicht unnötig anzustrengen.

Wenn ich alle die Drinks annehmen würde, die mir hier die unbekanntesten Leute anbieten, würde ich von morgens bis abends und umgekehrt unzurechnungsfähig sein. Gestern Abend, während der Debatte über die Ausweicheregeln, wurde mir durch den biedren Kommodore aus New-Orleans ein Gebräu vorgesetzt, das mein ganzes europäisches Gleichgewicht erschütterte. In einem hohen Glase blühten fussgrosse Pfefferminzstauden in einer Flüssigkeit, die so aussah, als ob man vierzehn Tage lang vergessen hätte, den Blumen frisches Wasser zu geben. Allseits trank man mir zu und mit einladender Handbewegung wurde ich auf den vor mir stehenden Tafelschmuck hingewiesen. Zweifelnd und erstaunt fragte ich schliesslich: „Have J to swallow this flower-pot?" — Ein unbändiges Gelächter belohnte die naive Frage und nur widerstrebend tat ich meine Pflicht.

Dann drückte ich mich aber leise seitwärts aus dem Kreis der Zecher, die noch lange die verschiedensten Mischungen durchprobierten.

Am nächsten Tage hatte ich von allen Seiten die Frage zu erdulden, wie ich mich nach dem „Blumentopf" befände. „Mint Julip" — für die Orthographie garantiere ich nicht — nannten die Eingeborenen das männermordende Gemisch. —

Der Hafen füllt sich immer mehr mit Fahrzeugen aller Art. Herrliche Schoner und Jawls, darunter solche mit berühmten Namen wie „Vigilant", „Emerald" usw. liegen schon hier. Als ein Gegenstück zu den vielen schönen Yachten auf dem Wasser liegt der alte Amerika-Pokal-Kämpfer „Jubilee" in einem Winkel fast vergessen auf Land, seit nunmehr dreizehn Jahren zu völliger Untätigkeit verdammt. Während dieser Zeit hat er schon dreimal den Besitzer gewechselt. Wer hier politisch oder gesellschaftlich eine Rolle spielen will, kauft sich irgend einen Cup-Defender. Ob er auch dann damit segelt ist gleichgültig.

Donnerstag, den 16. August.

Mein Matrose ist willig und hoch interessiert. Er schwört auf „Wannsee". Im übrigen ist er ein furchtbar feiner Kerl. Er trägt ein feines Sporthemd mit angewachsenen Röllchen und hat jeden Morgen einen neuen weissen Kragen umgebunden, dazu einen Selbstbinder mit Krawattennadel von allerdings zweifelhaftem Werte. Nach dem Lunch erscheint er stets mit einem Zahnstocher, der wie ein Klüverbaum mal aus dem rechten, mal aus dem linken Mundwinkel hervorragt. Das macht einen vornehmen Eindruck; denn man sieht daraus, dass er in einem Lokal speist, wo es sogar Zahnstocher gibt. Nur ungern trennt er sich nach Stunden von diesem Prunkstück. Sogar während der Trimmfahrten widmet er sich eifrig der Lektüre von allerlei aufregend illustrierten Wochenschriften, so dass ich es manchmal gar nicht wage, ihn beim Ueberstaggehen zu stören.

Der Komiteedampfer, welcher von Morgens bis Abends die Auswahlrennen begleitet, ist mit drahtloser Telegraphie ausgerüstet und während des Starts, bei den Wendemarken und natürlich erst recht am Ziel, knattert es beständig in den Drähten; denn die zehn oder zwölf Reporter, die sich an Bord befinden, benutzen ihn fortwährend und schicken ihre Mitteilungen an die Zeitungsredaktionen, so dass die Segler oft, wenn sie an Land kommen, schon einen genauen Bericht über das kurz vorher beendete Rennen gedruckt lesen können. Im Eastern Yacht Club werden die Telegramme alle Viertelstunden am schwarzen Brett angeschlagen. So können die „Piazza-sailors", wie man hier die „Mützenmänner" nennt, von der Bar aus den Gang der Rennen mit aller Bequemlichkeit verfolgen und es wird dabei so mancher Dollar verwettet. Auch von den Villen und von ausserhalb wird fortwährend telefonisch im Bureau des Klubs angefragt, wie die Partie steht.

Die Photographen jagen mit kleinen schnellen Motorbooten umher, um für ihre Zeitungen Bilder zu erhaschen, die dann am nächsten Morgen schon in den Blättern erscheinen. Auch die holde Weiblichkeit lässt sich viel auf dem Wasser sehen. Ebenso wie sie auf dem Lande ihre Automobile stolz und sicher bändigen, führen sie hier kleine und mittlere Yachten weit über den Ozean, oft nur von Damen bedient, und Motorboote knattern an uns vorbei, die von zarten Händen gesteuert werden.

Der Ehrgeiz, die Flagge des Landes zu verteidigen, ist zur Siedehitze gestiegen; fast alle Konstrukteure steuern ihre Yachten selbst, die meisten von bezahlten Händen bedient werden. Die Nächte zwischen den Rennen werden dazu benutzt, um an der Verbesserung der Yachten mit fieberhaftem Eifer zu arbeiten. Auch in den halbstündigen Pausen zwischen den einzelnen Auswahlrennen wird getrimmt und geändert, und die Motorboote und Dampfyachten versorgen die Segler mit einem eiligen Mahl, das in aller Hast eingenommen wird. Ich bewundere die Nervenkraft der Mannschaften und die Aufopferung des Komitees, welches Tag und Nacht für diese Sache arbeitet.

Freitag, den 17. August.

Die Schiedsrichter haben beschlossen, eine fürchterliche Musterung zwischen den neunzehn Yachten abzuhalten und nur die sechs aussichtsreichsten Fahrzeuge noch viermal gegeneinander segeln zu lassen. Dann haben im ganzen zwölf Proberennen stattgefunden.

Sonnabend, den 18. August.

Infolge dieser Rennergebnisse wurden „Ank", „Caramba" und „Vim" endgültig zu Verteidigern des Roosevelt-Pokals bestimmt.

„Ank" und „Caramba" sind zwei extreme Boardman'sche Schöpfungen, die bei glatter See jedenfalls sehr gutes leisten werden und sehr harmonische Linien zeigen. „Vim" ist von Gardner gezeichnet und ist mein ausgesprochener Liebling. Ich glaube, dass dieses Boot in jedem Wetter vorzügliches leisten wird. Sie ist auch die am sorgfältigsten gebaute Yacht aller Amerikaner.

Nun tritt für vierzehn Tage Ruhe ein, die ich dazu benutzen werde, noch so gut als möglich alles in Trimm zu bekommen. —

Freitag, den 24. August 1906. Gloucester (Mass.).
Colonial Arms. Eastern Point.

Lange habe ich keine Gelegenheit gehabt meine Erlebnisse zu Papier zu bringen. Die Aufregungen der Auswahlrennen waren beendet, und das Revier unsrer künftigen Kämpfe mit Bruder Jonathan ist mir durch aufmerksame Beobachtung dieser Rennen genügend bekannt. „Wannsee" ist durch tägliche Vergleichsfahrten mit „Glückauf" in Trimm gebracht; die letzten Tage waren daher dem Vergnügen gewidmet und da dies nach alter Regel ohne Damen nicht möglich ist, sah ich mich um unter den Töchtern des Landes.

Mit gewohntem Scharfblick fand ich auch sofort unter ihnen zwei Exemplare, welche alle Eigenschaften in sich vereinigt, um in jeder Beziehung ihre Stellen als Mannschaft an Bord der „Wannsee" auszufüllen. Da ich ein stark verheirateter, mehrfacher Familienvater bin, verbieten mir naheliegende Gründe, meine Erlebnisse in der eingehenden Weise zu beschreiben, wie es wohl im Hinblick auf den Stoff nahe liegt. Nur soviel sei gesagt, dass ich verblüfft bin über die Geistesgegenwart und Schlagfertigkeit der amerikanischen Lady im allgemeinen und im besonderen und über die sachgemässe Art, wenn sie an Bord einer deutschen Yacht kommt, in der sie die Unterschiede der Besegelung auf den ersten Blick herausfindet, und mit welcher Selbstverständlichkeit auch die jüngsten Backfischchen hier die knifflichsten Ausweicheregeln (auch im täglichen Leben), die Deutung der Seekarte (auch andrer Karten) und die Benutzung des Kompasses (und andrer magnetischer Kräfte) verstehen.

Gestern Abend war das übliche Donnerstagdinner mit Damen nebst Konzert und Tanz. Ein einzigartiger Anblick! — An reich dekorierten kleinen Tischen sitzt die ganze „Gesellschaft" vom North-shore, — der Riviera von Nord-Amerika — in fröhlichem Geplauder beim Mahle. Die Damen in elegantester Balltracht mit Riesenhüten und allen Brillanten, die Herren im Frack oder Seglerdress. Draussen auf dem Rasen spielt eine Militärkapelle — uns Deutschen zu Ehren möglichst viele deutsche Weisen — und rund um das Klubhaus in den Alleen halten Hunderte von Automobilen. Auch sie sind besetzt von Schaulustigen, die zugleich den Tönen lauschen. Im Hafen liegen die Yachten vor Anker, eine Armada von Motorbooten harrt am Schwimmsteg der Eigner, um sie nach dem Tanze über die kühle Flut zur heimatlichen Besitzung zurückzubringen. Die Jugend — und was für eine gesunde, schöne, fröhliche, natürliche Jugend — gruppiert sich im traulichen Halbdunkel auf den breiten Estraden zum Garten hinab, summt die einschmeichelnden Melodien eines Sousa mit und — flirtet. Dann werden die Speisesäle ausgeräumt und zum Tanze geöffnet, bei dem die Grazie und Ausdauer der Amerikanerin zur Geltung kommt.

Um elf ist der holde Zauberspuk vorbei; in die Abendmäntel und Pelze, in Automobilhüllen und Oelzeug gehüllt, enteilen die Gäste, und unser Klubhaus versinkt in Nacht und Schlaf. —

Als ich um zwölf bereits im schönsten Schlummer lag, wurde ich vom Marine-Attaché der deutschen Botschaft geweckt, der für die Rennen hier sein Heim aufgeschlagen hat als Vertreter des Kaiserlichen Yachtklubs. Es hatte sich ein schwerer Nord-Ost mit Gewitter aufgemacht, so dass eine kolossale See vom Antlantic in unsren sonst so friedlichen Hafen hineinstand, und alle Yachten wild taumelnd an ihren Ketten zerrten. Dunkle Wolkenfetzen jagten über die mit Millionen Phosphortierchen bestreuten Schaumseen und heftiger Regen prasselte hernieder.

Nur ein paar Bootsschuhe, Hosen und Hemd streiften wir uns über die fröstelnden Glieder, und in meinem kleinen Beiboot kämpften wir uns durch zur „Wannsee". Einige Reserveleinen wurden an der Ankertrosse mit Lebensgefahr angebracht und um den Mast gelascht; dann landeten wir, bis auf die Haut durchnässt, und krochen wieder in unsre Betten.

Heute früh stand noch derselbe himmelhohe Seegang und herrliche NO-Brise. Um neun Uhr erschienen, frisch wie neugefallener Schnee, Miss Elizabeth, der blonde Engel, und Miss Dorothy, die schwarze kleine Teufelin, und hinaus gings auf den freien Ozean hart gegenan nach dem malerischen Fischerstädtchen

Gloucester. An der landschaftlich unendlich reizvollen Küste von Massachuetts, mit Villen und Schlössern besäht, ging unser Kurs und getrost konnte ich Navigierung und Ruder meinen reizenden beiden Begleiterinnen überlassen.

Das Luncheon und der Spaziergang zwischen den Sommerhäuschen und Wiesen, die Siesta auf den Felsen an einsamer See dehnte sich etwas zu lange aus. Das Ende vom Liede war, dass wir in gänzlicher Windstille zehn Meilen vom Hafen entfernt, abends sieben Uhr in Finsternis einfroren. Also im Schlepptau des glücklicherweise mitgenommenen Beiboots zurück nach Gloucester. Telefonbotschaft an die besorgte Mutter der beiden Schönen, die ich dann gegen Mitternacht per Bahn nach Marblehead verlud. Sie hätten zwar ihre Seligkeit für eine romantische Nacht auf dem Ozean hingegeben; ich war aber so prosaisch, Kälte, Hungersnot und Müdigkeit als unbedingte Hinderungsgründe anführen, sich eventuell in Nacht und Nebel auf die Klippen zu setzen.

Vor vier Wochen segelten vier junge bildhübsche Mädchen aus der Villenkolonie von Marblehead, mit denen ich manche fröhliche Stunde verlebt habe, in einer Dory nach Gloucester, einem Mittelding zwischen Jolle und Segelkahn. Auf dem Heimwege wurden sie vom Nebel überrascht und als sie die Brandung gegen die Felsen donnern hörten, steckten sie alle Leinen und Fallen zusammen, die sie an Bord hatten, und ankerten mit ihrem Grasanker die ganze Nacht hindurch auf offener See auf 15 Faden Wasser, dicht zusammengedrängt sich gegenseitig warm haltend. Der Ozean ist hier nämlich durch eine Küstenströmung von Labrador her grimmig kalt, während die Luft tagsüber im Sommer in diesen Breiten die Temperatur von Neapel oft übertrifft. Daher auch die vielen Nebel. — Erst morgens um vier Uhr kamen sie, als der Nebel sich verzogen, in den Hafen — und die Mutter hatte ruhig die Nacht über geschlafen. Natürlich waren ihre Bilder und eine blühende Beschreibung ihrer Abenteuer am andren Morgen in allen Zeitungen. —

Nun sitze ich hier einsam und verlassen in einem der vornehmsten Riesenhotels an der Atlantischen Küste, nichts bei mir als den etwas durchnässten, ehemals weissen Segleranzug. Um mich herum die Damen in den kostbarsten Toiletten, die Herren in Frack und Smoking. Flirt, Tanz, Musik. — „Wannsee" schaukelt träge an einer zufällig leer vorgefundenen Mooring. „Where is your baggage, Sir?" — fragte mich der Liftboy. — Ich konnte ihm nicht mal eine Zahnbürste vorweisen. —

Küste von Massachusetts
Nach einer Radierung

Sonnabend, den 25. August 11 Uhr abends. Eastern Yachtclub.

Gott sei dank, das Schreibzimmer ist für ein paar Minuten leer! Die Stammgäste sind in der Bar nützlich beschäftigt, so versuche ich denn eilig, die heutigen Erlebnisse niederzuschreiben; in einer Stunde kommt die Mannschaft der „Wannsee" an und es wird ein ungeheures Willkommendrink anheben. Vorher muss ich aber noch auf Wunsch des Wettfahrts-Ausschusses eine kurze Geschichte der Sonderklasse schreiben, und zwar in englischer Sprache, die in tausenden von Exemplaren, mit den Bildern der der drei deutschen und drei amerikanischen Pokalkämpfern geschmückt, verkauft oder verschenkt werden soll. Die geneigten Leser werden ihre helle Freude an diesem litterarischen Produkt haben! —

Also heute früh nach schlafloser Nacht im vornehmen Hotel „Colonial Arms" zu Gloucester — eine Heulboje befand sich nämlich vor meinem Fenster in ständiger Aufregung — segelte ich mutterselenallein über den feuchten Ozean bei leichtem NO, aber noch hoher toter Dünung nach Marblehead zurück. Als ich vor der Einfahrt nach beinahe vierstündiger Reise auftauchte, stürzten sich drei oder vier Motorboote auf mich, um mich einzuschleppen. Der ganze Hafen befand sich in fieberhafter Aufregung; man hatte am gestrigen Abend und heute früh alles, was nach Benzin riecht, meinetwegen in Bewegung gesetzt.

Ich habe aber den dringenden Verdacht, dass diese rührende Fürsorge weniger meiner lumpigen Person, als den beiden „stars" des Ortes gegolten hat. Die Enttäuschung war zu deutlich erkennbar auf allen Gesichtern, als die mutigen Retter nur mich im Cockpit friedlich meines Amtes walten sahen.

Kaum war ich an Land, so wurde ich ergriffen und in ein Extraauto gesteckt, welches mich den vorausgeeilten Frühstücksfreunden nachbeförderte. Hungrig, durstig, müde und von der Sonne geröstet, musste ich die verschiedensten Weine, Sekte und Drinks vertilgen, die wir zu Ehren des Gouverneurs von Massachusetts vorgesetzt erhielten.

Darauf beim five o'clock tea im Nahant Country-Club grosses Palaver mit den distinguiertesten Ladies und im Hintergrunde das drohende Gespenst des „Wonderlands" mit seinem looping the loop, Riesenkaroussels, Rutschbahnen und allen nur erdenklichen Schrecken.

Als einer ganz besonders wohlhabenden Lady das Perlenkollier platzte und in den prachtvollen Lawn rollte, ergriff ich die Gelegenheit mich durch intensive Hilfeleistung einzuschmeicheln. Ich hatte sie nämlich in einem Automobil ankommen sehen und nach diesem trachtete mein Sinn. Nachdem einige Perlen wieder gefunden, erklärte sie sich für befriedigt; besonders da ich ihr den mutmasslichen Aufenthalt der übrigen Perlen an andrer Stelle diskret andeutete. Dann hatte ich einen längeren Spaziergang mit ihr, während dem ich ihr mein drohendes Verhängnis schilderte, zu allerlei Vergnügungen geschleppt zu werden, die ich nicht zu schätzen wüsste. Mein Sinn sei nach Marblehead gerichtet. Scharfblickend, wie alle Amerikanerinnen, erklärte sie sich sofort bereit, mich heimlich entführen zu wollen unter der Bedingung, dass ich sie morgen Nachmittag mit der „Wannsee" spazieren führe. Durch finstre Seitenwege gelangten wir zum Auto und in sausender Eile gings am Meeresstrand entlang gen Marblehead.

Unterwegs versuchte ich ihr die Unbequemlichkeit an Bord der „Wannsee" in den blühendsten Farben zu schildern. Ich bin gespannt, ob sie morgen erscheint. —

Meine beiden Freundinnen von gestern, die erst im Morgengrauen heimgekommen waren und nach deren Befinden ich mich erst jetzt erkundigen konnte, werden schöne Augen machen über die neue Aquisition und die dadurch entstandene Konkurrenz. Soeben traf ich auch die Gattin eines Vorstandsmitgliedes, die behauptet mich gestern ganz bestimmt von 6—10 Uhr zum Dinner erwartet zu haben. Ich fürchte die drohenden Mienen der Vergnügungskommission des E.Y.C., der ich entschlüpft bin. Von allen Seiten türmen sich die Gewitter über meinem Haupte zusammen! —

Sonntag, den 26. August.

Heute Nacht um 12½ Uhr kam mit Automobilen aus Boston eine Schiffsladung Deutscher an: die „Tilly"-Mannschaft, als dritte deutsche Pokalkämpfer, und meine beiden Braven, die Rakete und Kollege Kurt. Wie vorauszusehen, erhob sich ein mannhafter Willkommens-Whisky bis gegen zwei Uhr morgens. Das Schlafen habe ich mir durch gewissenhaftes training schon so gut wie ganz abgewöhnt.

Nachmittags, sogar ½ Stunde vor der verabredeten Zeit, schnaubte meine Automobil-Entführerin heran und brachte das kleine Beiboot der „Wannsee" fast zum Kentern. Glücklich, die erste Lady von Nahant Point zu sein, die einen „German Cup-Defender" bestiegen, sauste sie mit nassen Kleidern abends wieder heim.

Wenn auch diese Begeisterung bei einer Dame in gesetzten Jahren etwas komisch erscheint, so sieht man doch daran die kolossale Energie und den beweglichen Geist dieses in rastlosem Studium voranstrebenden Volkes. Denn die Dame kam nicht nur des Renommierens wegen an Bord, sondern besichtigte mit Kennerblick unser Patentreff, unsere Grossschotringe und die Backstags-Gleitschienen, drei in Amerika unbekannte Dinge, untersuchte die Bauart eingehend und beobachtete genau, dass wir bei der frischen Brise im Seegang bedeutend höher anliegen konnten, als die meisten der uns wie immer umschwärmenden heimischen Segelyachten.

Montag, den 27. August.

Frühstück beim Gouverneur von Massachusetts. Abends ein hochfeudales Dinner bei einem Mitglied der „upper ten".

Dienstag, den 28. August.

Beisegelmanöver und Trimmarbeiten. Abends Dinner mit Wasser, Ladies, Gesang und Tanz.

Donnerstag, den 30. August.

Arbeiten und takeln auf der Werft. Per Auto zum Lunch nach Beverly farms zu Dr. Morton Prince. Nachmittags zurück zur „Wannsee". Abends Tanz und Konzert im E. Y. C.

Freitag, den 31. August.

Bordarbeit an der „Wannsee". Um 11 Uhr grosses Familienbad à la Ostende. Kurt ist kaum noch zu halten.

Um 12 Uhr 15 Min. Empfang einiger Reporter und Photographen.

Um 12 Uhr 30 Min: An Bord der Dampfyacht „Isis" grosse Cocktailbewirtung. Fahrt nach Manchester zum Kommodore des E. Y. C. zum Lunch. Nachmittags zurück per Dampfyacht. Grosses Lawn-Tennis-Turnier. Abends Ball im Corinthian-Yacht-Club. Alles war mit deutschen und amerikanischen Flaggen geschmückt, nur deutsche Weisen wurden gespielt. Kurt sass den ganzen Abend im Mondschein, aber nicht allein; hoffentlich hat er keinen dauernden Schaden genommen.

Sonnabend, den 1. September.

Heute ist grosses Zauberfest bei einem der grössten Pferdezüchter Amerikas in Magnolia. Pferderennen, Concours hippique, Segelregatta, Lunch, fife o'clock tea, dinner, dance. Ich drücke mich aber und sorge für „Wannsee". Rakete und Kurt vertreten die „Wannsee" würdig.

Sonntag, den 2. September.

Sedantag! — Die deutsche und amerikanische Flagge steigen zum erstenmal um 8 Uhr gemeinsam, mit den Nationalhymnen der beiden Länder begrüsst, am Signalmast hoch. — Ob wohl morgen „Jena" für uns ist? — —

Montag, den 3. September. Der Morgen vor der Schlacht! — Gestern haben wir noch fleissig gearbeitet und „Wannsee" sieht nun ff. aus. Die Yachtwerft von Burgess u. Packard, auf der die meisten der sechs Sonderboote aufgeschleppt sind, war der Sammelpunkt der ganzen Umgebung. Automobile, Motorboote, Segel- und Ruderfahrzeuge jeglicher Art kamen und gingen, und wir hatten eine anstrengende Zeit, stets ungefähr dasselbe anhören und erwidern zu müssen. Leider besuchten uns aber nicht nur anständige und für den Sport interessierte Leute, sondern auch regelrechte Rowdys erwiesen uns die Ehre, uns nach allem möglichen recht herausfordernd zu interviewen. Die Absperrungsmassregeln erwiesen sich als unmöglich.

„Glückauf" war schon am Morgen zu Wasser gebracht und machte noch einen letzten Versuchsschlag. Dabei rannte sie auf einen Felsen und kam zur Bodenbesichtigung sofort wieder an die Werft zurück. Die wenigen anwesenden Arbeiter waren wohl in der Sonntagsstimmung nicht sehr zum Arbeiten geneigt, die höchst provisorische Stellage brach zusammen und „Glückauf" wurde durch einen Balken aufgespiesst, der ihr ein Loch von 3 cm Breite und 15 cm Länge in die Planken bohrte.

Während dieses aufregenden Moments war natürlich auch mein Interesse von der „Wannsee" abgelenkt, und als ich mich wieder umdrehte, lag „Wannsee" schief ohne Seitenstützen auf Land, nur noch von dem geslipten Krahnscherzeug gehalten. Durch irgend einen „Zufall" waren die Stützen „umgefallen"! — Ich ging daher abends um $8^1/_2$ Uhr, als die Flut wieder hoch genug war, mit einer Pinasse hinüber, um „Wannsee" zu Wasser und vor das Clubhaus zu bringen. Das Komitee setzte dann eine Nachtwache auf meine Yacht, und neben den auf Land stehenden „Glückauf" wurde ein Schutzmann stationiert.

Das sind so kleine Spässe amerikanischer Art, die schliesslich überall vorkommen können. Man hatte in unsinniger Weise auf die verschiedenen Boote gewettet, und irgend ein Biedermann wollte wohl dem Glück etwas nachhelfen.

Andrerseits werde ich vom Bord eines bescheidenen kleinen Segelbootes, dessen Besitzer ein einfacher Handwerker zu sein scheint, jedesmal wenn ich bei ihm vorbeikomme, mit einem andren Trompetensolo begrüsst. „Die Wacht am Rhein" (diese hält man hier allgemein und offiziell für unsre Nationalhymne), oder „Ich weiss nicht, was soll es bedeuten," oder „Der Trompeter von Säkkingen" und dergleichen deutsche Weisen sollen mir seine Sympathie bezeigen.

Ich schreibe diese Zeilen, noch im Bett liegend, um 6 Uhr morgens; denn wenn man sich unten sehen lässt, stürzt jedermann auf mich zu mit der stereotypen Frage: „What do you think will be the event of the races?" — — —

Wir sind glänzend geschlagen, trotzdem wir gerade das Wetter hatten, bei welchem wir unsre deutschen Boote überlegen glaubten. Steile See und böiger West. Ich glaube aber, dass es nicht die Boote allein, sondern in erster Linie die Segel sind, durch die wir geschlagen sind. Es ist bewunderungswürdig, wie die Amerikaner Segel machen und vor allen Dingen auch trimmen können. Auch unsre Masten und Spieren halten keinen Vergleich mit den ihrigen aus. Ich glaube, ich habe heute recht viel zugelernt. — „Auck", „Vim", „Wannsee", „Caramba", „Glückauf", „Tilly" ist die Reihenfolge gewesen.

Dienstag, den 4. September.

Die drei amerikanischen Pokalverteidiger liegen auf Land, um ihre ausgefranzten Enden wieder glatt zu bekommen, da die Dichtung völlig herausgepresst ist, und um ihr ganzes Schiff mit Pottlot zu beschmieren. Nach dem Rennen sehen die Segel und die Mannschaft auch wie „gepottlotet" aus; aber was macht das? — Boote und Segel werden nach dem Rennen doch nicht wieder gebraucht und die Mannschaft nimmt ein Bad.

Auch das zweite Rennen bei leichter Brise endete mit einem Misserfolg der deutschen Farben. Die Reihenfolge am Ziel war: „Vim", „Caramba", „Auck", „Wannsee", „Glückauf", „Tilly".

Donnerstag, den 6. September.

Heute früh fand ich wieder ein Bündel herrlicher weisser Nelken in der „Wannsee" und folgende Verse, die beweisen dass die Amerikanerinnen nicht nur segeln, sondern auch dichten können:

I'll give yon a toast to sing to-day,
This day of the great event:
When the wind blows west and the skys gray vail
Prove the rain is not yet spent.

Sing first to the Gods of the Autumm gale,
That they call each wind from his lair,
And next, to the Nixies pale, who guide
Your keel in their long green hair.

And there to the Triton, who rides the gale,
And thinks his home the best,
When wave meets wave in a contest brave
And he shouts in his joy on the crest!

Now we have sung to Neptuns realm
And we come to the end of our toast,
When we raise the glass with fervent wish,
For that we desire the most:

So here 's to the „Wannsee"
The bravest manned,
And the staunchest Keel to-day,
Let us raise the voi ce to prove our choice:
To the „Wannsee"! Hip! Hurrah!! —

Das sinnige Poem war von der deutschen und amerikanischen Flagge beschattet und machte auf uns landfremden Seefahrer einen äusserst anheimelnden Eindruck.

Mit gehobenem Mut und vollen Segeln gingen wir an den Start. Eine Unmenge Segler und Dampfyachten umschwärmte uns und rief uns Willkommen und aufmunternde Worte zu. Zwei kleine Kreuzer der Marine hielten die Ordnung aufrecht neben den verschiedenen Komiteefahrzeugen und während der ganzen Wettfahrt hörte das warnende Tuten nicht auf und Schuss auf Schuss rollte über die bewegte See, um der Warnung erforderlichen Falls mehr Nachdruck zu geben. Der Sonnenschein, das glitzernde Meer, die Hunderte von Yachten und Dampfern war ein wahrhaft überwältigender Anblick, die Ordnung musterhaft. Besonders in bezug auf letztere könnte man viel für Kiel lernen. Die Konstrukteure und die Bootbauer wünschen ganz ehrlich unsren Sieg; denn sie sagen: „that's good for business!" — Wie anders bei uns: Ein Misserfolg pflegt bei uns abzuschrecken; hier würde er nur zu erhöhten Anstrengungen anstacheln.

Aber wieder bestätigte der Ausgang des Rennens, dass Glück in der Liebe Pech im Spiel nach sich zieht; denn die Reihenfolge war: „Auck" (wegen Kollision mit „Vim" ausgeschieden), „Vim", „Tilly", „Caramba", „Wannsee", „Glückauf".

Nachmittags hatten alle Yachten über die Toppen geflaggt und abends wurde ein grandioses Feuerwerk abgebrannt, während alle Yachten festlich beleuchtet wurden. Im Eastern Yacht-Club fand ein grosses Festessen statt, bei dem der Gouverneur eine warmempfundene, formvollendete Rede hielt auf die Deutschen und ihren Kaiser.

Freitag, den 7. September.

Heut ist ein sogenannter Ruhetag, damit wir uns von den Anstrengungen und Aufregungen des gestrigen Rennens und des darauffolgenden Festessens erholen können. Abends hatten wir Deutschen die Ehre, beim Botschafter Baron Speck von Sternburg, in Beverly farms eingeladen zu sein zum Essen.

Sonnabend, den 8 September.

In der Nacht hat es tüchtig aus SO geblasen, so dass draussen eine kräftige Dünung steht. Jetzt ist es flau geworden und SSO-Wind erzeugt durcheinanderlaufende See. Wir können nicht gegen die stark einlaufende Flut ankreuzen und werden an den Start geschleppt. „Vim" hat das Unglück beim Start „Caramba" zu berühren; sie scheidet sofort aus dem Rennen. Der gefürchtetste Gegner bei diesem Wetter ist also leider lahmgelegt. —

„Wannsee" ist als Sieger heimgekommen, fast zwei Minuten vor „Caramba"; dann folgten „Auck", „Tilly", „Glückauf". „Wannsee" ist seit 1851 das erste Boot, wie mir hier versichert wird, welches in einer internationalen Herausforderung die Amerikaner in ihrem Wasser geschlagen hat! —

Abends gaben wir deutschen Segler den Mitgliedern des Eastern-Yacht-Clubs sowie der deutschen Botschaft ein Essen im Yacht-Club. Die Veranstaltung verlief ausserordentlich fröhlich. Es wurden eine Unmenge Reden gehalten und unsre amerikanischen Gäste ruhten nicht eher, als bis jeder Deutscher mindestens einmal das Wort ergriffen hatte. Es war sehr früh, als die Festlichkeit mit dem Gesang „Deutschland, Deutschland über alles" zu Ende ging.

Sonntag, den 9. September.

Heut ist der sehr benötigte Ruhetag und unter den listigsten Lügen habe ich mich an beinahe einem Dutzend der verlockendsten Einladungen vorbeigeschlängelt, um auch wirklich einmal Ruhe zu haben; denn morgen ist das Entscheidungsrennen um den Roosevelt-Preis zwischen „Vim", die schon zwei erste Preise hat, und „Auck" und „Wannsee", die je einen Preis erobert haben.

Dienstag, den 11. September.

Also gestern sind die Würfel gefallen und „Vim", wie ich erwartet hatte, ist die glückliche Siegerin im Kampfe geworden!

Abends grosses Abschiedsessen mit Preisverteilung. So bringe ich denn wenigstens einen schönen, ehrlich erkämpften ersten Preis heim und — ich darf es wohl sagen — die Freundschaft und Hochachtung aller amerikanischen Sportsleute. „Wannsee" und ihre Mannschaft erhielten täglich die herrlichsten Beweise davon und wir fanden in den Amerikanern stets ritterliche Gegner, die keinerlei unfeine Triks anwendeten. Die Leitung und Beaufsichtigung der Rennen war geradezu ideal. Man merkte an jeder Massnahme, dass hier Männer an der Spitze stehen, die ohne schön klingende Titel und Orden zu besitzen, etwas vom Sport verstehen.

Nun will ich sehen, wie ich mit der „Wannsee" wieder nach Hause komme. So eine Expedition geht doch etwas an die Nerven und ich will froh sein, wenn ich erst wieder auf meinem Dampfer sitze.

Mittwoch, den 12. September.

Gestern versuchten wir den ganzen Tag lang die Segel zu trocknen. Trotz Sonnenschein gelang es uns nicht, da feuchter Seewind wehte. Das Clubhaus und der Hafen leeren sich fluchtartig und bei den hier liegenden Yachten beginnen die Ausserdientsstellungs-Arbeiten.

Gestern fanden wir unsren leeren Heckflaggenstock vor. Die deutsche Flagge hat hier viele Liebhaber gefunden. Die Liebe äusserst sich nämlich hier nicht nur im Geben von Blumen, Ansichtskarten und Briefchen, sondern auch im Nehmen. Unser Vorrat an schwarz-weiss-roten Shlipsen ist gänzlich erschöpft, mein Südwester beschützt jetzt die blonden Locken eines der reizendsten American girls, die ich je gesehen und auch mein Mützenschild hat dran glauben müssen.

Heute früh hängt wieder dichter Nebel nieder; was wird aus meinen nassen Segeln werden? Dies ist der letzte Tag in Marblehead. Mit Grauen denke ich daran, was heut noch alles zu erledigen ist: das Abtakeln, das Verpacken der „Wannsee", das Kofferpacken und Expedieren und — der Abschied. Es waren heisse Tage, aber unendlich schöne dabei und ich behalte eine Erinnerung fürs Leben. —

Heute abend gibt uns der Eigner der „Auck" ein dinner im Metropolitan-Club in Boston. Um Mitternacht erwartet uns Deutsche und den Wettfahrts-Ausschuss ein Pulman-Car, von irgend einem uns unbekannten Gönner gestiftet, der uns nach Oysterbay zum Präsidenten bringen soll, bei dem wir zum Frühstück eingeladen sind. Im Hintergrunde lauern verschiedene Newyorker Clubs. Das werden wieder schwere Tage werden! —

Sonntag, den 16. September. Milton Point. N. Y.

Hier sitze ich in einem altehrwürdigen Landhaus, umgeben von köstlichem Park. Vor meinen Fenstern donnert die Brandung an die Granitklippen und Segel auf Segel zieht über die schaumgekrönten Wellen des Long-Island-Sundes. Geräuschlos huschen die Diener um mich herum auf den dicken orientalischen Teppichen, um jeden Wunsch mir von den Augen abzulesen; ab und zu höre ich im Nebenzimmer das fröhliche Gezwitscher des Töchterchens vom Hause. Kostbare altitalienische Möbel, die Farbensymphonien alter Gobelins, Silberschätze von unendlichem Wert umgeben mich und von den dunklen Tapeten blicken stumpfgoldene Rahmen herab. Die Bilder sind so nachgedunkelt, dass man den Vorwurf kaum mehr erkennen kann. Vielleicht ist diese Patina ein Vorteil. Jedenfalls hat der „Zahn der Zeit" alles zu einem harmonischen Ganzen vereint.

Ich komme mir wie ein Märchenprinz vor inmitten all dieser Schätze. Rakete und Kurt wohnen im nahe gelegenen American Yacht-Club. Der glückliche Eigner dieses Zauberschlosses ruht noch sanft nach all den Anstrengungen, die mit dem Erringen des Roosevelt-Pokals verknüpft waren. So habe ich denn endlich ein paar Minuten Zeit, um das niederzuschreiben, was unsre gastfreien Vettern hier inzwischen mit uns angestellt haben.

Also am Mittwoch abend hatten wir — so zwischen 8 und 11 Uhr — die allernötigsten Abschiedsbesuche absolviert. Der Abschied fiel uns nicht leicht und viel Schlaf gab's während der Nacht nicht. Am Morgen sahen wir zu, wie unsre Koffer aus dem Yacht-Club getragen wurden, mit einem Gefühl, als wenn man einem Sarge nachsieht.

Ich kann nicht sagen, ob es Zufall oder ein „Quarterpiece", welches den Kutscher veranlasste, gerade bei einem weinumrankten Häuschen vorbeizufahren, in dem wir zu jeder Zeit fröhliche Gesichter und herzlichen Empfang gefunden hatten. Ein langer Trillerpfiff, auf den ein ebensolcher antwortete. Good bye — good bye! — — —

In Boston vermieden wir geschickt ein halbes Dutzend Einladungen zu Lunch und Cocktails, um verschiedene Besorgungen zu erledigen. Nachmittags gingen wir zu den Mystic Wharfs, um dem Kapitän der „Bethania" unsren Besuch zu machen, und ihn zu bitten, sich unsrer Yacht auf der Heimfahrt anzunehmen. Zu unsrer Ueberraschung fanden wir die drei deutschen Pokalkämpfer schon friedlich neben der „Bethania" liegen — nur mein Beiboot fehlte. Telephon, Depeschen gingen nach allen möglichen Stellen in Marblehead. Morgen bereits soll der Dampfer abgehen; ich bin gespannt, ob es noch möglich sein wird, das Unglücksding heranzuschaffen. Voraussichtlich wird der Transport mehr kosten, als das ganze Boot wert ist.

Abends um sieben war das Dinner im Metropolitan-Club, gegeben vom Honorable Francis Adams IId. Die Tafel glich einem Rosenmeer. Um elf Uhr begaben wir uns in den Pulman-Car. Einige Herren hatten aber das dringende Bedürfnis, zu singen, die Lokomotive versuchte auch, auf möglichst unmelodische Weise ihrer Freude Ausdruck zu geben, dass sie so berühmte Gäste zu ziehen habe und der Geist des Pulman-Cars schien die Gewohnheit vieler Kindermädchen zu haben, ihre Babies um so heftiger zu schütteln, je unruhiger sie sind. Als wir daher morgens sieben Uhr unsre Einfahrt in Newyork hielten, hatten nur diejenigen von uns geschlafen, welche Nervenstränge von über 1000 tons Bruchfestigkeit besitzen.

Da ein sterblicher Mensch täglich nur eine Einladung zum Luncheon und eine zum Dinner annehmen kann, war ein findiger Amerikaner und Sonderklassenbootsbesitzer der „Caramba" auf den genialen Einfall gekommen, uns um $8^1/_2$ Uhr morgens zum Breakfast im Newyork-Yacht-Club einzuladen.

Um zehn Uhr sassen wir schon wieder auf der Eisenbahn, um nach Oysterbay am Long-Island-Sound zum Präsidenten zu fahren. Dort lagen Marinepinassen bereit, welche uns an Bord der Repräsentations-Yacht „Mayflower" brachten, die vor der Besitzung Roosevelts im Sund ankerte.

Einundzwanzig Schuss, Nationalhymne, Vorstellung, offizielle Preisverteilung mit sehr interessanter Rede des Präsidenten. Der Kriegs- und der Marineminister waren anwesend; denn gerade waren am Morgen Depeschen aus Cuba eingetroffen, die sehr wichtige Entscheidungen verlangten. Ich hatte die Auszeichnung rechts vom Präsidenten zu sitzen und in sehr animierter, ungezwungener Unterhaltung sprach er sich darüber aus, wie sympathisch ihm derartige friedliche Wettkämpfe seien. Er hätte nie erlaubt, seinen Namen der Veranstaltung zu geben, wenn nicht durch sie die freundschaftliche Annäherung zweier mächtiger Staaten und der reine Herrensport mit mässigen Mitteln gefördert würde, wie dies durch die näheren Bestimmungen der Sonderklassenrennen gewährleistet sei. Er sei hocherfreut, durch diese Rennen Gelegenheit gehabt zu haben, die deutschen Sportsleute kennen zu lernen, deren Auftreten im ganzen Lande nur Hochachtung und freundschaftliche Gefühle hervorgerufen hätte.

Auf demselben Wege, wie wir gekommen, traten wir die Rückfahrt nach Newyork an. Besuch im Harward-Club. Dann zum Dinner im Metropolitan-Club als Gäste des Eigners der „Vim". Dieses Dinner und dieser Club stellte alles in den Schatten, was ich je gesehen. Wieder stiegen Dutzende von Reden. Dann gings zum Newyork-Yacht-Clubhaus für einen (?)

Abendcocktail, der sich bis tief in die Nacht hinzog. Man glaubt zu träumen, wenn man all dies sieht. —
Sonnabend, den 15. September, früh morgens per Bahn nach Larchmont zum dortigen Clubhaus, welches eine Sehenswürdigkeit ersten Ranges ist. Ich könnte nur noch in Superlativen sprechen, und das ist eintönig auf die Dauer. Um 11 Uhr Besuch an Bord des Dreimaster-Schooners „Atlantic", Siegerin der Wettfahrt über den Ozean im Jahre 1905, mit Cocktails. Fahrt auf dem Long-Island-Sound zum Rennen des Seawanhaka-Yachtclubs. Frühstück an Bord, und zurück zum Larchmont-Yacht-Club. Nach mehreren Cocktails, an Bord einer entzückenden Dampfyacht „Florence", Fahrt zum Manhasset-Bay-Yachtclub. Cocktails und ein feudales Dinner mit den üblichen, teils über das Durchschnittsmass herausragenden Speeches. Niggersongs und grosse Verbrüderung. Nachts zwölf Uhr per „Florence" zum American-Yacht-Club, wo ein Teil der Gesellschaft übernachtet. Ich sitze nun hier in meinem Palazzo mit gänzlich verdorbenem Magen, nur noch ein Schatten meiner selbst, und harre, in mein Schicksal demütig ergeben, dessen was man fernerhin über mich beschliesst.

Hier brechen meine Tagebuchblätter ab; scheinbar, weil ich nicht mehr fähig war, die Feder zu führen. Nur dunkel entsinne ich mich noch, dass ich am Abend nochmals mich durch ein orgienhaftes Essen mit wunderbar schönen Damen hindurchkämpfen musste, dass ich am nächsten Morgen, vom Fieber geschüttelt, einen Vierzigfusser auf dem Long-Islandsund im Rennen steuern musste, und dass wir schliesslich auf einer Dampfyacht des bekannten Eisenbahnkönigs Harriman nach Newyork befördert wurden, wo die Qualen der Abschiedsessen noch einige Tage in verschiedenen Country-Clubs fortgesetzt wurden. Die amerikanischen Göttinnen zerrissen unsre gefühlvollen Herzen in Stücke und schliesslich gab man uns, gerührt durch unsren jammervollen Zustand frei, und wir flüchteten nach Baltimore, Philadelphia und Washington. Allein auch hier umlauerten uns die Gefahren der amerikanischen Gastfreiheit und wir zogen weiter in die Einöde zur Natur zurück, die wir im Lehigh-Tal, am Hudsonfluss und an den Niagarafällen zu finden hofften. Grandios sind die Denkmäler der Natur, soweit der Mensch nicht hinkommt mit seiner Qual. Aber der Amerikaner hat scheinbar keinen Sinn für die Schönheiten seines Landes, wo er auch sich festsetzt, zerstört er die Poesie der Umgebung. —
Und doch, welch' eine falsche Vorstellung macht man sich hier im allgemeinen vom Uncle Sam! Uns wird er geschildert

als ein schlauer, geschäftskundiger Dollarjäger ohne jede innere Regung und Sympathie für ideale Werte. Wer aber bei unsrer Ankunft in Boston gesehen hat, mit welcher elementaren Begeisterung unsre deutsche Heckflagge begrüsst wurde, als wir im Schlepp des Dampfers durch den Hafen fuhren, wer dabei gewesen ist, wie bei unsrem Abschied von Marblehead alle Flaggen an Land und auf den zahllosen Yachten sich senkten, wie Abschiedsschüsse über die nebelgraue See rollten und auf jedem Felsvorsprung, an jedem Fenster deutsche Flaggen, Tücher, Hüte und Sonnenschirme geschwenkt wurden, der wird freudig zustimmen, dass hinter diesen etwas lärmenden Ausbrüchen der Begeisterung, denen auch ich anfangs etwas skeptisch gegenüberstand, eine Warmherzigkeit, ehrliche Freude und selbstlose Freundschaft steckt, wie ich sie bisher nirgends in der Welt gefunden habe. — So werden in unsrer Alten Welt nur sehr beliebte Fürsten gefeiert! —

Und nicht etwa entsprang diese Herzlichkeit aus der Freude, dass Amerika als Sieger das Schlachfeld behauptete, und aus dem Bestreben, uns die bittere Pille der Niederlage nach Möglichkeit zu versüssen; nein — denn an keinem Tage der Regatten habe ich ein ohrenbetäubenderes Getöse mit den Dampfpfeifen gehört, kein amerikanisches Boot wurde mit so endlosen Hurras begrüsst, als „Wannsee" an dem Tage, an welchem sie als erste durchs Ziel ging. Den Empfang durch die Mitglieder des Yacht-Clubs, die Ovationen auf der Strasse, die wir an diesem Tage erfuhren, pflegt bei uns ein siegreicher Feldherr zu haben. Unsre kleine „Wannsee" wurde mit Blumen überschüttet — auch Bonbons wurden geschleudert! — wildfremde Damen hielten uns auf der Strasse an und in den nächsten Tagen erhielten wir zahllose Depeschen und Gratulationskarten in Poesie und Prosa. Das war neidlose Freude! —

Nicht in offiziellen Dinners und Luncheons allein erschöpften sich die Aufmerksamkeiten unsrer Gastgeber. Jedes Haus, jede Familie stand uns jederzeit offen, auf der Mehrzahl der Villen Marbleheads wehte die deutsche Flagge, wir waren die Gäste der ganzen Nation und es wurde uns schwer, die grösste Zahl der Einladungen aus Mangel an Zeit stets absagen zu müssen. Bei allen Festlichkeiten waren die Räume mit den deutschen und amerikanischen Farben ausgeschmückt; die Kornblume, als bekanntes deutsches Wahrzeichen aus der Zeit Kaiser Wilhelms des Grossen, war ein häufig angewandtes Symbol.

Und nun noch ein Wort über die amerikanischen Sportsleute.

Wir waren von verschiedenen Seiten gewarnt worden, dass man uns allerhand Schwierigkeiten machen würde durch erlaubte und unerlaubte Triks; uns war gesagt, dass jede Möglichkeit, den Gegner herauszuprotestieren, wahrgenommen werden würde und dass die Yankees mit uns Verstecken spielen würden, um uns zu verhindern, ihnen etwas abzusehen. Statt dessen erhielten wir gleich am ersten Tage von verschiedenen Seiten Aufforderungen, auf den gegnerischen Booten zu segeln. Wenn die Boote auf Land standen, wurden wir gebeten, sie von innen und aussen zu besichtigen und zu untersuchen und zu photographieren. Die Abmessungen und Gewichte hingen öffentlich im Klub aus, und wir erhielten sogar die Risse der erfolgreichen Boote. Kein einzigesmal versuchte ein amerikanisches Boot durch ein zweifelhaftes Manöver sich künstlich ins Recht zu setzen; mit einem Wort: es wurde vornehm gesegelt und gegen solche Segler zu kämpfen macht Freude, selbst wenn man geschlagen wird! —

Als ich heimkam von meiner Weltreise über den grossen Teich, hatte ich also alle Hände voll zu tun, um das Gelernte zu verwerten. Mit Oertz, dem Yachterbauer und Maehlitz, dem Segelmacher, hatte ich manche eingehende Konferenz, wobei wir uns heisse Köpfe redeten. Und im Winter entstand wieder eine neue „Wannsee" und „Rache — Rache!" — schrie es in mir, als ich hörte, dass meine lieben Feinde von drüben mit einer Flotte von drei Sonderbooten nahten, um uns auch in Kiel des Kaisers Trophäe zu erreissen.

Ich war glücklich, als „Wannsee", zusammen mit „Tilly" und „Wittelsbach" zu Pokalverteidigern gewählt wurde, und im August 1907 begann der Revanchekrieg auf der Kieler Föhrde.

Wieder steuerte das gastliche Hausboot die Elbe hinunter; denn der Eigner wollte seine Landsleute von drüben kämpfen und — siegen sehen. Daraus wurde aber nichts! — Wir Deutschen hatten im Jahre vorher die Augen gut offen gehalten, hatten zugelernt und nichts vergessen und belegten an jedem Tage die ersten Plätze. Und als schliesslich die drei deutschen Yachten es unter sich auszumachen hatten, wem nun endgültig der Hauptpreis, die vom Kaiser gestiftete kostbare Silberschale, zufallen sollte, da war es „Wannsee", die den Weg zum Ziele zeigte. —

Nachdem acht verschiedene „Wannsees" in acht Jahren den „Protzkasten" im Seglerhause bis zum Ueberlaufen voll mit kostbaren Preisen versorgt hatten, glaubte der Verein eine Zeitlang auf seinen Lorbeeren ausruhen zu dürfen. Wir aber, die die Preise errungen, fühlten uns noch keineswegs erholungsbedürftig; auch sind ja die Meisten unersättlich, wenn die Sonne des Erfolges mal leuchtet, und ausserdem wollten Rakete und ich nun versuchen, für unsren Privat-Protzkasten wieder ein wenig zu sorgen.

Der Sonderklasse blieben wir treu, wir waren zu sehr mit ihr verwachsen; aber der Name der früheren Boote sollte den Vereinsyachten verbleiben. Wir nannten daher unser neues Schifflein „Hevella", dem erfolgreichen Vorgänger vor zehn Jahren zu Ehren, und sicherten uns wieder als Leichtmatrosen den von der Argonautenfahrt her wohlbekannten Moppi, der schon auf der letzten „Wannsee" beim Gewinnen des Kaiserpreises mit die Hand im Spiele gehabt hatte.

Besagte „Hevella" reihte sich denn auch würdig ihrer Vorgängerin an und erbte auch von den Wannsee-Ahnen die Gabe, sowohl alle Kaiserpreise, wie alles andre zu erobern, was irgend wie im Segelsport von Wert ist.

Als daher unsre Vettern von drüben, welche die Niederlage vor Kiel im Jahre 1907 ganz mächtig wurmte, uns wieder zum Sechskampf für das Jahr 1909 herausforderten, wurde „Hevella" als eine der Vorkämpferinnen erwählt. Wieder zogen wir übers Weltmeer und wieder durchlebten wir eine neue verbesserte Auflage unsrer Amerikafahrt vom Jahre 1906. Die Aussichten auf Erfolg waren die günstigsten und Zittern und Zagen entstand bei dem in Kiel so nachdrücklich abgefertigten Gegner. Jedoch das Unglück nahte: Wir deutschen Gäste begleiteten die Auswahlrennen der Amerikaner auf dem Schoner des Vize-Kommodores. Zeitlebens habe ich nie grossen Wert auf Frühstücken gelegt; aber schliesslich muss doch der Mensch mal essen. Mit dieser Absicht — nicht etwa nach dem Frühstück — stieg ich den sehr steilen Niedergang zur Kajüte hinunter. Bei dem hohen Seegang verfehlte ich eine Stufe und stürzte die Treppe hinab. Da lag ich nun mit zerrissenen Sehnen und musste an Land getragen werden und mein Bein wurde in einen dicken Gipsverband gesteckt.

Als aber zwölf Tage später der Schuss an den Start rief, da hielt es mich nicht auf meinem Schmerzenslager. Es war ziemlich frische Brise und mein Gipsverband drückte unerträglich. Sonst braucht man in derartigen Rennen nicht nur sämtliche Glieder, sondern auch sogar oft die Zähne; ich musste stets auf den regungslosen Gipsklumpen unter mir achten und ihn alle paar Minuten shiften und gegen unbeabsichtigte Fusstritte meiner Mitsegler in dem engen Cockpit schützen. Während der ersten Stunde war mein Wille noch stärker als mein Körper und ich war stets mitten zwischen den Gegnern; dann aber klappte ich zusammen und das Resultat war schliesslich ein schlechter fünfter Platz! — Joyette, Ellen und Wolf, die drei Amerikaner, führten, und Margarethe, Hevella und Seehund folgten bescheiden hinterdrein. Ich liess mich einschleppen und legte mich zu Bett. —

Am nächsten Tage wehte es noch härter; ich tat mein möglichstes, aber konnte es nur auf den vierten Platz bringen hinter den drei Amerikanern.

Der erste September war ein mir sehr willkommener Ruhetag gewesen, und als uns der nächste Morgen an den Start rief, hatte ich mir kurz entschlossen den Gipsverband, der von der Zehe bis zum Becken reichte, abgeschnitten, und mein gänzlich bewegungs- und kraftloses Bein nur mit einer mehrfachen Wollbinde geschützt. So konnte ich wenigstens ohne Schmerzen sitzen und der Erfolg war ein schöner ersten Preis, gefolgt von Margarethe, die wacker die Ehre Deutschlands mitvertreten, „Wolf", „Ellen" und Joyette".

Am dritten September fand das vierte Rennen statt bei leichter Brise. „Hevella" erkämpfte sich beim Schluss des ersten Rundganges die Führung und sah wie ein sicherer Sieger aus. „Joyette", welche an vierter Stelle, drei Minuten hinter „Hevella" lag, ging auf Abenteuer aus und trennte sich von den Gegnern. Ihre Heimatsgötter begünstigten sie, sie fand weit draussen günstige Brise und überliess „Hevella" nur den zweiten Preis.

Beim fünften Rennen hatte „Hevella" allein gegen die beiden Amerikaner „Joyette" und „Ellen" zu kämpfen. Ausserdem war es ein Dreieckskurs mit schöner, stetiger 4—5 Meterbrise und glattem Wasser, Bedingungen, welche die amerikanischen Flundern so besonders lieben. Amerika war an der Spitze in Gestalt von „Ellen" und „Hevella" musste froh sein, wieder den zweiten Preis zu erhalten, mit „Joyette" ungefähr drei Minuten hinter sich.

So war's denn wieder zu unsren Ungunsten entschieden; „Hevella" musste ausscheiden, hatte aber den Yankees so gut gefallen, dass sie sich bestimmen liess, bei ihnen zu bleiben. „Joyette" erhielt andrentags den „Taftpokal". —

Nun sitzen wir hier wieder bootlos an den Wassern und weinen. Das Bein ist zwar wieder so ziemlich geflickt, aber die Wunde der Niederlage brennt tief im Herzen. Sollte es nicht glücken, wenn wir's zum drittenmal versuchen?! —

Schlusswort

Eins, zwei, drei — im Sauseschritt
Eilt die Zeit; wir eilen mit — — —

Vom Angelkahn bis zum Hochseeschoner, von der Stralower Kirche bis zu den Niagarafällen: ein weiter, langer Weg! — Und doch wie schnell, wenn man zurückblickt, ist die Zeit vergangen. Ein Menschenalter, erfüllt mit der Liebe zur Natur, mit freiwillig auferlegten Kämpfen um immer höher gesteckte Ziele.

Ein neues Geschlecht ist herangewachsen. Es hat es in vieler Beziehung leichter als wir Pioniere des Wassersports in Deutschland; denn die Vorurteile sind niedergerungen, das Sportmaterial ist auf eine grosse Höhe der Sicherheit und Leistungsfähigkeit gebracht und der Nachwuchs kann auf unsren Erfahrungen weiterbauen.

Meine Aelteste hat schon Sinn für die Schönheiten der Umgebung, sie freut sich an den herrlichen Sonnenuntergängen, die sich vor ihrem Fenster im Wannsee widerspiegeln, sie wagt sich schon an die Portraitierung von Blumen und Landschaften und geht sogar bereits ganz allein auf den Begleitdampfer, wenn Vater wettsegelt. Eine Fahrt an Bord der Yacht ist ein Festtag für sie. Der Junge findet eine Ruderpartie interessanter mit Jagd auf Fische, Schnecken und Frösche, mit Lagerleben und anschliessender Wanderung, bei der die Pflanzen und Vögel beobachtet werden können. Er zerbricht sich den Kopf über die Erschaffung der

Erde und sucht die Form der Berge und Flüsse, der Seen und Wiesen geologisch zu erklären. Er tüftelt über Schiffsmaschinen und zeichnet mir verwickelte Kraftübertragungen in den Sand. Er weiss noch nicht, ob er Gärtner oder Ingenieur werden will.

Die fünfjährige Jüngste versucht auch schon, es den beiden „Grossen" nachzutun in der Handhabung des Ruders. Vorläufig muss man ihr aber die Beinchen festhalten, damit sie beim Durchzug nicht hintenüber purzelt. Im Sonnen- und Luftbad liegt ihr Ideal, besonders im Barfüssigplätschern an einsamer Lagerstätte.

Ein schöner offener Doppelskuller mit festen Sitzen, der durch Beschluss der Kinder den Namen „Seestern" führt, dient als Schulboot für die aufstrebenden Wassersportler. Sein Steuersitz ist breit und bequem genug, um auch für die Familienmutter Platz zu bieten, und hinter ihr im Heck häufen sich die Decken, die Hängematten und das grosse wasserdichte Zelt, die Milchflaschen und belegten Brödchen; denn die wissensdurstige kleine Gesellschaft leidet auch körperlich stets an Hunger und Durst.

Vorläufig dauern unsre Fahrten noch nicht lange und das Ziel ist nicht weit gesteckt: Die Römerschanze, der Sacrower See, der Griebnitzsee oder der Kaiser-Wilhelmturm. Denn Vater hat noch den Löwenanteil an der Ruderarbeit zu leisten und die junge Mannschaft wird leicht unruhig und müde bei zu langer gleichmässiger Wasserarbeit. Aber lange wirds nicht mehr dauern, bis die Jungen flügge sind und ihren Muskeln andre Aufgaben zugemutet werden können. Und wenn sie dann so recht die echte Schönheit der anspruchslosen Heimat kennen und schätzen lernen, wenn sie den Lebensgenuss verstehen, der im Kampfe mit Schwierigkeiten, im Ueberwinden von Hindernissen liegt, wenn sie empfinden, wie hierdurch Körper und Geist erfrischt und gekräftigt, der gesunde Ehrgeiz und die Kampflust angestachelt wird, dann werden sie hoffentlich ihren Lebensgenuss nicht auf gleissenden, trügerischen Bahnen suchen. Sie werden verstehen, in weiser Abschätzung des Erreichbaren ihre Kräfte richtig einzuschätzen, aber auch, wenn's gilt, ihr Alles dranzusetzen und das Unmögliche möglich zu machen durch Intelligenz, Zähigkeit und Kraft mit zusammengebissenen Zähnen und geballter Faust.

Der Entwicklungsgang unsres verfeinerten Kulturlebens schliesst den Kampf mit den Naturkräften mehr und mehr aus, die Errungenschaften der Zivilisation führen zur Verweichlichung und das geordnete Staatsleben schläfert den Naturtrieb der Selbsterhaltung und des Kampfes ein, der in jedem lebenden Wesen liegt. Der Sport gibt die Möglichkeit, diese zur körperlichen und geistigen Entwicklung des Menschen notwendige Betätigung zur Geltung kommen zu lassen und fördert damit die männlichen Eigenschaften und die Widerstandskraft der Rasse.

Darum ist es keine weggeworfene Zeit, wenn sich die Jugend auf dem Wasser tummelt; aber sie muss zugleich die Augen offen halten für das, was das Wasser uns darbietet, was es von uns verlangt, und wir müssen auch wieder lernen, im grossen Buch der Natur mit Verständnis und Freude zu lesen. —

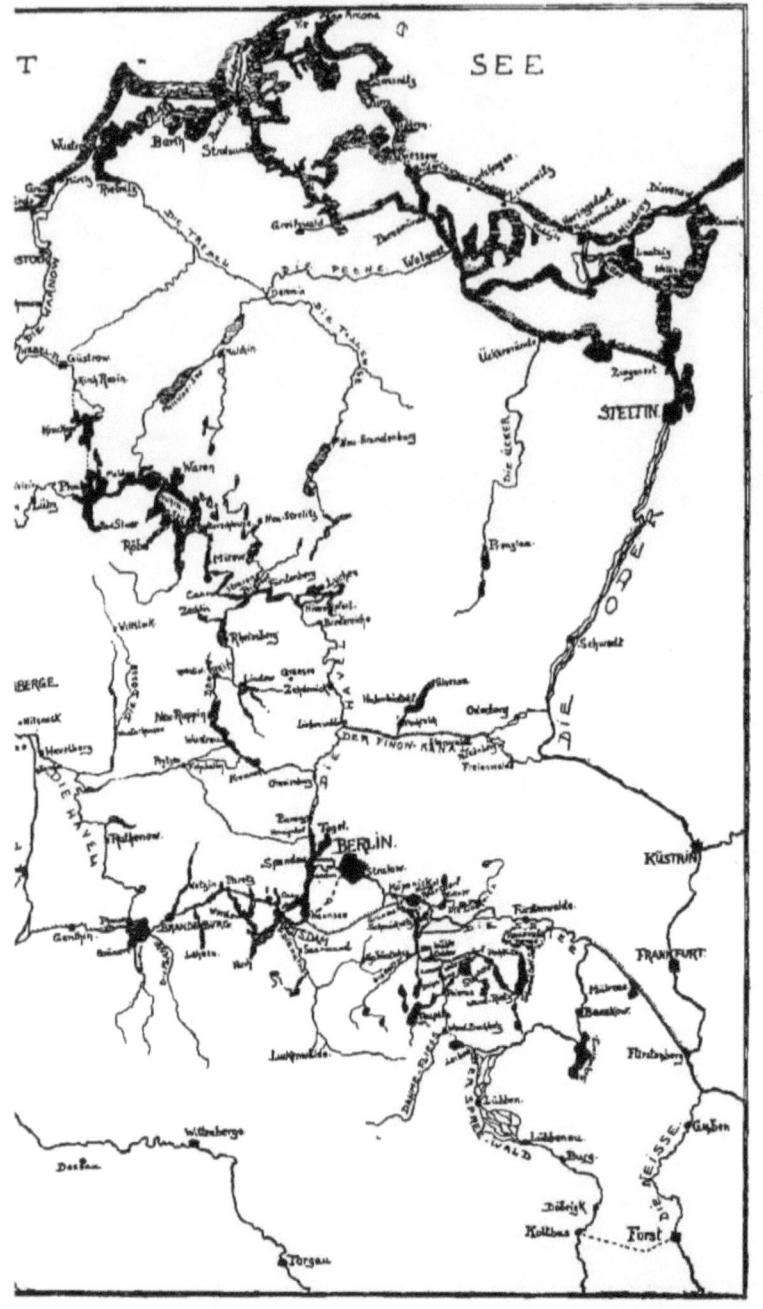

www.ingramcontent.com/pod-product-compliance
Lightning Source LLC
Chambersburg PA
CBHW050855300426
44111CB00010B/1263